Udělal jsem to
"Jeho cesta"

Osobní svědectví napsal

Elizabeth Das

Czech

Výňatek z Elizabeth DAS. Udělal jsem to "Jeho cesta"

ISBN Brožované vydání:978-1-961625-49-5
ISBN Ebook nebo digitální:978-1-961625-50-1

Kontrolní číslo Kongresové knihovny:
"Tato kniha je v křesťanském a náboženském světě hodnocena na jedničku"
Contact:nimmidas@gmail.com; nimmidas1952@gmail.com
Kanál YouTube "Denní duchovní strava Elizabeth Das https://waytoheavenministry.org
1. youtube.com/@dailyspiritualdietelizabet7777/videos
2. youtube.com/@newtestamentkjv9666/videos
https://waytoheavenministry.org

Kromě dalších formátů jsou knihy Udělal jsem to "Jeho cesta" k dispozici v audioknihách, brožovaných knihách a elektronických knihách. Knihy jsou dostupné ve více než 30 různých jazycích.

Roční četba "Denní duchovní strava" od Elizabeth Das je dostupná v mnoha jazycích. Je k dispozici v elektronické i brožované podobě.

FOREWARD

"Neboť mé myšlenky nejsou vaše myšlenky a vaše cesty nejsou mé cesty, řekl Hospodin. Jako jsou nebesa vyšší než země, tak jsou mé cesty vyšší než vaše cesty a mé myšlenky vyšší než vaše myšlenky."
(Izajáš 55,8-9)

Tato kniha je souborem vzpomínek a krátkých svědectví paní Elizabeth Das, která se věnuje službě evangelizace a vyučování Pánova slova. Při hledání "Jeho cesty" prostřednictvím odhodlání a síly modlitby vás paní Dasová vezme na osobní cestu skrze své vlastní zkušenosti, které mění život. Paní Das se narodila a vyrostla v Indii a pravidelně se klaněla u rodinného oltáře. Nebyla spokojená s náboženstvím, protože její srdce jí říkalo, že v Bohu musí být něco víc. Často navštěvovala kostely a vstupovala do náboženských organizací, ale nikdy nebyla plně spokojená.

Jednoho dne se vydala hledat pravdu do vzdálené země, daleko od svého rodného domova, do Indie. Její cesta začíná v indickém Ahmadábádu, kde ji popadla hluboká touha najít jediného pravého Boha. Vzhledem k tehdejší svobodě v Americe a vzdálenosti od náboženské kultury a tradic své vlasti se paní Das vydala do Ameriky s cílem nalézt pravdu tohoto Živého Boha. Ne že by nebylo možné najít Boha jinde než v Americe, protože Bůh je všudypřítomný a všemocný. Právě sem však Pán paní Dasovou zavedl, jak vám tato kniha přiblíží cestu k jejímu spasení a její hluboké lásce k milenci její duše.

"Proste, a bude vám dáno; hledejte, a naleznete; tlučte, a bude vám otevřeno. Neboť každý, kdo prosí, dostává, a kdo hledá, nalézá, a tomu, kdo tluče, bude otevřeno." (Matouš 7:7-8)

Paní Dasovou znám osobně již téměř 30 let, kdy poprvé vstoupila do malého kostela, který jsem navštěvoval v jižní Kalifornii. Láska k její vlasti a indickému lidu je pro paní Dasovou naléhavou službou, která má hlubokou touhu získávat duše všech kultur a národností pro Pána.

Ovoce spravedlivých je stromem života, a kdo získává duše, je moudrý. (Přísloví 11,30)

III

Paní Das aktivně šíří Boží slovo ze své domácí kanceláře ve Wylie v Texasu. Její webové stránky můžete navštívit na adrese nebo waytoheavenministry.org, kde můžete získat biblické studie přeložené z angličtiny do gudžarátštiny. Najdete zde také místa, kde se nacházejí sbory v Indii. Pastoři těchto sborů sdílejí stejnou lásku k pravdě jako paní Das. Navazuje kontakty s apoštolskými věřícími ve Spojených státech i v zahraničí za účelem získání hostujících řečníků pro výroční konference, které se konají v Indii. Služba a práce paní Dasové v Indii jsou dobře známé. Patří k nim založení pastorační apoštolské biblické školy v Indii, sirotčince a denních center. Z Ameriky paní Das pomáhala při zakládání sborů v Indii, kde mnozí poznali Pána Ježíše Krista. Je to žena velké víry, stálá a neúnavná v modlitbě. Těchto úspěchů dosáhla, i když byla ve všem zcela závislá na Bohu a žila v invalidním důchodu. Její skromná finanční podpora je svědectvím její silné vůle a odhodlání, které je větší než její možnosti. Paní Dasová s jistotou řekne" :Bůh mě vždy zaopatří a postará se o mě." Ano, nějakým způsobem to dělá a bohatě převyšuje její potřeby!

Paní Dasová, která je od úsvitu do soumraku zaneprázdněna prací pro Pána, je vždy připravena modlit se se mnou nebo s kýmkoli, kdo potřebuje pomoc. Bůh je vždy odpovědí. Stojí mezi touto propastí, okamžitě v hluboké modlitbě, s autoritou a přímluvou. Bůh se o paní Das skutečně stará, protože má lásku k evangelizaci. Naslouchá jeho hlasu a nechce jít proti "jeho cestám". Poslušnost je větší než oběť, poslušnost s vášní líbit se Bohu.

Toto je čas určený k napsání této knihy. Bůh je "velký stratég". Jeho cesty jsou dokonalé a pečlivé. Věci a situace se nedějí před stanoveným časem. Modlete se za vedení, abyste skrze Ducha svatého slyšeli Boží mysl a cítili Boží srdce. Tato kniha bude i nadále psána v srdcích mužů a žen, které ovlivnila Jeho cestami.

Rose Reyesová,

PODĚKOVÁNÍ

Vyjadřuji své nejhlubší uznání: své rodině a přátelům, zejména své mamince Esther Das. Je nejlepším příkladem křesťanské dámy, která mi pomáhá v další službě a vždy mě podporuje ve všech směrech.

Děkuji své přítelkyni Rose za podporu a pomoc při sestavování části této knihy.

Ráda bych také poděkovala své modlitební partnerce sestře Veneдě Ing, že mi byla kdykoli k dispozici, ale hlavně jí děkuji za její vroucí modlitby.

Děkuji Bohu za všechny, kteří mi při překladu a úpravách velmi pomohli. Děkuji Bohu za mnoho dalších, kteří mi věnovali svůj čas, aby mi pomohli dát tuto knihu dohromady.

Obsah

CESTY PÁNĚ

- Co se týče Boha, jeho cesta je dokonalá, Hospodinovo slovo je vyzkoušené, je oporou všem, kdo v něj doufají. *(Žalmy 18,30)*

• Ale on zná cestu, po níž jdu, a když mě vyzkouší, vyjdu jako zlato. Má noha se drží jeho kroků, jeho cesty jsem se držel a nesešel jsem z ní. Ani jsem se nevzdálil od příkazu jeho rtů, slova jeho úst jsem si vážil víc než svého potřebného pokrmu." *(Job 23,10-12)*

• Očekávej na Hospodina a zachovávej jeho cestu, a on tě povýší, abys zdědil zemi; až budou bezbožní vyhlazeni, uvidíš to. *(Žalmy 37,34)*

• Hospodin je spravedlivý na všech svých cestách a svatý ve všech svých skutcích. *(Žalmy 145:17)*

• Hospodin si tě ustanoví za svatý lid, jak ti přísahal, budeš-li zachovávat přikázání Hospodina, svého Boha, a chodit po jeho cestách. *(Deuteronomium 28,9)*

• A mnoho lidí půjde a řekne: "Pojďte, vystoupíme na Hospodinovu horu, do domu Jákobova Boha, a on se bude chtít Vyučujte nás jeho cestám a my budeme chodit po jeho stezkách, neboť ze Sijónu vyjde zákon a z Jeruzaléma Hospodinovo slovo. *(Izajáš 2:3)*

• Pokorné povede v soudu a pokorné bude učit své cestě. *(Žalmy 25,9)*

Odkazování na knihy: BIBLE, verze krále Jakuba

Kapitola 1

Začátek: V hledání ducha pravdy.

V červnu 1980 jsem přijel do Spojených států amerických se silnou touhou najít pravdu o Bohu, Stvořiteli všech věcí. Ne že bych Boha v Indii nemohl najít, protože Bůh je všude a naplňuje vesmír svou přítomností a slávou, ale to mi nestačilo. Chtěl jsem Ho poznat osobně, pokud to bylo možné.

"A uslyšel jsem hlas jako hlas velkého zástupu, jako hlas mnoha vod a jako hlas mocného hřmění: Aleluja, neboť Pán Bůh všemohoucí kraluje." (Zjevení 19,6)

Když mě Bůh přivedl do Spojených států amerických, byl jsem na neobyčejné cestě. Myslel jsem si, že jsem se tam rozhodl jít, ale čas ukázal, že jsem se mýlil. Pochopil jsem, že Bůh má s tímto rozhodnutím více společného, než jsem si uvědomoval. Byla to "jeho cesta", jak změnit mé myšlenky a život.

Amerika je zemí, která nabízí svobodu náboženského vyznání, je spojením multikulturních národů a poskytuje svobodu a ochranu těm, kteří chtějí uplatňovat náboženská práva beze strachu z pronásledování.

V této zemi jsem začal podnikat skoky přes neklidné vody, jak mě Bůh začal vést. Bylo to, jako by mi pokládal odrazové můstky, aby mě vedl. Tyto "kameny" položily základ dlouhé a bouřlivé cesty vedoucí ke zjevení, z níž už nebylo cesty zpět. Odměnou by byl život podle Jeho Cest, na každém kroku a zkouška mé víry.

Tlačím se k cíli pro cenu vysokého Božího povolání v Kristu Ježíši.
Buďme tedy, kdož jsme dokonalí, takto smýšlející; a jestliže jste v
něčem smýšlející jinak, Bůh vám zjeví i to. Nicméně, čeho jsme již
dosáhli, podle téhož pravidla se řiďme, na totéž mysleme."
(Filipským 3,14-16)

Když jsem přijel do Kalifornie, neviděl jsem v té době mnoho východních indiánů. Přizpůsobil jsem se životu v Americe a soustředil se na to, proč jsem tady. Hledal jsem živého Boha Bible, Boha apoštolů Jana, Petra a Pavla a dalších, kteří nesli kříž a následovali Ježíše.

Odvážil jsem se najít Boha Nového zákona, který podle Bible, Slova živého Boha, učinil mnoho podivuhodných zázraků, znamení a divů. Mohl jsem být tak troufalý, abych si vůbec myslel, že mě skutečně zná? V Bohu muselo být něco víc. Začal jsem navštěvovat mnoho kostelů různých denominací v oblasti Los Angeles, metropole nacházející se v jižní Kalifornii. Později jsem se přestěhoval do města na východ od Los Angeles, které se jmenuje West Covina, a začal jsem navštěvovat kostely i v této oblasti. Pocházím z velmi nábožensky založené země, kde je pravděpodobně více bohů, než v kterékoli jiné zemi na světě. Vždy jsem věřil v jediného Boha, Stvořitele. Mé srdce se ho snažilo poznat osobně. Myslel jsem si, že jistě existuje a že mě bude moci najít kvůli mé vášnivé touze poznat ho osobně. Neúnavně jsem hledal a důsledně četl Bibli, ale stále mi něco chybělo. V srpnu 1981 jsem získal zaměstnání na poštovním úřadě Spojených států, kde jsem začal klást svým spolupracovníkům otázky o Bohu. Začal jsem také poslouchat křesťanské rádio, kde jsem slyšel různé kazatele, kteří diskutovali o biblických tématech, ale nikdy se neshodli ani mezi sebou. Říkal jsem si, že to jistě nemůže být Bůh, který má v hlavě zmatek? Na tuto náboženskou hádanku musela existovat pravdivá odpověď. Věděl jsem, že musím hledat ve Svatém písmu a dál se modlit. Mnoho křesťanských spolupracovníků ke mně také promluvilo a podělilo se o svá svědectví. Překvapilo mě, že toho o Pánu tolik vědí. Tehdy jsem netušil, že Bůh již určil čas, kdy mám přijmout zjevení Jeho úžasné pravdy.

Můj bratr byl posedlý démony a potřeboval zázrak. Byl jsem nucen vyhledat křesťany věřící v Bibli, kteří věří v zázraky a vysvobození od těchto démonických sil. Tito démoničtí duchové bez milosti trýznili mysl mého bratra. Moje rodina o něj měla takovou starost, že jsme neměli jinou možnost než ho vzít k psychiatrovi. Věděl jsem, že to bylo ďáblovo potěšení trápit a ničit mého bratra. Jednalo se o duchovní boj, jak se o něm mluví v Bibli. V zoufalství jsme bratra vzali k psychiatrovi. Poté, co ho vyšetřila, se nás zeptala, zda věříme v Ježíše. Odpověděli jsme, že ano, pak nám začala psát adresy dvou církví s jejich telefonními čísly a předala mi je. Jakmile jsem se vrátil domů, položil jsem oba papíry s informacemi na komodu s úmyslem zavolat oběma pastorům. Modlil jsem se, aby mě Bůh dovedl ke správnému kostelu a pastorovi. Slyšel jsem o některých velmi negativních věcech týkajících se církví v Americe, a proto jsem byl velmi opatrný. Pán si používá proroky, učitele a kazatele, aby ty, kdo ho milují, vedl ke vší pravdě. Pán se stal mou lampou a světlem, které rozjasnilo mou temnotu. Bůh jistě vyvede z temnoty i mého bratra. Opravdu jsem věřila, že mě Bůh najde v tom, co se zdálo jako nekonečné moře temnoty; protože to bylo pro mou rodinu velmi temné a těžké období.

"Tvé slovo je svítilnou mým nohám a světlem na mé cestě."
(Žalmy 119:105)

"Modlitba a půst."

Obě adresy jsem položil na komodu. Oběma pastorům jsem zavolal a s oběma jsem komunikoval. Současně jsem se modlil za pokyn od Pána pro pastora, se kterým bych mohl pokračovat v rozhovoru. Během toho jsem si uvědomil, že jedno číslo z prádelníku zmizelo. Pečlivě jsem ho hledal, ale nemohl jsem ho najít. Nyní jsem měl k dispozici pouze jedno číslo. Zavolal jsem na toto číslo a hovořil s pastorem církve, která se nacházela v Kalifornii, jen 10 minut od mého domova. Vzal jsem svého bratra do tohoto kostela v domnění, že můj bratr bude dnes volný, ale nestalo se tak. Můj bratr nebyl toho dne zcela osvobozen. Pastor nám tedy nabídl studium Bible. Jeho nabídku jsme přijali a také jsme začali navštěvovat jeho církev, aniž bychom měli v úmyslu stát se členy, ale pouze návštěvníky. Netušil jsem, že to bude zlomový okamžik mého života. V té době jsem byl proti letničnímu způsobu života a jejich víře v mluvení jazyky.

Svatí církve byli ve své víře velmi upřímní. Uctívali svobodně a poslechli pastora, když vyzval k půstu, protože duchovní síly, které ovládaly mého bratra, mohly vyjít ven, jak říká Boží slovo, "pouze modlitbou a postem". Jednou Ježíšovi učedníci nemohli vyhnat démona. Ježíš jim řekl, že je to kvůli jejich nevíře, a řekl, že jim nic nebude nemožné.

> *"Tento druh však nevychází jinak než modlitbou a postem."*
> *(Matouš 17:21)*

Několikrát jsme se všichni postili několik dní v kuse a já jsem viděl, že se bratrovi daří mnohem lépe. Pokračovali jsme u nás doma v biblických hodinách s pastorem a rozuměli všemu, co nás učil; když nám však začal vysvětlovat křest vodou, vadil mi jeho výklad. Nikdy jsem neslyšel o křtu ve jménu "Ježíše", ačkoli nám jasně ukázal texty z Písma. Bylo to tam napsáno, ale já jsem to neviděl. Možná bylo mé chápání zaslepené.

Když pastor odešel, obrátil jsem se na bratra se slovy" :Všiml sis, že všichni kazatelé, kteří používají stejnou Bibli, přicházejí s různými myšlenkami? Já už opravdu nevěřím tomu, co ti kazatelé říkají." Bratr se ke mně otočil a řekl: "Má pravdu!" Velmi jsem se na bratra rozzlobil a zeptal jsem se ho: "Takže ty budeš věřit učení tohoto pastora? Já tomu nevěřím." Znovu se na mě podíval a řekl: "Říká pravdu." A já jsem se na něj podíval. Znovu jsem odpověděl" :Ty věříš všem kazatelům, ale mně ne!" A tak jsem mu odpověděl: "Ne! Můj bratr opět trval na svém:

"Má pravdu." "To je pravda," odpověděl jsem. Tentokrát jsem viděl, že bratrova tvář je velmi vážná. Později jsem si vzal Bibli a začal jsem studovat knihu Skutků apoštolů, kde byly dějiny prvotní církve. Studoval jsem a studoval; stále jsem nemohl pochopit proč, Bůh měl SVOU CESTU. Věříte, že Bůh jedná s každým člověkem jinak? Tady jsem Boha hledal ve všech možných zdrojích a médiích. Během této doby jsem slyšel, jak Bůh promlouvá k mému srdci: "Potřebuješ se nechat pokřtít." A tak jsem se rozhodl, že se nechám pokřtít. Slyšel jsem Jeho příkaz a ukryl jsem tato slova ve svém srdci, které nikdo jiný neznal.

Přišel den, kdy ke mně přišel pastor a položil mi otázku: "Tak co, jsi připraven nechat se pokřtít?" Překvapeně jsem se na něj podíval, nikdy předtím mi nikdo takovou otázku nepoložil. Řekl mi, že Pán Ježíš k němu mluvil o mém křtu, a tak jsem řekl "ano". Byl jsem ohromen tím, že Bůh o této věci mluvil s pastorem. Z kostela jsem odcházel s myšlenkou" :Doufám, že mu Bůh neříká všechno, protože naše myšlenky nejsou vždy spravedlivé, nebo dokonce vhodné." A tak jsem si řekl: "To je pravda.

Křest na odpuštění hříchů.

Nastal den mého křtu. Požádal jsem pastora, aby se ujistil, že mě pokřtí ve jménu Otce i Syna i Ducha svatého. Pastor mi stále opakoval" :Ano, to je jméno Ježíšovo." "Ano, to je jméno Ježíšovo," odpověděl jsem. Měl jsem strach a byl jsem rozrušený; myslel jsem si, že mě tento muž pošle do pekla, pokud mě nepokřtí ve jménu Otce, Syna a Ducha svatého. Tak jsem mu znovu opakoval, aby se prosím ujistil, že vzývá ve jménu Otce, Syna a Ducha svatého, ale pastor se také stále opakoval. "Ano, jeho jméno je Ježíš." Začal jsem si myslet, že tento pastor opravdu nerozumí tomu, co jsem měl na mysli. Když už ke mně Bůh promluvil, abych se nechal pokřtít, nemohl jsem ho neposlechnout. Tehdy jsem tomu nerozuměl, ale poslouchal jsem Boha, aniž bych měl plné zjevení jeho jména, ani jsem plně nechápal, že Spasení není v jiném jménu než ve jménu Ježíš.

"Ani v žádném jiném není spásy, neboť není pod nebem jiného jména daného lidem, v němž bychom mohli být spaseni." (Skutky 4,12)

*"Vy jste moji svědkové, praví Hospodin, a můj **služebník**, kterého jsem si vyvolil, abyste poznali a uvěřili mi a pochopili, že <u>já jsem</u>: přede mnou nebyl Bůh a nebude ani po mně. Já, já jsem Hospodin a kromě mne **není spasitele**." (Izajáš 43:10-11)*

Předtím, potom a navždy byl, je a bude jen jeden Bůh a Spasitel. Zde bude člověk v roli <u>služebníka</u>, Jehova Bůh říká, že **já jsem on**.

Který, jsa v podobě Boží, nepovažoval za loupež být roven Bohu. Bůh: Ale sám sebe učinil bezúhonným, vzal na sebe podobu služebníka a stal se podobným lidem: A nalezen jsa v podobě lidské, ponížil se a stal se poslušným až k smrti, a to smrti kříže. (Filipským 2,6-8)

Ježíš byl Bůh v lidském těle.

*A beze sporu je velké tajemství zbožnosti: **Bůh se zjevil v těle**, (1. Timoteovi 3,16)*

Proč tento jediný Bůh, který byl duchem, přišel vtěle? Jak víte, duch nemá tělo a krev. Kdyby potřeboval prolít krev, potřeboval by lidské tělo.

Bible říká:

*Dávejte tedy pozor na sebe a na celé stádo, nad nímž vás Duch svatý ustanovil správci, abyste pásli **<u>Boží církev, kterou získal svou vlastní krví</u>**. (Skutky 20,28)*

Většina církví neučí o Boží jednotě a moci Ježíšova jména. Bůh, Duch v těle jako člověk Ježíš Kristus, dal svým učedníkům velké pověření:

*Jděte tedy a učte všechny národy a křtěte je ve **jménu** (jednotné číslo) Otce i Syna i Ducha svatého." (Matouš 28:19)*

Učedníci zjevně věděli, co tím Ježíš myslí, protože vyšli křtít v jeho jménu, jak je psáno v Písmu. Překvapilo mě, že při každém křtu vyslovovali "ve jménu **Ježíše**". Písma to potvrzují v knize Skutků.

Toho dne jsem byl pokřtěn ve vodě úplným ponořením do Ježíšova jména a vyšel jsem z vody s pocitem lehkosti, jako bych mohl chodit po vodě. Těžká hora hříchu byla odstraněna. Nevěděl jsem, že tu tíhu nesu na sobě. Jaký úžasný zážitek! Poprvé v životě jsem si uvědomil, že jsem si říkal "křesťan s malými hříchy", protože jsem nikdy neměl pocit, že jsem velký hříšník. Bez ohledu na to, čemu jsem věřil, hřích byl stále hříchem. Dělal jsem a myslel jsem na hřích. Už jsem nevěřil pouze v Boží existenci, ale prožíval jsem radost a pravé křesťanství tím, že jsem se podílel na tom, co říká Boží slovo.

Znovu jsem se vrátil k Bibli a začal hledat stejný verš. Hádejte co? Otevřel mé chápání a já poprvé jasně viděl, že křest je pouze ve JMÉNU JEŽÍŠE.

Tehdy jim otevřel rozum, aby porozuměli Písmu (Lukáš 24:45).

Začal jsem jasně vidět Písmo a pomyslel jsem si, jak je Satan zákeřný, když chce jen tak zničit plán Nejvyššího Boha, který přišel v těle, aby prolil krev. Krev je skryta pod jménem **JEŽÍŠ**. Hned jsem zjistil, že Satanův útok se týká Jména.

*"Čiňte pokání a každý z vás ať se dá pokřtít **ve jménu Ježíše Krista** na odpuštění hříchů a dostanete dar Ducha svatého." (Skutky 2,38)*

Tato slova pronesl apoštol Petr v den Letnic na počátku prvotní církve v Novém zákoně. Po svém křtu jsem obdržel dar Ducha svatého v kostele jednoho svého přítele v Los Angeles.

To se projevilo tím, že jsem mluvil neznámým jazykem nebo jazyky a podle Písma o křtu Duchem svatým:

*"Ještě když Petr tato slova říkal, sestoupil Duch svatý na všechny, kdo to slovo slyšeli. A ti z obřízky, kteří uvěřili, byli udiveni, stejně jako mnozí, kteří přišli s Petrem, protože i na pohany byl vylit dar Ducha svatého. Slyšeli je totiž **mluvit jazyky** a velebit Boha."*
(Skutky 10, 44-46)

Jasně jsem pochopil, že muži změnili křestní obřad. Proto dnes máme tolik náboženství. Tito první věřící byli pokřtěni podle Písma, které bylo sepsáno později. Kázal ho Petr a prováděli ho apoštolové!

*"Může někdo zakázat vodu, aby nebyli pokřtěni ti, kdo přijali Ducha svatého stejně jako my? A přikázal jim, aby se dali **pokřtít ve jménu Páně**. Potom ho prosili, aby zůstal několik dní."*
(Skutky 10,47-48)

Opět důkaz křtu ve jménu Ježíše.

*Když však uvěřili Filipovi, který kázal o Božím království **a o jménu Ježíše Krista, dali se pokřtít, muži i ženy** (neboť na nikoho z nich ještě nepadl, **jen oni se dali pokřtít ve jménu Pána Ježíše)***
(Skutky8:12,16).

Skutky 19

*Když byl Apollos v Korintě, Pavel prošel horními kraji a přišel do Efezu, kde našel některé lidi, kteří byli v Korintě. učedníkům řekl: "Přijali jste Ducha svatého, když jste uvěřili? Odpověděli mu: "Ani jsme neslyšeli, jestli je Duch svatý. A on jim řekl: "K čemu jste tedy pokřtěni? A oni řekli: Na křest Janův. Tedy řekl Pavel: Jan vpravdě křtil křtem pokání, řka lidu, aby věřil v toho, kterýž přijíti má po něm, to jest v Krista Ježíše. Když to uslyšeli, dali se **pokřtít ve jménu Pána Ježíše**. Když na ně Pavel vložil ruce, **sestoupil na ně Duch svatý a oni mluvili jazyky** a prorokovali. (Skutky 19,1-6)*

*Velkou pomocí mi byly Skutky 19, protože Bible říká, že **křest** je **jen jeden**. (Efezským 4,5)*

Byl jsem pokřtěn v Indii a musím říci, že jsem byl pokropen, nikoli pokřtěn.

Pravé učení ustanovili **apoštolové a proroci**. Ježíš přišel prolít krev a dát příklad. (1Petr 2,21)

*Skutky 2:42 A vytrvale setrvávali v **učení apoštolů** a ve společenství, v lámání chleba a v modlitbě.*

Efezským *2:20 A jsou **postaveni na základech apoštolů a proroků**, přičemž úhelným kamenem je sám Ježíš Kristus;*

Galatským. 1:8, 9 Kdybychom vám však my nebo anděl z nebe hlásali jiné evangelium než to, které jsme vám zvěstovali, budiž proklet. Jak jsme řekli dříve, tak říkám nyní znovu: Kdyby vám někdo kázal jiné evangelium než to, které jste přijali, ať je proklet.

(To je hluboké; nikdo nemůže změnit učení, dokonce ani apoštolové, kteří už byli ustanoveni.)

Tyto verše mi otevřely oči, nyní jsem pochopil Matouše 28,19.
Církev je Ježíšova nevěsta, když jsme pokřtěni ve jménu Ježíše, přijímáme jeho jméno. Píseň písní je alegorií církve a ženicha, v níž nevěsta přijala Jméno.

*Pro vůni tvých dobrých mastí **je tvé jméno jako** vylitá **mast**, proto tě milují panny (Píseň o Solomanovi 1:3).*

Nyní jsem měl křest, o kterém se mluví v Bibli, a stejného Ducha svatého. Nebylo to něco vymyšleného, bylo to skutečné! Mohl jsem to cítit a slyšet a ostatní byli svědky projevu znovuzrození. Slova, která jsem vyslovil, jsem neznal a ani jsem jim nerozuměl. Bylo to úžasné.

*"Kdo totiž mluví **neznámým jazykem**, nemluví k lidem, ale k Bohu, neboť mu nikdo nerozumí, ačkoli v duchu mluví tajemství." (1. Korintským 14,2)*

*"Modlím-li se totiž neznámým jazykem, můj duch se modlí, ale můj **rozum je neplodný**." (1. Korintským 14,14)*

Moje maminka vypověděla, že ji kdysi před mým narozením pokřtil v řece jeden misionář z jižní Indie a ona byla úplně uzdravená. Protože jsem nevěděla, jak ji tento kazatel pokřtil, zajímalo mě, jak byla uzdravena. Po letech mi otec potvrdil, že ji tento pastor pokřtil ve jménu Ježíše, což je biblické.

Bible říká:

"Který odpouští všechny tvé nepravosti, který uzdravuje všechny tvé nemoci." (Žalmy 103:3)

Po svém znovuzrození jsem začal vést biblické hodiny pro přátele v práci a pro svou rodinu. Můj synovec obdržel dar Ducha svatého. Můj bratr, bratranec a teta byli pokřtěni spolu s mnoha členy mé rodiny. Netušil jsem, že za touto cestou je mnohem víc než jen touha poznat Boha důvěrněji. Neuvědomoval jsem si, že tato zkušenost je možná. Bůh přebývá ve věřícím skrze Ducha.

Zjevení a porozumění.

Věnoval jsem se studiu Písma svatého a opakované četbě Bible, Bůh mi stále otevíral porozumění.

"Tehdy jim otevřel rozum, aby porozuměli Písmu." (Lukáš 24:45)

Po přijetí Ducha svatého se mé chápání stalo jasnějším, protože jsem se začal učit a vidět mnoho věcí, které jsem předtím neviděl.

*"Ale Bůh **nám** je **zjevil skrze svého Ducha**, neboť Duch zkoumá všechny věci, ano i hluboké věci Boží." (1. Korintským 2:10)*

Naučila jsem se, že musíme chápat Jeho vůli pro nás, mít moudrost žít podle Jeho slova, znát **"Jeho cesty"** a přijmout, že poslušnost je požadavek, a ne možnost.

Jednoho dne jsem se zeptal Boha: "Jak mě používáš?" Řekl mi: "V modlitbě."

Proto se, bratři, raději snažte, aby vaše povolání a vyvolení bylo jisté, neboť budete-li to dělat, nikdy nepadnete: (2. Petrova 1:10)

Dozvěděl jsem se, že chození do kostela může člověku poskytnout pocit falešného bezpečí. Náboženství není spasení. Náboženství samo o sobě vám může pouze dát dobrý pocit z vlastní spravedlnosti. Samotná znalost Písma nepřináší Spasení. Musíte porozumět Svatému písmu prostřednictvím studia, přijmout zjevení prostřednictvím modlitby a mít touhu poznat pravdu. Ďábel zná Písmo také a je odsouzen k věčnosti v jezeře, které hoří ohněm. Nenechte se oklamat vlky v rouše beránčím, kteří mají **podobu zbožnosti**, ale **popírají *Boží moc***. Nikdo mi nikdy neřekl, že potřebuji Ducha svatého s důkazem mluvení v jazycích, jak se o tom mluví v Bibli. Když věřící přijmou Ducha svatého, stane se něco zázračného. Učedníci byli naplněni Duchem svatým a ohněm.

*Ale dostanete **moc,** až na vás sestoupí Duch svatý, a budete mi svědky v Jeruzalémě i ve všem Judsku a Samařsku a až na samý konec země. (Skutky1,8)*

Byli tak zapálení pro šíření evangelia, že mnozí křesťané té doby, stejně jako někteří i dnes, přišli pro evangelium pravdy o život. Dozvěděl jsem se, že jde o hlubokou víru a pevné učení, na rozdíl od učení, které se dnes vyučuje v některých církvích.

Po vzkříšení Ježíš ve svém slově říká, že to bude znamení, že je někdo JEHO UČEDNÍKEM.

"....budou mluvit novými jazyky." (Marek 16:17)

Jazyk je v řečtině glossa, v češtině nadpřirozený dar jazyka daný Bohem. Nechodíte do školy, abyste se naučili tento způsob mluvení. Proto se říká **nový jazyk.**

To je jedno ze znamení, podle kterého poznáte učedníka Nejvyššího Boha.

Není Bůh tak úžasný? Učinil své učedníky velmi zvláštním způsobem rozpoznatelnými.

Síla uctívání.

Dozvěděl jsem se, jakou sílu má uctívání a že při uctívání můžete skutečně pocítit přítomnost Svatého. Když jsem v roce 1980 přijel do Ameriky, pozoroval jsem, jak se východní Indové stydí svobodně uctívat Boha. Ve Starém zákoně král David tančil, skákal, tleskal a vysoko zvedal ruce před Hospodinem. Boží sláva přichází, když Boží lid uctívá s nejvyšší chválou a povzneseností. Boží lid vytváří atmosféru, aby mezi ním mohla přebývat Hospodinova přítomnost. Naše uctívání vysílá k Pánu libou vůni, které nemůže odolat. On přijde a přebývá ve chválách svého lidu. Po modlitbě si najděte čas, abyste ho jen chválili a uctívali celým svým srdcem, aniž byste ho žádali o nějaké věci nebo laskavosti. V Bibli je přirovnáván k Ženichovi, který přichází pro svou nevěstu (církev). Hledá vášnivou nevěstu, která se nebude stydět HO Uctívat. Naučil jsem se, že můžeme nabídnout uctívání, které dosáhne Trůnního sálu, pokud se zbavíme své pýchy. Díky Bohu za kazatele, kteří kážou Slovo a nezdržují se tím, jak je uctívání pro Boha velmi důležité.

Přijde však hodina, a ta už nastala, kdy praví ctitelé budou Klanějte se Otci v duchu a v pravdě, neboť Otec hledá takové, kteří by se mu klaněli." (Jan 4,23)

Když Boží přítomnost sestoupí na jeho děti, začnou se dít zázraky: uzdravování, vysvobození, jazyky a výklady, proroctví, projevy darů Ducha. Ó, kolik Boží moci můžeme pojmout do jedné bohoslužby, pokud se všichni sejdeme a společně nabídneme uctívání, vyvýšení a nejvyšší chválu. Když už nemáte slova k modlitbě, uctívejte a přinášejte oběť chvály! Ďábel nesnáší, když uctíváte jeho Stvořitele, jediného pravého Boha. Když se cítíte osamělí nebo vás svírá strach, uctívejte a spojte se s Bohem!

Zpočátku pro mě bylo toto uctívání a chválení velmi těžké, ale později se stalo snadným. Začal jsem slyšet Jeho hlas, který ke mně promlouval. Chtěl, abych byl poslušný Jeho Duchu. Moje náboženská minulost mi bránila svobodně uctívat Boha. Brzy jsem dostával požehnání v Duchu, přišlo uzdravení a byl jsem osvobozen od věcí, které jsem nepovažoval za hřích. To vše pro mě bylo nové; pokaždé, když jsem ve svém životě pocítil Boží přítomnost, začal jsem se vnitřně měnit. Rostl jsem a prožíval osobní chození s Bohem zaměřené na Krista.

Duch pravdy.

Láska k pravdě je nezbytná, protože náboženství může být klamné a horší než závislost na alkoholu nebo drogách.

"Bůh je duch a ti, kdo ho uctívají, ho musí uctívat v duchu a v pravdě." (Jan 4:24)

Řetězy otroctví náboženství ze mě spadly, když mě Duch svatý osvobodil. Když v Duchu svatém mluvíme neznámými jazyky nebo jazyky, náš duch mluví s Bohem. Boží láska je ohromující a zážitek je nadpřirozený. Nemohl jsem si pomoci, abych nemyslel na všechny ty roky předtím, kdy jsem přijímal biblické učení, které bylo v rozporu s Božím slovem.

V mém vztahu s Bohem mi zjevoval stále více pravdy, jak jsem rostl v Jeho Slově a poznával "**Jeho cesty**". Bylo to jako s vrabčákem, který krmí svá mláďata malými porcemi, ta každým dnem sílí a důsledně rostou, až se naučí vznášet se v oblacích. Hledejte Ducha pravdy a On vás povede k poznání všech věcí. Jednoho dne se i my budeme s Pánem vznášet v oblacích.

"Až přijde Duch pravdy, uvede vás do veškeré pravdy." (Jan 16:13a)

Svaté pomazání:

Skrze velký zármutek kvůli stavu mého bratra, který trpěl zlými duchy, jsme našli tuto úžasnou pravdu. Přijal jsem tuto pravdu a Duch svatý mi dal moc překonávat překážky, které zasahovaly do mého nového života v Kristu Ježíši, který mi dal svatou milost, abych mohl působit a sloužit vyučováním lidí. Poznal jsem, že skrze toto pomazání se Bůh pohybuje duchovním zápalem a projevem. Pochází od Svatého, kterým je sám Bůh, a ne od náboženského obřadu nebo formálního svěcení, které by člověku dávalo toto privilegium.

Pomazání:

Začal jsem pociťovat Boží pomazání na svém životě a svědčil jsem o něm těm, kteří chtěli naslouchat. Zjistil jsem, že jsem se stal učitelem Slova díky Boží moci pomazání. V Indii bylo období, kdy jsem chtěl vykonávat právnickou praxi, ale Pán mě proměnil v učitele svého Slova.

"Ale pomazání, které jste od něho přijali, zůstává ve vás a nepotřebujete, aby vás někdo učil, ale jak vás to pomazání učí o všem a je pravdivé a není to lež, tak jak vás naučilo, tak v něm budete pomáhat." (1. Jana 2,27)

Vy však máte pomazání od Svatého a víte všechno." (1. Janova 2:20)

Dal jsem se Bohu k dispozici a On udělal zbytek skrze svou moc pomazání. Jaký úžasný Bůh! Nenechá vás bez moci při konání Jeho díla. Začal jsem se více modlit, když mé tělo kvůli nemoci a chorobě zesláblo, ale Boží Duch ve mně každým dnem sílil, když jsem věnoval čas a úsilí svému duchovnímu chození, modlil se, postil a neustále četl Jeho Slovo.

Změna života:

Když jsem se na chvíli ohlédl zpět, viděl jsem, odkud mě Bůh přivedl a jak můj život postrádal Jeho cesty. Měl jsem tělesnou přirozenost bez moci ji změnit. Měl jsem jiné duchy, ale ne Ducha svatého. Poznal jsem, že modlitba věci mění, ale skutečný zázrak byl, že jsem se změnil i já. Chtěl jsem, aby se mé cesty více podobaly **Jeho cestám**, a tak jsem se postil, abych změnil svou tělesnou přirozenost. Můj život se na této prošlapané cestě výrazně změnil, ale to byl teprve začátek, protože moje vášnivá touha po Bohu vzrostla. Ostatní, kteří mě dobře znali, mohli dosvědčit, že jsem se změnil.

Duchovní boj:

Dával jsem si pozor, abych učil pouze pravdu, a ne náboženství. Učil jsem, že křest ve jménu Ježíše Krista a Ducha svatého (Ducha svatého) je nutností. Je to Utěšitel a vaše moc překonávat překážky a zlé síly, které přicházejí proti věřícím.

Buďte vždy připraveni bojovat na kolenou za to, co od Boha chcete. Ďábel chce rozdrtit vás i vaši rodinu. Jsme ve válce s mocnostmi temnoty. Musíme bojovat za duše, které mají být zachráněny; a modlit se, aby se srdce hříšníků dotknul Bůh, aby se odvrátili od mocností, které je ovládají.

Neboť nebojujeme proti krvi a tělu, ale proti knížectvím, proti mocnostem, proti vládcům temnot tohoto světa, proti duchovní zlobě na výsostech." (Efezským 6:12)

Živá duše.

Každý člověk má živou duši; není vaše, patří Bohu. Jednoho dne, až zemřeme, se duše vrátí k Bohu nebo k Satanovi. Člověk může zabít tělo, ale duši může zabít pouze Bůh.

*"Hle, všechny duše jsou mé; jako je má duše otcova, tak je má i duše synova; duše, která zhřeší, **zemře.**" (Ezechiel 18:4)*

"A nebojte se těch, kdo zabíjejí tělo, ale duši zabít nemohou, ale spíše se bojte toho, kdo může zahubit duši i tělo v pekle." (Matouš 10:28)

Duch lásky.

Jeden život má pro Boha tak velký význam, protože mu na každém z nás tolik záleží a každého z nás tolik miluje. Věřící, kteří mají toto evangelium pravdy, jsou zodpovědní za to, aby v Duchu **lásky** vyprávěli druhým o Ježíšově lásce.

*"Nové přikázání vám dávám, abyste **se milovali** navzájem, jako jsem já **miloval** vás, abyste se i vy **milovali** navzájem. Podle toho všichni poznají, že jste moji učedníci, budete-li mít **lásku** jedni k druhým." (Jan 13:34-35)*

Ďábel proti nám vystoupí, když se pro něj staneme hrozbou. Jeho úkolem je nás odradit, my však máme zaslíbení, že nad ním zvítězíme.

"Ale díky Bohu, který nám dává vítězství skrze našeho Pána Ježíše Krista." (1. Korintským 15,57)

Chtěl bych zde zdůraznit, že to, co satan zamýšlel jako zlo, Bůh proměnil v požehnání.

Bible říká:

"A víme, že těm, kdo milují Boha, všechno napomáhá k dobrému, těm, kdo jsou povoláni podle jeho záměru." *(Řím 8,28)*

Chvála Pánu Ježíši Kristu!

Kapitola 2

Mocný lékař

Lékařská věda uvádí, že existuje celkem třicet devět kategorií nemocí. Vezměme si například rakovinu - existuje mnoho druhů rakoviny. Existuje také mnoho typů horečky, ale všechny spadají do kategorie horečka. Podle starého římského práva a Mojžíšova zákona jste nesměli jako trest udělit více než 40 ran (bičování). Aby tento římský a židovský zákon neporušili, udělili pouze třicet devět ran. Je to náhoda, že Ježíš dostal na záda třicet devět ran? Věřím, stejně jako mnozí jiní, že toto číslo a Ježíš spolu souvisejí.

Čtyřicet ran mu může dát, ale nesmí je překročit, aby se ti tvůj bratr nezdál ohavný, kdyby je překročil a dal mu více ran."
(Deuteronomium 25:3)

"Který sám na svém těle na dřevě nesl naše hříchy, abychom my, mrtví hříchu, žili spravedlnosti; jeho ranami jste byli uzdraveni."
(1. Petrova 2,24)

"Ale on byl raněn pro naše přestoupení, byl potlučen pro naše nepravosti, trest našeho pokoje byl na něm a jeho ranami jsme uzdraveni." (Izajáš 53,5)

V této knize si přečtete svědectví o Boží uzdravující moci a moci vysvobození z drog, alkoholu a démonické posedlosti. Začínám svými osobními nemocemi, kdy mi Bůh brzy ukázal, že pro něj není nic příliš těžké ani příliš velké. On je mocný lékař. Závažnost mého fyzického stavu se měnila od špatného k horšímu prostřednictvím bolestivých nemocí. Bylo a je to Boží slovo a jeho zaslíbení, které mě dnes podpírají.

Chronická sinusitida.

Měl jsem tak závažné problémy s dutinami, že mi bránily ve spánku. Přes den jsem volal a prosil lidi, aby se za mě modlili. Na chvíli by mi bylo dobře, ale v noci se to obnovilo a já nemohl spát.

Jednou v neděli jsem přišel do kostela a požádal pastora, aby se za mě modlil. Položil mi ruku na hlavu a modlil se nade mnou.

"Je mezi vámi někdo nemocný? Ať zavolá starší církve a ti ať se nad ním modlí a pomazávají ho olejem ve jménu Páně." (Jakub 5:14)

Když začala bohoslužba, začal jsem chválit a uctívat Boha, protože na mě volně působil Duch. Pán mi řekl, abych před ním tančil. V Duchu jsem před Ním začal tančit v poslušnosti, když se mi najednou uvolnil ucpaný nos a to, co bránilo průchodu nosem, vyšlo ven. Okamžitě jsem začal dýchat a tento stav se již nevrátil. Přijal jsem tento stav dutin vlastními slovy a myšlenkami. Nakonec jsem se však naučil, že bychom měli svou víru vždy vyslovovat a nikdy nevyznávat a nemyslet na pochybnosti.

Zánět mandlí.

Měla jsem chronický zánět mandlí a nemohla jsem spát kvůli příšerné úporné bolesti. Trpěla jsem tímto stavem mnoho let. Po návštěvě lékaře jsem byl odeslán k hematologovi. Aby mi provedl relativně drobnou operaci mandlí, byla by to pro mě nebezpečná a zdlouhavá operace kvůli nemoci krve, která mému tělu ztěžovala srážení krve. Jinými slovy, mohl bych vykrvácet! Lékař řekl, že neexistuje žádný způsob, jak bych tuto operaci mohl vydržet nebo snést bolest. Modlil jsem se za své vlastní uzdravení a také jsem požádal církev, aby se za mě modlila. Jednoho dne přišel do mého kostela hostující kazatel. Pozdravil shromáždění a zeptal se, zda někdo nepotřebuje uzdravení.

Nebyl jsem si jistý, zda se mi dostane vlastního uzdravení, ale přesto jsem se vydal dopředu a důvěřoval Bohu. Když jsem se vrátil na své místo, uslyšel jsem hlas, který mi říkal.

"Nebudeš uzdraven."
Ten hlas mě rozzlobil. Jak mohl tento hlas směle vyslovit tuto pochybnost a nevíru? Věděl jsem, že je to ďáblův trik, který má zastavit mé uzdravení. Odpověděl jsem tomuto hlasu v rozporu s ním,

"Já se uzdravím!"

Moje odpověď byla pevná a silná, protože jsem věděl, že pochází od otce všech lží, od ďábla. Duch svatý nám dává moc nad ďáblem a jeho anděly. Nehodlal jsem mu dovolit, aby mě připravil o uzdravení a pokoj. Je to lhář a není v něm žádná pravda! Bránil jsem se Božím slovem a zaslíbeními.

> *"Vy jste z otce svého ďábla a žádosti svého otce budete plnit. On byl od počátku vrah a nepobýval v pravdě, protože v něm není pravda. Když mluví lež, mluví ze svého, neboť on je lhář a její otec." A tak se stalo. (Jan 8,44)*

Bolest okamžitě zmizela a já byl uzdraven! Někdy musíme jít do nepřátelského tábora, abychom bojovali za to, co chceme, a vzali si zpět to, co nám chce nepřítel, ďábel, vzít. Když mě bolest opustila, ďábel řekl: "Nebyl jsi nemocný". Nepřítel se mě snažil "mrakem pochybností" přesvědčit, že jsem ve skutečnosti nemocný nebyl. Důvodem této ďáblovy lži bylo, abych Bohu nevzdal slávu. S rozhodnou odpovědí satanovi jsem řekl: "Ano, byl jsem nemocný!". Okamžitě mi Ježíš přiložil bolest na každou stranu mandlí. Odpověděl jsem: "Pane Ježíši, vím, že jsem byl nemocný, a ty jsi mě uzdravil." A tak jsem se vrátil do svého pokoje. Bolest mě navždy opustila! Už nikdy jsem netrpěl. Okamžitě jsem zvedl ruce, chválil Pána a vzdával Bohu slávu. Ježíš si vzal rány na zádech, abych mohl být toho dne uzdraven. Jeho slovo také říká, že mi budou odpuštěny i hříchy. Ještě ten den jsem vstal a svědčil před církví, jak mě Pán uzdravil. Své uzdravení jsem přijal násilím.

"A od dnů Jana Křtitele až dosud nebeské království trpí násilí a násilníci se ho zmocňují násilím."
(Matouš 11:12)

"Modlitba víry nemocného zachrání a Pán ho vzkřísí, a pokud se dopustil hříchů, budou mu odpuštěny." (Jakub 5:15)

"Který odpouští všechny tvé nepravosti, který uzdravuje všechny tvé nemoci." (Žalmy 103:3)

Když se postavíme a svědčíme o tom, co Pán učinil, nejenže tím vzdáváme Bohu slávu, ale povznášíme tím i víru ostatních, kteří to potřebují slyšet. Je to také čerstvá krev proti ďáblovi.

"A zvítězili nad ním Beránkovou krví a slovem svého svědectví a nemilovali svůj život až do smrti."(Zjevení 12:11)

Bůh dělá velké i malé zázraky. Ďábla porazíte, když budete druhým vyprávět o tom, co pro vás Bůh udělal. Ďábla donutíte utéct, když začnete Boha uctívat celým svým srdcem! Máte k dispozici zbraně víry a moc Ducha svatého, abyste porazili otce všech lží. Musíme se je naučit používat.

Vada zraku.

V roce 1974, ještě před příjezdem do Ameriky, jsem měl problémy se zrakem. Nedokázal jsem rozlišit vzdálenost mezi sebou a jiným předmětem před sebou. To způsobovalo silné bolesti hlavy a nevolnost. Lékař mi řekl, že mám poruchu sítnice, která se dá upravit cvičením; to však u mě nezabralo a bolesti hlavy pokračovaly.

Navštěvoval jsem církev v Kalifornii, která věřila v uzdravující sílu. Požádal jsem církev, aby se za mě modlila. Stále jsem slyšel svědectví o uzdravení, která mi pomohla uvěřit v uzdravení. Jsem tak vděčný, že církve umožnily vydávat svědectví, že ostatní mohou slyšet chvalozpěvy o zázracích, které Bůh vykonal v životech dnešních obyčejných lidí. Mou víru vždy pozvedlo slyšení svědectví. Díky svědectvím jsem se toho hodně naučil.

Později jsem navštívil očního lékaře, protože mě Bůh požádal, abych navštívil očního specialistu.

Tento lékař mi vyšetřil oči a zjistil stejný problém, ale požádal mě o druhý názor. O týden později jsem požádala o modlitbu, protože mě silně bolela hlava a měla jsem nesnesitelnou bolest v očích.

Šel jsem na druhý posudek, který mi vyšetřil oči a řekl, že s mýma očima není nic v nepořádku. Byl jsem velmi šťastný.

O půl roku později jsem jela do práce a přemýšlela o tom, co mi řekl lékař, a začala jsem věřit, že se nic neděje a že druhý lékař, který diagnostikoval nedokonalost očí, se mýlil. Celé ty měsíce jsem se uzdravoval a zapomněl jsem na to, jak jsem byl nemocný.

Bůh ke mně začal mluvit" :Vzpomínáš si, že jsi měl nesnesitelnou bolest, bolest hlavy a nevolnost?"

Řekl jsem" :Ano." Pak Bůh řekl: "Vzpomínáš si, jak jsi byl v Indii a lékař ti řekl, že máš oční vadu, a učil tě cvičení na koordinaci očí?

Vzpomínáš si, že jsi během posledního půl roku nepřišel domů nemocný kvůli tomuto problému?" "Ano," odpověděl jsem.

Odpověděl jsem: "Ano."

Bůh mi řekl: "Uzdravil jsem tvé oči!"

Chvála Bohu, to vysvětlovalo, proč se mnou třetí lékař nemohl nic najít. Bůh mi dovolil projít touto zkušeností, aby mi ukázal, že je schopen proniknout hluboko do mých očí a uzdravit je. Boží slovo říká: "Já znám srdce, ne ten, kdo srdce vlastní." A tak jsem si uvědomil, že to není pravda. Opatrně jsem o těchto slovech začal v duchu přemýšlet. Možná vlastním své srdce, ale neznám své vlastní srdce ani nevím, co mám ve svém srdci. Proto se neustále modlím, postím a čtu Slovo, aby Bůh v mém srdci nacházel jen dobrotu, lásku a víru. Musíme si dávat pozor na to, co si myslíme a co vychází z našich úst. Rozjímejte o dobrotě, protože Bůh zná každou naši myšlenku.

"Nechť jsou slova mých úst a rozjímání mého srdce příjemná před tebou, Hospodine, má sílo a můj vykupiteli." (Žalmy 19,14)

"Srdce je nade všechno svůdné a zoufale zlé, kdo ho může poznat? Já, Hospodin, zkoumám srdce, zkouším ledví, abych každému dal podle jeho cest a podle ovoce jeho skutků." (Jeremiáš 17,9-10)

Modlím se za sebe Žalm 51:

"Stvoř mi čisté srdce, Bože, a obnov ve mně pravého ducha." (Žalmy 51,10)

Úzkost.

Procházel jsem obdobím, kdy jsem prožíval něco, co jsem nedokázal vyjádřit slovy. Vzpomínám si, jak jsem Bohu říkal, že nevím, proč se tak v duchu cítím. Modlil jsem se a prosil Boha, aby tento ohromující pocit nechápal, protože mě v té době nic netrápilo. Tento pocit trval nějakou dobu a způsoboval, že jsem se cítil "mimo" duševně, ale ne fyzicky, což je nejlepší způsob, jak to mohu popsat. Později jsem v práci držel v ruce malou knížku inspirací.

Pán řekl: "Otevři tuto knihu a čti."

Našel jsem téma "úzkost". Bůh řekl, že to, co máte, je úzkost. Toto slovo jsem neznal. Protože jsem tomuto slovu nerozuměl, Ježíš mi řekl, abych se podíval do slovníku. Našel jsem přesně ty příznaky, které jsem měl. Definice zněla: obava nebo starost o nějakou věc nebo událost, budoucí nebo nejistou, která zneklidňuje mysl a udržuje ji ve stavu bolestného neklidu.

Řekl jsem" :Ano, Pane, cítím se přesně tak!"

Pracoval jsem na směny a ve volný den jsem chodil brzy spát. Během této doby jsem vstával brzy ráno, abych se modlil, a jednoho dne mi Bůh řekl, abych šel spát. Pomyslel jsem si: "Proč by to Bůh říkal?". V této rané fázi svého chození s Bohem jsem se učil rozlišovat a slyšet jeho hlas. Znovu jsem si řekl: Proč mi Bůh říká, abych šel spát? Myslím, že to je ďábel.

Pak jsem si vzpomněl, že někdy nám Bůh říká věci, které možná nedávají smysl, ale dává nám tím důležité poselství. Stručně řečeno, jeho poselství bylo, že nemusíme být svatější než ty.

"Neboť mé myšlenky nejsou vaše myšlenky a vaše cesty nejsou mé cesty, je výrok Hospodinův. Neboť jako jsou nebesa vyšší než země, tak jsou mé cesty vyšší než vaše cesty a mé myšlenky vyšší než vaše myšlenky." (Izajáš 55,8-9)

Jinými slovy, modlitba je správná cesta, ale v té době nebyla. On už vyslal svého anděla, aby mi sloužil, a já jsem potřeboval být v posteli. Je čas na odpočinek a čas, kdy Bůh doplňuje naše lampy čerstvým olejem skrze modlitbu obnovující Ducha svatého. V přirozeném prostředí potřebujeme spánek a odpočinek, abychom osvěžili své tělo a mysl, jak to Bůh zamýšlel. Jsme Božím chrámem a potřebujeme o sebe pečovat.

*Kterému z **andělů** však kdy řekl: "Sedni si po mé pravici, dokud ti nepoložím nepřátele pod nohy? Což nejsou všichni **služebnými duchy, vyslanými sloužit těm, kdo mají být dědici spasení**?*
(Židům 1:13,14)

Když jsem znovu usnul, zdál se mi sen o muži bez hlavy. Bezhlavý muž se dotkl mé hlavy. Později jsem se probudil a cítil se svěží a zcela normální; věděl jsem, že Bůh poslal uzdravujícího anděla, aby se dotkl mé hlavy a zbavil mě této úzkosti. Byla jsem Bohu tak vděčná, že jsem to řekla každému, kdo mě poslouchal. Prožívala jsem strašné vysilující příznaky úzkosti, které postihly mou mysl. Každý den se probouzíte s tím, že přetrvává; nikdy vám nedopřeje klid, protože vaše mysl není plně odpočatá, aby se uvolnila. Úzkost je také nástrojem ďábla, abyste se cítili zahlceni strachem nebo panikou. Přichází v mnoha podobách a možná ani nevíte, že ji máte. Nejlepší je změnit způsob, jakým na stres reagujete, a zeptat se sami sebe, zda svému tělu dáváte to, co potřebuje k denní obnově. O zbytek se postará Bůh, když se budete starat o "Jeho chrám".

"Jestliže někdo poskvrní Boží chrám, toho Bůh zničí, neboť Boží chrám je svatý, a tím chrámem jste vy." (1. Korintským 3:17)

Jeho hlas.

Když máte Boha, jste plní, protože jste ponořeni do jeho lásky. Čím více Ho poznáváte, tím více Ho milujete! Čím více s ním mluvíte, tím více se učíte slyšet jeho hlas. Duch svatý vám pomáhá rozeznávat Boží hlas Musíte jen naslouchat tomu tichému hlasu. Jsme ovce Jeho pastviny, které znají Jeho hlas.

"Ježíš jim odpověděl: "Řekl jsem vám to, a neuvěřili jste.Skutky, které konám ve jménu svého Otce, svědčí o mně. Ale vy jste uvěřili

ne, protože nejste z mých ovcí, jak jsem vám řekl. Mé ovce slyší můj hlas a já je znám a ony mě následují: A dávám jim život věčný a nezahynou na věky, ani je nikdo nevyrve z mé ruky. Můj Otec, který mi je dal, je větší než všichni a nikdo je nemůže vytrhnout z ruky mého Otce. Já a můj Otec jsme jedno." (Jan 10,25-30)

Jsou mezi námi ti, kteří se nazývají jeho "ovcemi", a ti, kteří nevěří. Jeho ovce slyší Boží hlas. Náboženští démoni jsou klamní. Dávají nám pocit, že máme Boha. Bible nás varuje před falešnými naukami.

"majíce podobu zbožnosti, ale popírajíce její moc."
(2. Timoteovi3,5)

Bůh říká: "Hledejte mě celým svým srdcem a najdete mě." Nejde o to najít životní styl, který nám vyhovuje. Následujte pravdu, ne náboženskou tradici. Pokud žízníte po Boží pravdě, najdete ji. Musíte číst a milovat Boží slovo, skrývat ho ve svém srdci a projevovat ho svým životním stylem. Slovo vás změní vnitřně i navenek.

Ježíš přišel zlomit moc tradice a moc náboženství cenou své krve. Dal svůj život, abychom mohli získat odpuštění hříchů a přímé společenství s Bohem. V Ježíši se naplnil Zákon, ale oni ho nevyznávali jako Pána a Spasitele, Mesiáše.

"Přesto i mezi předními představenými v něj mnozí uvěřili, ale kvůli farizeům ho nevyznali, aby nebyli vyloučeni ze synagogy. Milovali totiž více chválu lidí než chválu Boží." (Jan 12,42.43)

Chřipka:

Měla jsem vysokou horečku a bolesti těla. Měla jsem také velmi oteklé oči a obličej. Sotva jsem mohl mluvit a zavolal jsem staršímu své církve, aby se modlil za mé uzdravení. Rysy mého obličeje se okamžitě opět normalizovaly a já byl uzdraven. Děkuji Bohu za muže víry a jistotu, kterou dává těm, kdo mu důvěřují.

"Naše evangelium k vám totiž nepřišlo jen ve slovech, ale také v moci, v Duchu svatém a v mnoha jistotách." (1Tesalonickým 1,5a)

Oční alergie.

V jižní Kalifornii máme vážný problém se smogem. Měl jsem podrážděné oči, které se se znečištěným ovzduším ještě zhoršily. Svědění, zarudnutí a neustálá bolest byly nesnesitelné; měla jsem chuť vyndat si oči z důlku. Jak hrozné pocity. Stále jsem rostl a učil se důvěřovat Bohu. Myslel jsem si, že je nemožné, aby to Bůh vyléčil, i když mě už v minulosti uzdravil. Bylo pro mě prostě těžké uvěřit Bohu, že mě uzdraví. Myslela jsem si, že když už Bůh zná každou mou myšlenku, nemůže kvůli mé nevíře uzdravit mé oči, a tak jsem používala oční kapky, abych zmírnila svědění. Pán ke mně začal mluvit, abych oční kapky přestal používat. Svědění však bylo velmi silné a já jsem nepřestal. Opakoval to třikrát, až jsem nakonec oční kapky vysadil.

*"Ježíš se na ně podíval a řekl jim: "U lidí je to nemožné, ale u **Boha je možné všechno**. (Matouš 19:26)*

O několik hodin později, když jsem byl v práci, mě svědění opustilo. Byla jsem tak šťastná, že jsem o svém uzdravení začala všem v práci vyprávět. Už nikdy jsem se o své oči nemusela bát. O Bohu a o tom, jak přemýšlí, toho víme tak málo. Nikdy ho nemůžeme poznat, protože **jeho cesty** nejsou naše cesty. Naše poznání o Něm je tak nesmírně malé. Proto je pro opravdové věřící tak důležité chodit v Duchu. Nemůžeme se přiklánět k vlastnímu lidskému chápání. Ježíš byl ke mně toho dne laskavý, trpělivý a milosrdný. Ježíš mi dával velkou lekci. Pochyboval jsem o uzdravení, ale toho dne jsem poslechl a On mě uzdravil! Nikdy to se mnou nevzdal a nikdy to nevzdá ani s vámi!

Po této lekci poslušnosti jsem odložil všechny druhy léků. Uvěřil jsem, že ve svém srdci začnu důvěřovat Bohu, že mě uzdraví ze všech mých nemocí a chorob. Postupem času jsem se mu naučil věřit a rostl jsem v Pánu. On je mým lékařem dodnes.

Zranění krku:

Jednoho odpoledne jsem jel do kostela, když do mě narazilo jiné vozidlo a utrpěl jsem zranění krku, které si vyžádalo zdravotní dovolenou. Chtěl jsem se vrátit do práce, ale lékař to odmítl. Začal jsem se modlit: "Ježíši, nudím se, prosím, nech mě jít." V tu chvíli jsem se začal modlit. Ježíš řekl: "Vrať se do práce a nikdo nebude moci říct, že jsi byl zraněn".

"Neboť já ti navrátím zdraví a uzdravím tě z tvých ran, je výrok Hospodinův." (Jeremiáš 30:17a).

Pak jsem se vrátil k lékaři a ten mě pustil zpět do práce, protože jsem na tom trval. Začala jsem opět pociťovat bolesti a byla jsem pokárána za příliš brzký návrat do práce. Vzpomněl jsem si, co mi Ježíš řekl a slíbil. Začal jsem si říkat, abych se držel Božího zaslíbení, a den ode dne se mi začalo dařit lépe. Než jsem se nadál, bolest mě opustila. Toho večera mě můj nadřízený požádal, abych pracoval přes čas. Žertem jsem se zasmál a řekl mu, že mi není dost dobře, abych mohl pracovat přesčas, protože mám bolesti. Přiznal jsem se, že mám něco, co nemám. Bolest se okamžitě vrátila a můj obličej velmi zbledl, takže mi nadřízený nařídil, abych šel domů. Vzpomněl jsem si, že mi předtím Bůh řekl, že budu v pořádku, a byl jsem odhodlán na tom trvat. Řekl jsem svému nadřízenému, že kvůli Božímu slibu nemohu jít domů. Další nadřízená byla křesťanka, a tak jsem ji požádala, aby se za mě modlila. Trvala na tom, abych opět šel domů. Začal jsem napomínat bolest a říkal jsem slovo víry. Nazval jsem ďábla lhářem s autoritou Ducha svatého. Okamžitě mě bolest opustila.

"Pak se dotkl jejich očí a řekl: "Ať se vám stane podle vaší víry.""
(Matouš 9:29)

Vrátil jsem se ke své nadřízené a řekl jí, co se stalo. Souhlasila, že ďábel je lhář a otec všech lží. Je důležité nikdy nepřivolávat nemoc nebo bolest. Bůh mi toho dne udělil velmi důležitou lekci o žertování s nepravdou.

"Ale vaše sdělení ať je: Ano, ano, ne, ne, neboť cokoli je víc než toto, pochází ze zlého." (Matouš 5,37).

Kapitola 3

Mocné Boží zbraně "Modlitba a půst"

Jednou v neděli ráno jsem během bohoslužby ležel na poslední lavici v nesnesitelných bolestech a sotva jsem mohl chodit. Náhle mi Bůh řekl, abych šel dopředu a přijal modlitbu. Nějak jsem ve svém srdci a v Duchu věděl, že nebudu uzdraven, ale protože jsem slyšel Boží hlas, poslechl jsem. Jak čteme v

1 Samuelova 15:22b. Poslušnost je lepší než oběť.

Pomalu jsem se dostala dopředu, a když jsem začala procházet postranní uličkou, všimla jsem si, že lidé začali vstávat, když jsem je míjela. Byl jsem svědkem toho, jak na každého člověka padá Duch Boží, a přemýšlel jsem, jaký je Boží záměr poslat mě dopředu.

"A stane se, budeš-li bedlivě poslouchat hlas Hospodina, svého Boha, a zachovávat a plnit všechna jeho přikázání, která ti dnes přikazuji, že tě Hospodin, tvůj Bůh, vyvýší nad všechny národy země. A všechna tato požehnání na tebe přijdou a dostihnou tě, budeš-li poslouchat hlas Hospodina, svého Boha." (Deuteronomium 28,1-2)

V době, kdy se to stalo, jsem navštěvoval místní kostel, ale nějakou dobu jsem na tento den myslel. Když jsem pak šel navštívit kostel ve městě Upland. Do tohoto kostela chodila také sestra z našeho bývalého sboru. Viděla můj inzerát na autě, kde jsem nabízel doučování matematiky, a chtěla mě zaměstnat. Jednoho dne, když jsem ji učila u sebe doma, mi řekla" :Sestro, vzpomínám si na den, kdy jste byla nemocná v našem starém kostele a chodila jste dopředu, abyste přijala modlitbu. Nikdy předtím jsem takovou Boží přítomnost nezažila, i když jsem byla pokřtěná ve jménu Ježíše a do kostela jsem chodila dva roky. V den, kdy jsi procházel kolem, jsem poprvé pocítila Božího Ducha a bylo to tak silné. Vzpomínáš si, jak celá církev vstávala, když na ně padl Duch, když jsi procházel?" "Ano," odpověděl jsem. Dobře jsem si na ten den vzpomínal, protože jsem stále přemýšlel, proč mě Bůh poslal dopředu, když jsem sotva chodil. Cítil jsem, že Bůh dovolil, aby mi znovu zkřížila cestu z nějakého důvodu. Bůh skrze ni odpověděl na mou otázku ohledně onoho dne.

Byl jsem rád, že jsem Boha slyšel a poslechl jeho hlas.

"Chodíme totiž vírou, ne zrakem." (2. Korintským 5:7)

Po úrazu v září 1999 jsem už nemohl chodit, a tak jsem se ve dne v noci neustále modlil a postil, protože jsem 48 hodin nespal. Modlil jsem se dnem i nocí s myšlenkou, že raději budu mít Boha na paměti, než abych cítil bolest. Neustále jsem mluvil s Bohem. Jsme nádoby cti nebo hanby. Když se modlíme, naplňujeme svou nádobu čerstvým Boží m olejem tím, že se modlíme v Duchu svatém.

Musíme svůj čas využívat moudře a nedovolit, aby nám starosti života bránily v navázání duchovně důvěrného vztahu s naším Stvořitelem. Nejmocnější zbraní proti ďáblovi a jeho armádě je modlitba a půst.

"Vy však, milovaní, se opírejte o svou nejsvětější víru a modlete se v Duchu svatém." (Juda, verš 20).

Když se modlíte a vedete důsledný modlitební život, přemáháte zlo. Důslednost je všemocná. Půst zvýší moc Ducha svatého a vy budete mít moc nad démony. Ježíšovo jméno je tak mocné, když vyslovíte slova "Ve jménu Ježíše". Pamatujte také, že Drahocenná "Ježíšova krev" je vaší zbraní. Požádejte Boha, aby vás pokryl svou Krví. Boží slovo říká: ":

*"A od Ježíše Krista, který je věrný svědek a prvorozený z mrtvých a kníže králů země. Tomu, který si nás zamiloval a **svou krví nás obmyl z našich hříchů**." (Zjevení 1,5)*

*"A to tak, že vynášeli nemocné na ulice a pokládali je na lůžka a lehátka, aby některé z nich zastínil alespoň **stín** procházejícího Petra." (Skutky 5,15)*

Kapitola 4

Bůh - velký stratég

Kdo může znát Boží mysl? V roce 1999 jsem pracoval na poště na směny, když jsem se ohnul, abych si vyzvedl zásilku, a pocítil jsem silnou bolest zad. Hledal jsem svou nadřízenou, ale nemohl jsem ji ani nikoho jiného najít. Šel jsem domů v domnění, že bolest odezní, až se před spaním pomodlím. Když jsem se druhý den ráno probudil s bolestí na místě, zavolal jsem staršímu sboru, který se modlil za mé uzdravení. Během modlitby jsem slyšel, jak mi Pán říká, abych zavolal svému zaměstnavateli na poštu a oznámil mu své zranění. Poté jsem dostal pokyn, abych po návratu do práce informoval svého nadřízeného. Když jsem se vrátil do práce, byl jsem předvolán do kanceláře, abych vyplnil hlášení o úrazu. Odmítl jsem navštívit jejich lékaře, protože jsem nevěřil v návštěvu lékaře. Důvěřoval jsem Bohu. Bohužel se moje bolesti zad jen zhoršily. Můj zaměstnavatel potřeboval potvrzení od lékaře, které by doložilo, že jsem utrpěl úraz, aby mohl odůvodnit odlehčovací službu. V té době jsem již několikrát žádal o prohlídku u jejich lékaře, ale nyní nebyli příliš nakloněni tomu, aby mě tam poslali. Teprve když viděli určité zlepšení při chůzi, usoudili, že jsem se uzdravil. Nyní mě poslali k jejich lékaři pro pracovní úrazy, který mě později poslal k ortopedovi. Ten potvrdil, že jsem utrpěl trvalé poškození zad.

Mého zaměstnavatele to velmi rozrušilo. Byla jsem moc ráda, že jsem tentokrát souhlasila s návštěvou jejich lékaře. Nevěděla jsem, co mě čeká v budoucnosti, ale Bůh to věděl. Nejenže mi dali v práci lehčí práci, ale nyní si byli vědomi, že mám vážné postižení. Jak se můj stav zhoršoval, směla jsem pracovat jen šest hodin, pak čtyři a nakonec dvě. Moje bolest se stala tak nesnesitelnou, že mi cesta do práce dělala potíže dojíždět tam i zpět. Věděl jsem, že se musím spolehnout na Boha, aby mě uzdravil. Modlil jsem se a ptal se Boha, jaký má se mnou plán? Odpověděl mi: "*Půjdeš domů.*" A tak jsem se vrátil *domů*. Pomyslel jsem si, že si mě určitě zavolají do kanceláře a pošlou mě domů. Později mě zavolali do kanceláře a poslali domů, přesně jak Pán řekl. Postupem času se můj stav zhoršoval a k chůzi jsem potřeboval oporu. Lékař, který si uvědomoval vážnost mého zranění, mi doporučil, abych navštívil lékaře pro odškodnění pracovníků ,který by se mého případu ujal.

Jednoho pátečního večera, když jsem při odchodu z pošty otevíral dveře, uslyšel jsem Boží hlas, který mi říkal" :*Na toto místo se už nikdy nevrátíš.*" Ta slova mě tak ohromila, že jsem si začal myslet, že bych snad mohl být ochrnutý nebo dokonce propuštěný. Ten hlas byl velmi jasný a silný. Bezpochyby jsem věděl, že se to stane a že se na toto místo, kde jsem pracoval 19 let, už nikdy nepodívám. Jak to pro mě dopadne finančně, bylo nejisté. Bůh však vidí věci z nadhledu, protože mi ještě dal další krok, který mě nasměroval na cestu, kterou jsem měl jít...

Bůh pomalu a mistrně připravoval základy mé budoucnosti jako mistr stratég pro dobu, kdy už nebudu pracovat pro nikoho jiného, ale pro něj. Po víkendu jsem si našel nového ortopeda, který mě vyšetřil. Dal mě do dočasné pracovní neschopnosti téměř na rok. Pošta mě poslala na vyšetření k jednomu ze svých lékařů a jeho názor byl opačný než názor mého lékaře. Řekl, že jsem v pořádku a že mohu zvedat až 100 kg. Nemohla jsem ani chodit, stát a dokonce ani dlouho sedět, natož zvedat váhu odpovídající mému křehkému tělu. Můj lékař byl velmi rozrušený. Nesouhlasil s hodnocením mého zdravotního stavu a fyzických schopností druhým lékařem. Díky Bohu, že můj lékař to rozporoval v můj prospěch a proti lékaři mého zaměstnavatele. Můj zaměstnavatel pak celou záležitost postoupil třetímu lékaři, který měl působit jako zprostředkující "rozhodčí". Tímto rozhodčím byl ortoped, který mi později stanovil diagnózu invalidity. Nebylo to kvůli pracovnímu úrazu, ale kvůli mému onemocnění krve. Nyní tedy vše nabralo jiný směr. S touto nemocí jsem se narodil. O invalidním důchodu jsem nic nevěděl. S hněvem v srdci jsem se za tuto situaci modlil. Vím, že jeho úkolem bylo udělat to, co je spravedlivé pro pacienta, a ne pro zaměstnavatele. A ve vidění jsem viděl tohoto lékaře naprosto šíleného.

Okamžitě jsem požádal Ježíše, aby mu odpustil. Pán ke mně začal mluvit a říkal, že lékař udělal vše pro tvůj prospěch. Požádal jsem Pána, aby mi to ukázal, protože jsem to tak neviděl; odpověď však přijde později. Mezitím jsem požádal o dávky pro trvalé postižení, protože jsem již nemohl pracovat. Nebyl jsem si jistý, zda bude moje žádost schválena. Můj zaměstnavatel i můj lékař věděli, že mám nejen zranění zad, ale i tři nádory na dolní části zad a hemongiom v páteři. Měl jsem degenerativní onemocnění plotének a onemocnění krve. Stav mého těla se rychle a nanejvýš bolestivě zhoršoval.

Bolestivé příznaky mých nemocí a zranění si na mně vybíraly krutou daň. Zjistil jsem, že nejsem schopen chodit ani s podpůrnou asistencí. Nevědělo se, co způsobuje ochrnutí, které postihlo mé nohy, a tak jsem byl poslán na magnetickou rezonanci (MRI) hlavy. Lékař pátral po nějakém psychickém stavu. Kdo může znát Boží mysl a jaké kroky podnikal pro mou budoucnost? Bůh je velký stratég, protože tehdy jsem ještě netušil, že to všechno má svůj důvod. Musela jsem mu jen důvěřovat, že se o mě postará. Dávky v případě trvalé invalidity mohou být schváleny pouze osobám, které mají osobní zdravotní stav, který může být lékařsky podložen osobním lékařem. Jelikož můj nový lékař neměl žádnou zdravotní anamnézu, odmítl odboru pro invaliditu poskytnout kompletní lékařské posouzení týkající se mé pracovní neschopnosti. Také jsem se ocitl před dilematem ohledně svých financí. Pro odpovědi jsem se obrátil na jediný zdroj, který jsem znal. Pán mi řekl: "*Máte mnoho lékařských zpráv, pošlete je všechny lékaři.*" A tak jsem se rozhodl, že je pošlu.

Nejenže jsem lékaři předal všechny své lékařské zprávy, ale byl nyní připraven vyplnit mou žádost o trvalý invalidní důchod. Chvála Bohu! Bůh je vždy připraven dát odpověď, pokud ho o ni upřímně prosíme. Je důležité se vždy ztišit a naslouchat Jeho odpovědi. Někdy nepřijde hned. Čekal jsem na "Velkého stratéga", aby uspořádal můj život podle své vůle. Několik následujících měsíců bylo trýznivých a náročných. Nejenže jsem snášel fyzickou bolest, ale také jsem už nemohl otočit stránku knihy. Protože jsem závislá na Bohu, pokud jde o uzdravení, věřila jsem, že tím procházím z nějakého důvodu, ale určitě nezemřu. Věřila jsem tomu a každý den jsem jen děkovala Bohu za každý okamžik, který jsem prožila, a za to, v jakém stavu jsem byla. Pohlcovala jsem se modlitbami a posty, abych se dostala přes ty chvíle mučivé bolesti. On byl mým jediným zdrojem síly a útočištěm v modlitbě.

Můj život se změnil k horšímu. V tomto vyčerpávajícím stavu jsem už nebyl schopen pracovat. S mnoha modlitbami a prosbami každý den se zdálo, že se moje situace nezlepšuje, ale zhoršuje. Přesto jsem věděl, že jedinou odpovědí je Bůh. Bezpochyby jsem věděl, že On pro mě vše vyřeší. Dal mi poznat svou existenci a přítomnost a věděl jsem, že mě miluje. To mi stačilo, abych se držel a čekal na "Mistra stratéga", který měl pro můj život určitý plán.

V té době se mnou žila moje matka, které bylo 85 let. Byla také zdravotně postižená a potřebovala pomoc a péči, protože byla upoutána na lůžko. V době, kdy mě moje milující matka nejvíce potřebovala, jsem se nemohla věnovat jejím základním potřebám. Místo toho musela moje křehká matka sledovat, jak se před jejíma očima zhoršuje zdravotní stav její dcery. Dvě ženy, matka a dcera, v situaci, která se zdála beznadějná, a přesto jsme obě věřily v "mocného Boha zázraků". Jednoho dne mě matka viděla, jak se hroutím na podlahu. Křičela a plakala, bezmocná, že pro mě nemůže nic udělat. Tato scéna byla pro matku tak nesnesitelná a děsivá, když mě viděla na podlaze, ale Pán mě ve svém milosrdenství zvedl z podlahy. Můj bratr, sestra a rodina, kteří se o tom dozvěděli, byli velmi znepokojeni tím, že můj stav dospěl až do takového extrému. Můj drahý a starý otec, o kterého se starali jinde, jen plakal a moc toho nenamluvil, modlila jsem se k Pánu, aby to všechno skončilo pro dobro nás všech. Nebyla to jen moje osobní bolest a zkouška, kterou jsem musela snášet, ale nyní se to týkalo i mých blízkých. Bylo to nejtemnější období mého života. Od začátku jsem se díval na Boží zaslíbení:

"Když půjdeš, tvé kroky nebudou ztíženy, a když poběžíš, neklopýtneš."
(Přísloví 4,12)

S velkou radostí v srdci jsem přemýšlel o Boží mslově a zaslíbení. Nejenže budu moci udělat krok, ale budu mít schopnost jednoho dne běžet. Věnoval jsem více času modlitbám, protože jsem nemohl dělat nic jiného než se modlit a hledat Boží tvář. Stala se z toho posedlost dnem i nocí. Boží slovo se stalo mou "kotvou naděje" v rozkolísaném moři. Bůh se stará o naše potřeby, a tak mi umožnil získat motorové kolečkové křeslo, které mi usnadnilo život. Když jsem se postavil, nebyl jsem schopen udržet rovnováhu ani s pomocí. V celém těle jsem cítil jen nepohodlí a bolest a jakoukoli útěchu mi poskytoval "Utěšitel", Duch svatý. Když se nade mnou modlili Boží lidé, moje tělo pociťovalo dočasnou úlevu od bolesti, a tak jsem vždy vyhledával modlitby druhých. Jednoho dne jsem se zhroutil na podlahu a byl jsem převezen do nemocnice. Lékař v nemocnici se mě snažil přesvědčit, abych užíval léky proti bolesti. Byl v tom vytrvalý, protože viděl, že mé bolesti byly extrémní po mnoho dní. Nakonec jsem podlehl jeho pokynům, abych léky bral, ale bylo to proti tomu, čemu jsem věřil.

Pro mě byl Bůh mým léčitelem a lékařem. Věděl jsem, že Bůh má schopnost mě kdykoli uzdravit, stejně jako to udělal už mnohokrát předtím, tak proč by mě nemohl uzdravit i teď? Pevně jsem věřil, že je Boží povinností mi pomoci. Takto jsem přemýšlel a modlil se ve víře a nikdo nemohl změnit mé smýšlení v tomto směru. Nemohl jsem to vidět jinak, a tak jsem čekal na "Mistra stratéga". Můj myšlenkový proces sílil tím, že jsem se opíral o Boha. Čím více jsem se modlil, tím více rostl můj vztah s Ním. Bylo to tak hluboké a osobní, že se to nedá vysvětlit někomu, kdo nezná duchovní cesty Boha nebo jeho samotnou existenci. On je úžasný Bůh! V den, kdy jsem opouštěl nemocnici, jsem zavolal příteli, aby mě vyzvedl. Položila na mě ruku, aby se pomodlila, a já pocítila dočasnou úlevu od bolesti. Bylo to, jako bych si vzala lék na Boží předpis. Během této doby Bůh poslal jednu paní, aby se se mnou modlila každé ráno ve 4.00. Vkládala na mě ruce a modlila se. Zažil jsem jen dočasnou úlevu a nyní jsem dostal modlitebního partnera. Z celého srdce jsem věřil, že Bůh má vše pod kontrolou.

S tím, jak se mé tělo zhoršovalo, se situace zhoršovala. Kvůli poškození nervů jsem neměl dostatečný přísun krve a kyslíku do dolních a horních končetin. K mým příznakům se přidala i inkontinence. Začal jsem mít potíže s vyslovováním slov kvůli křečím v ústech. Měl jsem poškozený sedací nerv a seznam příznaků se neustále rozšiřoval.

Moje uzdravení nepřišlo rychle. Přemýšlel jsem, co se stalo s jeho slibem z Přísloví 4,12. Napadlo mě, že jsem možná zhřešil. A tak jsem požádal" :Pane Ježíši, prosím, dej mi vědět, co jsem udělal špatně, abych mohl činit pokání." "Co jsem udělal špatně?" zeptal jsem se. Požádal jsem Boha, aby ke mně nebo k mému příteli promluvil, aby mi poslal slovo. Nezlobil jsem se na Boha, ale prosil jsem ho s pokorným srdcem. Zoufale jsem toužil po uzdravení.

Později toho dne mi zazvonil telefon a já si pomyslel, že by to mohla být moje odpověď? Ale k mému zklamání volal někdo jiný. Šel jsem spát a probudil se ve čtyři hodiny ráno, abych se pomodlil. Moje modlitební partnerka sis. Rena přišla, aby se modlila se mnou. Podívala jsem se na ni a napadlo mě, že k ní možná Bůh promluvil a ona má mou odpověď, ale k mému zklamání opět žádná odpověď nepřišla.

Když odešla, šel jsem si lehnout do svého pokoje a odpočinout si. Když jsem tam ležela, uslyšela jsem v 9.00 otevřít zadní dveře; byla to domovnice Carmen. Vešla a zeptala se mě: *"Jak se cítíš?"* "Jak *se cítím?*" zeptal jsem se. Odpověděla jsem: "*Cítím se hrozně.*" Pak jsem se otočila a zamířila zpátky do svého pokoje. Carmen řekla: "*Mám pro tebe slovo.*" Když jsem se dnes v kostele modlila, přišel ke mně Ježíš a řekl: "*Sestřičko. Elizabeth Dasová prochází zkouškou, je to její ohnivá dlouhá zkouška a ona neudělala nic špatného. Vyjde z toho jako zlato a já ji mám moc rád.*" A tak jsem se na ni podíval. Vím, že jsem s Ním byla v trůnním sále předchozího večera, když jsem prosila o odpověď na svou otázku.

Hle, Hospodinova ruka není zkrácena, aby nemohla zachránit, ani jeho ucho není ztíženo, aby nemohlo slyšet. (Izajáš 59,1)

V této fázi života jsem měl pocit, že se zblázním. Už jsem nedokázal normálně číst, pamatovat si ani se soustředit. Jedinou volbou a důvodem mého života bylo uctívání Boha a intenzivní modlitba. Každý druhý den jsem spal jen krátce, přibližně tři až čtyři hodiny. Když jsem spal, byl Bůh mým Šalomem. Sláva, chvála a čest jeho svatému jménu! Ve svých modlitbách jsem volal k Pánu" :Bože, vím, že se z toho mohu okamžitě dostat, protože věřím, že mě můžeš uzdravit a že mě uzdravíš." Vždycky jsem se snažil, aby mě uzdravil. Začal jsem o své zkoušce přemýšlet, že se z ní možná nemohu dostat jen na základě své víry. Zkoušky mají svůj začátek a konec.

Je čas zabíjet a čas léčit, je čas bořit a čas budovat (Kazatel 3,3).

Musel jsem věřit, že až to všechno skončí, budu mít mocné svědectví víry, které zůstane navždy. Svědectví víry, které budu sdílet s mnoha lidmi jako svědectví o úžasných skutcích všemohoucího Boha! Pořád jsem si opakoval, že to všechno bude stát za to. Musel jsem věřit ve svou "kotvu naděje", protože neexistovala jiná cesta než **Jeho cesta**! A právě **Jeho cestou** se stalo, že jsem byl přiveden k tomu, kdo byl obdařen mocným darem uzdravování, který byl dán v Jeho jménu. Boží slovo se nikdy nemění, takže se nemění ani Bůh. Je stejný včera, dnes i navěky. Jako znovuzrození věřící musíme vyznávat svou víru v lásce a milovat Boží slovo.

"Znovu zrozeni ne z porušitelného, ale z neporušitelného semene skrze Boží slovo, které je živé a zůstává navěky." (1. Petrova 1,23)

I bibličtí Boží muži procházeli zkouškami. Proč by to dnes mělo být jinak, aby nás Bůh nezkoušel? Nesrovnávám se se zbožnými muži z Bible, protože jsem dalek srovnání se svatými učedníky. Jestliže Bůh zkoušel víru lidí před stovkami let, pak bude zkoušet i muže a ženy dneška.

*"Blahoslavený člověk, který snáší pokušení, neboť když je **zkoušen**, dostane korunu života, kterou Pán slíbil těm, kdo ho milují."*
(Jakub 1,12)

Vzpomněl jsem si na biblický příběh o Danielovi. Ten se ocitl v situaci, kdy byla jeho víra vystavena zkoušce. Bůh Daniela ochránil v jámě lvové, protože se nechtěl podřídit zákonu krále Dareia. Modlil se pouze k Bohu a odmítl se modlit ke králi Dareiovi. Pak tu byl Job, oddaný muž, který miloval Boha, který přišel o všechno, co měl, a trpěl nemocemi na těle, přesto Job nechtěl Boha proklínat. V Bibli bylo zmíněno mnoho dalších mužů a žen. Ať už prošli čímkoli, jejich zkouška měla začátek a konec. Hospodin byl s nimi po celou dobu, protože v něj důvěřovali. Držím se poučení z těchto biblických příběhů, které jsou nám dány za příklad a inspiraci. Bůh je odpovědí na všechno. Důvěřujte pouze jemu a zůstaňte věrní jeho slovu, protože jeho slovo je věrné vám!

držet víru a dobré svědomí, které někteří opustili a ztroskotali na víře
(1. Timoteovi 1:19).

Když je vaše víra zkoušena, nezapomeňte se opřít o Boží slovo. Při každém útoku nepřítele lze bitvu vyhrát skrze moc Jeho slova.

Hospodin je má síla a píseň, stal se mou záchranou, je to můj Bůh
(Ex 15,2a).

Bůh je má skála, v něj doufám, on je můj štít a roh mé spásy, má vysoká věž a mé útočiště, můj zachránce, ty mě zachraňuješ před násilím (2Sam 22,3).

Hospodin je má skála, má pevnost a můj vysvoboditel, můj Bůh, má síla, v nějž doufám, má opěra, roh mé záchrany a má vysoká věž. (Ž 18,2)

Hospodin je mé světlo a má spása, koho se mám bát, Hospodin je síla mého života, koho se mám bát? (Ž 27,1).

V Boha jsem vložil svou důvěru: Nebudu se bát, co mi může udělat člověk. (Ž 56,11)

V Bohu je má spása a má sláva, v Bohu je skála mé síly a mé útočiště. (Ž 62,7)

Kapitola 5

Mluvit o své víře

Nějakou dobu jsem měla alergii na prach, která mi způsobovala svědění obličeje. Věřil jsem, že mě Bůh z tohoto stavu uzdraví. Jednoho dne se na mě podíval spolupracovník a řekl, že moje alergie je velmi silná. Řekl jsem jí, že alergii nemám, a vysvětlil jsem jí, že věřím, že Bůh se již postaral o mou prosbu o uzdravení. To byla moje víra "nepojmenovávej to" a "netvrď to". Pán mou prosbu ještě ten den vyslyšel tím, že odstranil onemocnění i všechny příznaky. Jak úžasnému Bohu sloužíme! Nemusíme vyznávat svými ústy a pojmenovávat své symptomy. Když obdržíte modlitbu, věřte, že o ni již bylo v nebi postaráno a že byl vyslán anděl, aby vám přinesl uzdravení. Vyslovte svou víru, ne své nemoci a choroby. Připomínám biblický příběh Ježíše a setníka v Kafarnaum:

> *Když Ježíš vešel do Kafarnaum, přišel k němu setník a prosil ho: "Pane, můj služebník leží doma nemocný ochrnutím a těžce se trápí. Ježíš mu řekl: 'Přijdu a uzdravím ho. Setník odpověděl: "Pane, nejsem hoden, abys vešel pod mou střechu, ale řekni jen slovo, a můj služebník bude uzdraven." A Ježíš mu odpověděl: "Pane, nejsem hoden, abys vešel pod mou střechu. Neboť já jsem člověk pod mocí a mám pod sebou vojáky; řeknu tomuto: Jdi, a on jde, jinému: Pojď, a*

on přijde, a svému služebníku: Udělej to, a on to udělá. Když to Ježíš uslyšel, podivil se a řekl těm, kdo šli za ním: "Amen, pravím vám, tak velkou víru jsem ještě nenašel, ne v Izraeli."" (Matouš 8,5-10)

Setník přišel pokorně k Pánu a věřil v moc Ježíšových slov. Setníkova vlastní slova Ježíšovi prozradila jeho víru v moc "vyřčeného slova", které uzdraví jeho služebníka. Víru a naději můžeme druhým přinášet tím, co jim říkáme. Musíme dovolit Duchu svatému, aby promlouval našimi ústy, když máme příležitost svědčit druhým.

To je jeho způsob, jak nás použít, abychom se účinně dotýkali životů druhých a zasévali semínko Spásy. V takových chvílích nám Bůh dá slova, která máme mluvit, s pomazáním, protože zná naše srdce a naši touhu oslovit hříšníka. Jsem tak vděčný za Boží Lásku, Milosrdenství a Milost, která nás vede k pokání. Je připraven odpustit nám naše hříchy a zná naše slabosti, protože ví, že jsme lidé.

"A on mi řekl: 'Stačí ti má milost, neboť má síla je dokonalá ve slabosti.' Proto se raději budu chlubit svými slabostmi, aby na mně spočinula Kristova moc. Proto mám zalíbení v slabostech, v potupách, v nouzi, v pronásledováních, v souženích pro Krista, neboť když jsem slabý, tehdy jsem silný." (2 Kor 12,9-10)

Ježíš jim řekl: "Pro vaši nevíru, neboť vpravdě vám říkám, že budete-li mít víru jako hořčičné zrnko, řeknete této hoře: 'Odejdi tamhle', a ona se odstěhuje, a nic vám nebude nemožné. (Matouš 17:20)

Ten večer byla kožní alergie zcela vyléčena, protože jsem nepřijala satanův balíček.

Kapitola 6

Uzdravující moc Boha a jeho služebníka

Tuto kapitolu chci začít tím, že vám nejprve povím něco o bratru Jamesi Minovi. Bratr James měl opravnu obuvi v Diamond Baru v Kalifornii, kde také svědčil svým zákazníkům o Boží moci. Kdysi byl ateistou, ale nakonec přijal křesťanskou víru. Později poznal učení apoštolů o pravdě a nyní je silně věřícím člověkem pokřtěným ve jménu Ježíše a přijal Ducha svatého s důkazem mluvení jinými jazyky neboli jazyky. Když jsem se s bratrem Jakubem setkal poprvé, vyprávěl mi o svém svědectví a o tom, jak se modlil a prosil Boha, aby si ho použil v darech, aby ostatní uvěřili a poznali Boha skrze zázraky.

Jako křesťané musíme působit v darech a nebát se prosit Boha, aby si nás použil. Tyto dary jsou určeny i pro nás dnes. Raná novozákonní církev byla citlivá na Božího Ducha a sloužila v darech Ducha.

Ježíš řekl:

*"Amen, amen, pravím vám: Kdo věří ve mne, bude i on činit skutky, které já činím, a **ještě větší** než oni, neboť já odcházím ke svému Otci." (Jan 14,12)*

Modlete se, aby vám vedoucí církve pomohl porozumět těmto darům a aby vás ve vašem obdarování podporoval. Proste Boha, aby vám pomohl je používat, protože pochází přímo od Boha. Nemějte vysoké mínění, pokud váš dar patří k těm, které v církvi působí otevřeně. U některých darů si vás Bůh použije jako nádobu, abyste dosáhli toho, co chce. Možná máte několik darů a možná o tom nevíte. Některé dary vám nezajistí velkou popularitu, ale budete muset poslouchat Boha, když bude mluvit. Vše záleží na daném daru. Modlete se za moudrost, abyste mohli svůj dar používat pod Jeho mocí pomazání. Bůh si vás vybral z nějakého důvodu a nedělá chyby. Dary slouží k budování církve.

Existuje jen jedna pravá církev, která ho uctívá v duchu a pravdě.

"Rozdílné jsou dary, ale Duch je tentýž. A jsou rozdíly ve správě, ale tentýž Pán. A jsou různosti působení, ale je to tentýž Bůh, který působí všechno ve všech. Ale projev Ducha je dán každému člověku, aby z něho měl užitek. Neboť jednomu je skrze Ducha dáno slovo moudrosti, jinému slovo poznání skrze téhož Ducha, jinému víra skrze téhož Ducha, jinému dary uzdravování skrze téhož Ducha, jinému konání zázraků, jinému proroctví, jinému rozlišování duchů, jinému různé druhy jazyků, jinému výklad jazyků: Ale to všechno působí jeden a týž Duch, rozdělující každému podle jeho vůle." (I Korintským 12,4-11)

Bratr Jakub mi řekl, že se modlil za tyto dary, aby mohl působit v Duchu svatém se znameními zázraků podivuhodných Božích skutků. Neustále četl Bibli ve dne v noci. Uvědomoval si, že působením darů Ducha svatého bude do srdce nevěřícího zaseto semeno víry. Musíme být příkladem naší víry, jak řekl sám Ježíš, aby věřící sami konali tyto zázraky a ještě mnohem více.

"Víra je podstata věcí, v něž se doufá, důkaz věcí, které se nevidí."
(Židům 11:1)

" Bez víry se mu však nelze zalíbit, neboť kdo přichází k Bohu, musí věřit, že Bůh je a že odměňuje ty, kdo ho usilovně hledají."
(Židům 11,6)

Bratr Jakub měl vidění, že mu Bůh dá duchovní dary. Dnes působí prostřednictvím darů uzdravování a vysvobozování. Právě díky službě bratra Jamese byl v nebi určen den, kdy budu opět chodit bez jakékoliv pomoci. Bratr James není pastorem ani služebníkem církve. Nezastává žádné vysoké postavení v církvi, ačkoli mu byly nabízeny pozice a peníze díky duchovním darům. Je pokořen darem, který mu Bůh svěřil. Viděl jsem, jak si ho Bůh používá k tomu, aby ve jménu Ježíše vyháněl z lidí démony a k nemocným přicházelo uzdravení. Démoni jsou pod Boží mocí ve jménu Ježíše, když je bratr Jakub vyvolává. Bude démonům klást otázky ve jménu Ježíše a oni budou bratru Jakubovi odpovídat. Osobně jsem to viděl mnohokrát; zejména když žádal démony, aby vyznali, kdo je skutečný Bůh. Démon odpoví: "Ježíš". Pro ně je však již příliš pozdě na to, aby se obrátili k Ježíši. Tím, že jsem prošel touto zkouškou a opřel se o Boha, jsem se naučil hodně o duchovním světě.

"Řekl jim: "Jděte do celého světa a hlásejte evangelium všemu stvoření. Kdo uvěří a dá se pokřtít, bude spasen, ale kdo neuvěří, bude zatracen. A ty, kdo uvěří, budou provázet tato znamení: V mém jménu budou vyhánět ďábly, budou mluvit novými jazyky, budou brát hady, a kdyby se napili něčeho smrtelného, neublíží jim to, budou vkládat ruce na nemocné a ti se uzdraví." (Marek 16,15-18)

Z Boží milosti je bratr Jakub připraven kdykoli a komukoli svědčit o Ježíši. Působí ve službě uzdravování a osvobozování na domácích shromážděních nebo v církvích, kam byl pozván. Bratr James cituje z Bible:

> *Nicméně, bratři, tím směleji jsem vám napsal, abych vám dal na*
> *vědomí milost, která mi byla dána od Boha, že mám být služebníkem*
> *Ježíše Krista pohanům a sloužit Božímu evangeliu, aby oběti pohanů*
> *byly příjemné, posvěcené Duchem svatým. Mám tedy, čím se mohu*
> *chlubit skrze Ježíše Krista v těch věcech, které se týkají Boha. Neboť*
> *se neodvažuji mluvit o ničem z toho, co Kristus skrze mne neučinil,*
> *abych pohany učinil poslušnými slovem i skutkem, skrze mocná*
> *znamení a zázraky, mocí Ducha Božího, takže jsem od Jeruzaléma a*
> *vůkol až po Illyricum plně hlásal Kristovo evangelium.*
> *(Řím 15,15-19)*

V den, kdy jsem se s ním setkal, mi bratr James položil několik otázek o mém zdraví. Řekl jsem mu všechno a své příznaky. Také jsem mu ukázal, kde mám tři nádory. Nádory jsem měl na vnější straně páteře a druhý byl na vnitřní straně páteře. Bratr James mi zkontroloval páteř a vysvětlil, že moje páteř není od středu rovná. Zkontroloval mé nohy tak, že je porovnal vedle sebe, a ukázal mi, že jedna noha je téměř o tři centimetry kratší než druhá. Jedna ruka byla také kratší než druhá. Modlil se za mou páteř a ta se vrátila na své původní místo, kde mohl vést prst rovně inline rovnoběžně s mou páteří. Modlil se za mou nohu a ta se začala před mýma očima pohybovat, pak přestala růst, když se vyrovnala s druhou nohou. Totéž se stalo s mou rukou. Rostla rovnoměrně s druhou rukou. Bratr Jakub mě pak požádal, abych odložil oporu pro chůzi, a přikázal mi, abych se postavil a chodil ve jménu Ježíše. Udělal jsem, jak chtěl, a začal jsem zázračně chodit. Když jsem toho byl svědkem, přiběhl můj přítel a křičel" :Liz, drž se mě, drž se své opory, nebo spadneš!" A já jsem se na něj podíval. Věděla jsem, že v tu chvíli mám sílu jít, a udělala jsem ten krok ve víře. Byla jsem tak nadšená radostí!

Měl jsem svalovou slabost v nohách kvůli nedostatku pohybu, protože jsem nemohl tak dlouho chodit. Trvalo nějakou dobu, než se mi svaly vrátily do formy; ani dnes nemám plnou sílu svalů. Díky Bohu chodím a řídím auto. Nikdo mi nemůže říct, že Bůh dnes nedělá zázraky. U Boha není nic nemožné. S ohromnou radostí jsem šel navštívit lékaře, který o mém postižení věděl. Hned jak jsem vešel do ordinace, bez jakékoliv pomoci, hole nebo vozíku, byl lékařský personál naprosto ohromen. Sestry spěchaly pro lékaře, který byl také neuvěřitelně překvapen, že vůbec udělal rentgen. To, co viděl, bylo, že nádory tam stále jsou, ale z nějakého záhadného důvodu jsem navzdory tomu byla schopná chodit. Chvála Bohu! Věřím, že i tyto nádory brzy zmizí!

V den, kdy mě Bůh uzdravil, jsem začal všem říkat, že Bůh je náš uzdravovatel a jeho plán spasení je pro ty, kteří mu věří a chtějí ho následovat. Díky Bohu za bratra Jakuba a za všechna Boží dobrodiní!

První část mého slibu se splnila.

"Když půjdeš, tvé kroky nebudou ztíženy, a když poběžíš, neklopýtneš."
(Přísloví 4,12)

Mnohokrát jsem si myslel, že spadnu, ale nikdy jsem nespadl.

Dobrořeč Hospodinu, má duše, a nezapomínej na všechna jeho
dobrodiní: který ti odpouští všechny nepravosti, který uzdravuje
všechny tvé nemoci, který vykupuje tvůj život ze záhuby, který tě
korunuje milosrdenstvím a slitováním, který sytí tvá ústa dobrými
věcmi, takže se tvá mladost obnovuje jako mládí orla."
(Žalmy 103,2-5).

Kapitola 7

Neustupovat ďáblovi nebo věcem ďábla

Jednou brzy ráno mi zavolala moje kamarádka Rose z Kalifornie. Řekla mi, že předchozí noc šel její manžel Raul spát, zatímco ona zůstala v pokoji pro hosty a poslouchala populární noční rozhlasovou talk show o desce Ouija. Světla byla zhasnutá a v pokoji byla tma. Najednou prý ucítila v místnosti přítomnost. Podívala se ke dveřím a tam stál muž, který vypadal trochu jako její manžel. Tato postava se rychle pohnula jako blesk a přišpendlila ji naplocho na postel, kde ležela. Pak ji tato "věc" vytáhla za ruce do sedu a postavila se mu z očí do očí. Jasně viděla, že v očních důlcích nemá oči, ale jen hlubokou dutou čerň. Paže, které ji stále držely nahoře, měly šedavou barvu jako smrt a z kůže mu vystupovaly žíly. Okamžitě si uvědomila, že to není její manžel, ale nečistý padlý anděl.

Jak víte, démon a padlý anděl mají zcela odlišné vlastnosti. Padlí andělé byli svrženi z nebe spolu s Luciferem, mají zcela odlišné povolání. Padlí andělé mohou pohybovat věcmi stejně jako lidé, ale démon potřebuje lidské tělo, aby mohl uskutečnit svůj plán. Démoni jsou duchové lidí, kteří zemřeli bez Ježíše; mají také omezenou moc.

A ukázal se jiný div na nebi, a hle, veliký rudý drak se sedmi hlavami a deseti rohy a sedmi korunami na hlavách. A jeho ocas přitáhl třetinu nebeských hvězd a svrhl je na zem; a drak stál před ženou, která byla připravena k porodu, aby pohltil její dítě, jakmile se narodí. (Zjevení 12,3.4)

Rose byla stále bezbranná a neschopná mluvit ve strnulém stavu. Řekla, že se pokoušela na Raula volat, ale dokázala vydávat jen krátké bojovné zvuky, jako by jí někdo svíral hlasivky. V pozadí stále slyšela rozhlasového moderátora a věděla, že nespí, protože měla plně otevřené oči a opakovala si, aby je nezavírala. Dříve si vzpomněla, že než k tomuto incidentu došlo, na chvíli zavřela oči a viděla vizi nebo sen o velkých stopách po drápech, které trhají tapety.

Rose znám téměř 30 let. Rose odešla z církve asi před 10 lety a přestala chodit s Pánem. Stále jsme byli v kontaktu a já jsem se za ni dál modlil, aby se vrátila k Bohu. Rose mi řekla, že při cestě z práce domů nejméně několikrát velmi mocně mluvila jazyky bez zjevné příčiny. Cítila, že je to velmi neobvyklé, protože se vůbec nemodlila. Uvědomila si, že s ní Bůh jedná prostřednictvím Ducha svatého. Jeho láska ji oslovovala a ona věděla, že Bůh má vše pod kontrolou, protože si vybral dobu svých navštívení. Rose řekla, že zavřela oči i mysl a vykřikla: "JEŽÍŠ!". Padlý anděl v mžiku seskočil z jejího těla a odešel, aniž by se dotkl země.

Zůstala nehybně stát, dokud se nemohla znovu pohnout. Probudila Raula, který řekl, že to byl jen zlý sen. Položil ji vedle sebe do postele a rychle usnul. Rose začala plakat a přemýšlela o hrůze, která se právě stala, a všimla si, že leží v poloze plodu. Najednou začala mluvit jazyky, jak na ni působila nadpřirozená moc Ducha svatého a vedla ji zpět do té temné místnosti. Zavřela za sebou dveře a uvědomila si, co přesně musí udělat. Začala hlasitě uctívat Boha a vyvyšovat Jeho jméno, až padla na podlahu s pocitem vyčerpání, ale s velkým pokojem.

Když otevřela dveře, k jejímu úžasu stál Raul v obývacím pokoji a svítila všechna světla. Přešla přímo k jejich posteli a usnula s úžasným klidem. Příštího večera se Raul při přípravě večeře zeptal Rose, jestli se ta "věc" z předchozího večera vrátí. Překvapená jeho otázkou se Rose zeptala, proč se na to ptá, protože ani nevěří, že se to stalo. Raul Rose řekl, že poté, co se odešla do pokoje modlit, po něm něco šlo. Proto byl vzhůru při rozsvícených světlech. Poté, co se pomodlila a šla spát, ho napadlo něco strašného, co mu nedalo spát až do čtyř hodin ráno následujícího dne. Od 23:00 hodin až do rána bojoval meditací Om hučení. Rose si vzpomněla, že Raul měl ve skříni na chodbě desku Ouija, které se odmítal zbavit, když se poprvé nastěhovala do domu. Řekla Raulovi, že neví, zda se to vrátí, ale že by se měl desky Ouija zbavit. Raul ji rychle vyhodil do venkovního odpadkového koše. Rose řekla, že ho k tomu, aby se jí zbavil, přiměla až ta hrozná událost!

Když mi Rose zavolala, řekla jsem jí, že padlý anděl může být stále v domě, takže se musíme společně modlit po telefonu. Rose si vzala olivový olej, aby se mnou na hlasitý odposlech pomazala dům. Když jsem řekl slovo "připraven", řekl jsem jí, že okamžitě začne mluvit jazyky v Duchu svatém. Když jsem řekl "připraven", Rose začala okamžitě mluvit v jazycích a položila telefon, aby se pomazala. Slyšel jsem, jak její hlas zaniká, když se modlila po celém domě a pomazávala dveře a okna ve jménu Ježíše. Róza už byla mimo dosah mého sluchu, když mi něco řeklo, abych jí řekl, že má jít do garáže. Ve stejnou chvíli Rose řekla, že pomazává pokoje, a byla u zadních dveří vedoucích do garáže. Když pomazávala dveře, cítila za nimi zlou přítomnost. Ve víře v Boží ochranu Rose řekla, že je otevřela a vešla do velmi tmavé garáže. Síla Ducha svatého sílila, jakmile vstoupila dovnitř, a cítila, že je tam! Šla k dalším dveřím vedoucím na terasu, kde se nacházel odpadkový koš. Byl to stejný odpadkový koš, do kterého Raul den předtím vyhodil desku Ouija. Rose bez váhání řekla, že desku Ouija polila olivovým olejem, přičemž se hlasitě a vroucně modlila v Duchu svatém, a pak zavřela víko. Vrátila se do obývacího pokoje a uslyšela můj hlas, který na ni volal" :Jdi do garáže, protože je to tam." Pak se vrátila do garáže. Rose mi řekla, že už se o "to" postarala. To potvrdilo, že zlo bylo v garáži, zatímco jsme se modlili.

Rose řekla, že jí to teď dává smysl. Bůh ve svém něžném milosrdenství a milující laskavosti připravoval Rose právě na tento den, i když mu nesloužila. Podle Rose ji právě tato zkušenost přivedla zpět k Bohu s takovým nasazením, jaké nikdy předtím nepocítila. Nyní navštěvuje Apoštolský maják v Norwalku v Kalifornii. Byla Bohu velmi vděčná za jeho lásku a ochranu. Bůh ji připravil na to, aby čelila padlému andělovi oné noci s nepopiratelnou duchovní výzbrojí Ducha svatého. To, co se stalo, bylo pro Rose nadpřirozeným projevem Boží moci ve jménu Ježíše. Byla to Jeho láska k Rose, aby se vrátila na Jeho cesty. Věřte, že Jeho ruka není příliš krátká na záchranu nebo vysvobození, a to i pokud jde o ty, kteří se staví proti sobě, kteří se rozhodli nevěřit v to, co nemohou vidět ani cítit. Náš Vykupitel za nás na kříži zaplatil cenu svou krví. Nikdy nikoho nebude nutit, aby Ho miloval. Boží slovo nám říká, že musíte přijít jako malé dítě, a slibuje, že pokud Ho budete hledat celým svým srdcem, najdete Ho. Nevěřící a skeptici nemohou změnit to, co je, ani to, co přijde. Žízněte po Boží spravedlnosti a pijte Živou vodu života.

"Proč, když jsem přišel, tu nebyl žádný člověk? Když jsem volal, nikdo se neozval? Je snad má ruka zkrácena, že nemůže vykoupit? nebo nemám moc vysvobodit? Hle, na mé pokárání vysuším moře, řeky obrátím v poušť; jejich ryby páchnou, protože není vody, a umírají žízní." (Izajáš 50,2)

"V tichosti poučujte ty, kdo se vzpírají, pokud jim snad Bůh dá pokání, aby uznali pravdu, a aby se vymanili z osidel ďábla, který je podle své vůle zajal." (2. Timoteovi 2,25-26)

Kapitola 8

Sen a vize - "Varování"

Jednoho rána se mi zdálo, že mi při řízení auta hrozí nebezpečí. V tomto snu mi s hlasitým zvukem praskla přední pneumatika. Bylo to tak hlasité, že mě to probudilo. Bylo to tak skutečné, že jsem měl pocit, jako bych se ve snu probudil nebo byl někde mezi tím. Během týdne jsem se za to modlil a rozhodl jsem se, že své auto odvezu na kontrolu pneumatik. Bohužel se mi plány překazily a já se o to nepostaral. V témže týdnu jsme se s několika přáteli šli modlit za jednu indickou rodinu, která potřebovala modlitbu. Cestou k jejich domu mi na dálnici u hřbitova praskla pneumatika u auta. Okamžitě jsem si vzpomněl na sen, přesně jak jsem ho viděl. Byli jsme tu, v mém autě s píchlou pneumatikou, a rodina naléhala, abychom přijeli k nim domů. Po opravě pneumatiky jsme se vrátili pro jiné vozidlo a pokračovali k rodině. Rodina řešila situaci se svým jediným synem, který byl zapleten do právní záležitosti a hrozilo mu vězení. Obávali se, že bude také deportován do své rodné země. Matka mladého muž emi předtím toho dne s pláčem zavolala a vysvětlila mi obvinění, kterému bude čelit. Myslela na nejhorší možný scénář a byla si jistá, že bude shledán vinným a poté deportován, aby svého syna už nikdy neviděla. Říkala, že nemůže pracovat, protože by před pacienty neustále plakala.

Zatímco plakala, začal jsem se s ní po telefonu za tuto situaci modlit. Začal jsem mluvit v Duchu svatém v neznámém jazyce nebo jazycích, jak se Duch Boží pohyboval. Modlil jsem se tak dlouho, dokud neřekla, že její srdce už není zatížené a že se cítí utěšená.

"Stejně tak Duch pomáhá i našim slabostem, neboť nevíme, za co bychom se měli modlit, jak bychom měli, ale sám Duch se za nás přimlouvá sténáním, které nelze vyslovit A ten, kdo zkoumá srdce, ví, co má Duch na mysli, protože se přimlouvá za svaté podle Boží vůle."
(Římanům 8,26-27).

Matka se mě zeptala, jestli mi může zavolat, než půjde druhý den ráno k soudu. Řekl jsem jí, že ano a že se budu modlit, aby Bůh zasáhl. Požádal jsem ji, aby mi zavolala po soudu, protože jsem chtěl vědět, jaký zázrak Bůh vykonal. Druhý den mi matka toho mladíka s velkou radostí zavolala a řekla" :*Neuvěřila bys, co se stalo?*" "Ne," odpověděla jsem. Odpověděl jsem: "*Uvěřím, protože takovému Bohu sloužíme*"! Pokračovala, že o mém synovi nemají žádný záznam. Právník řekl, že soud nenašel žádné takové jméno ani žádné obvinění proti němu, ačkoli ona i právník měli v ruce důkazní papíry.

Bůh vyslyšel naše modlitby. Její víra se tak pozvedla, že od toho dne přijala, jak mocnému Bohu sloužíme a jak se Bůh o věci postará, když mu je v modlitbě z celého srdce předložíme. Stala se svědkyní působení Božích zázraků a vydávala svědectví o tom, co pro ně Pán udělal. Co se týče píchlé pneumatiky, byla to jen malá komplikace, která se neměla stát, kdybych se o ni postaral předem. Nicméně Pán nám umožnil dostat se k této rodině díky jejich vytrvalosti, abychom se k nim přišli modlit. Vždy musíme být připraveni k protiútoku proti silám, které nám brání v plnění Boží vůle. Musíme jít proti každému plánu nepřítele, našeho protivníka, ďábla, prostřednictvím vytrvalosti, zejména když vidíme tyto překážky na cestě.

Vzpomínám si, že když jsme dorazili do domu té rodiny, modlili jsme se a svědčili celé rodině. Užili jsme si nádherný čas kázání a vyučování

Božího slova. Toho dne byla a stále je naší silou radost z Pána! On požehná těm, kdo plní jeho vůli.

Kapitola 9

Celonoční modlitební setkání

Jednou večer jsme se s přáteli rozhodli, že se budeme celou noc modlit. Dohodli jsme se, že se budeme jednou měsíčně modlit na "celonočním modlitebním setkání". Během těchto celonočních modlitebních setkání jsme zažili nádherné zážitky. Náš jednotný čas domácí modlitby se stal tak mocným, že ti, kteří se k nám později připojili, okamžitě pocítili rozdíl ve svých vlastních modlitbách. Už to nebyla náboženská rutina, ale modlitba v Duchu svatém s projevy darů Ducha. Jak jsme se modlili, někteří začali prožívat, jaké to je zápasit s ďáblem. Přicházely proti nám síly, když jsme v modlitbách dosáhli vyšší úrovně, která nás vedla přes duchovní bojiště. Vedli jsme válku s ďáblem a začali jsme vyhlašovat postní dny. Dotkli jsme se něčeho duchovně mocného, co nás nutilo ještě více hledat Boha.

Během jednoho takového modlitebního setkání v půl čtvrté ráno vstala moje přítelkyně Karen, aby přinesla olej na pomazání. Začala mi mazat ruce a nohy olejem a pak začala prorokovat a říkat, že musím jít na mnoho míst, abych nesla Boží slovo, a že si mě Bůh použije pro svůj záměr. Nejprve jsem se na Karen velmi zlobil, protože to nebylo možné a nedávalo to žádný smysl. V té době jsem ve svém životě téměř deset let nikam nechodil, protože jsem nemohl chodit. Svaly na nohou jsem měl stále slabé a na páteř mě tlačily ty bolestivé nádory. Přemýšlela jsem o Kareniných slovech a pak ke mně promluvil Bůh" :Já jsem Pán, který k tobě mluví." Jejími ústy jsem pak pochopila, že ke mně nemluví jen Karenino nadšení. Bylo mi to líto a prosil jsem Boha, aby mi odpustil mé myšlenky.

O několik dní později mi zavolal někdo z Chicaga ve státě Illinois, kdo potřeboval duchovní pomoc, a tak jsme se rozhodli, že následující týden pojedeme do Chicaga. To byl sám o sobě velký zázrak, protože jsem v té době vůbec neuvažoval o tom, že bych se někam vydal. Díky prorockému poselství jsem se na cestu do Chicaga vydal na základě čisté víry. Bez prorockého poselství bych tam určitě nejel. Ten týden se mi zhoršilo fyzické zdraví a nemohl jsem vstát z postele. Také jsem se dozvěděl, že v Chicagu značně nasněžilo. Uvědomil jsem si, že moje víra je zkoušena. V tomto období svého života jsem k pohybu potřeboval invalidní vozík. Rodina v Chicagu zažívala démonické síly, které proti nim přicházely. Nedávno se obrátili k Bohu a přestali praktikovat čarodějnictví. Mnoho členů jejich rodiny se také obrátilo k našemu Pánu Ježíši Kristu. Pán je uzdravil a vysvobodil z těchto démonických sil, které je držely v zajetí hříchu. Uvědomil jsem si, že Bůh mi bude muset dát výdrž, abych takovou cestu vydržel, a rychle se ukázalo, že je to Boží vůle, abych jel. Zažil jsem dva sny, ve kterých mi Bůh říkal, že musím poslechnout jeho hlas. Neposlechl jsem Boha a naučil jsem se o něm nepochybovat. Rychle jsem se učil, že Jeho cesty mi nemusí dávat žádný smysl. V den, kdy jsme přijeli do Chicaga, bylo horké počasí. Také mě nic nebolelo. Chodíme vírou, a ne zrakem, jak říká Písmo. Když se nám věci zdají nemožné, musíme věřit, že "u Boha je možné všechno". On se o všechno postaral a dal mi energii, abych mohl v Chicagu plnit jeho vůli. Měli jsme také čas navštívit další rodiny a sloužit jim v jejich domovech.

Při odletu domů začala bouřka, mnoho letů bylo zrušeno, ale díky Bohu jsme se i přes zpoždění mohli vrátit zpět do Kalifornie. Chvála Bohu! On je skutečně mou "Skálou a štítem", mým ochráncem před duchovními i přírodními bouřemi. Tento výlet byl pro nás všechny svědectvím víry a požehnání. Kdybych neposlechl, nezažil bych požehnání z díla Božích rukou. Bůh mě nepřestává udivovat tím, jak k nám dnes promlouvá. Všemohoucí Bůh, který stále promlouvá k obyčejným lidem, jako jsem já. Jaká je to výsada sloužit našemu Stvořiteli a vidět jeho mocné skutky, které se dotýkají životů lidí, kteří dnes věří a vzývají ho. Než Bůh získal mou plnou pozornost, bylo zapotřebí prorockého poselství a dvou snů. Připomněl jsem si, že plně nerozumíme Božím myšlenkám a tomu, jaké má s někým plány. V tu chvíli musíme poslechnout, i když nám to nemusí dávat smysl nebo mít důvod. Časem jsem se naučil slyšet Jeho hlas a rozeznávat duchy. Nikdy vám neřekne, abyste dělali něco, co je v rozporu s Jeho slovem. Poslušnost je lepší než oběť.

"Samuel řekl: "Má snad Hospodin takovou zálibu v zápalných obětech a obětních darech jako v poslouchání Hospodinova hlasu? Hle, poslouchat je lepší než oběti a poslouchat než skopové sádlo."
(1. Samuelova 15:22)

"Neboť mé myšlenky nejsou vaše myšlenky a vaše cesty nejsou mé cesty, je výrok Hospodinův. Jako jsou nebesa vyšší než země, tak jsou mé cesty vyšší než vaše cesty a mé myšlenky vyšší než vaše myšlenky." (Izajáš 55: 8, 9)

Kapitola 10.

Prorocké poselství

Je požehnáním mít přátele, kteří sdílejí stejnou víru a lásku k Bohu. Mám přítelkyni Karen, která byla kdysi mou spolupracovnicí, když jsem pracovala na americké poště. Karen poznala Pána, když jsem jí svědčil. Později přijala apoštolské učení pravdy prvotní církve. Karen je laskavý člověk se srdcem, které dává na misijní dílo v indické Bombaji. Měla srdečnou lásku k tamní službě a věnovala své vlastní peníze na stavbu kostela v Bombaji.

Jednoho dne, když jsem bydlela ve West Covině, přivedla Karen ke mně domů svou kamarádku Angelu. Její přítelkyně byla tak nadšená a zapálená pro Boha. Vyprávěla mi své svědectví o minulých pokusech o sebevraždu, kdy se několikrát pořezala, a o své minulosti s prostitucí. Líbila se mi její sladká duše a zeptala jsem se jí, jestli by jí nevadilo se za mě modlit. "*Tady*"? Zeptala se. "*Ano, tady,*" odpověděl jsem. Když se za mě začala modlit, sestoupil na ni Duch proroctví. Začala mluvit Pánovo slovo: "*Bůh ti říká, abys dokončil knihu, kterou jsi začal. Bude požehnáním pro mnoho lidí. Skrze tuto knihu bude mnoho lidí spaseno.*" "*A co se stane?*" zeptala jsem se. Byl jsem tak šťastný, protože ani ona, ani Karen neměly tušení, že jsem před lety začal psát své vzpomínky. Poprvé mě k napsání této knihy inspirovala před rokem paní Saroj Dasová a její kamarádka. Jednoho dne za mnou přišla sestra v Pánu z místní církve s perem v ruce a přikázala mi: "*Piš hned!*" A já jsem jí odpověděla: "*Piš!*".

Začal jsem psát, dokud se neobjevily další zdravotní problémy, a pak jsem přestal, protože to pro mě byl příliš velký úkol. Nyní se otázka knihy znovu vynořila. Nikdo o mém pokusu napsat knihu nevěděl. Moje zkušenosti by byly shromážděny a sepsány, aby ostatní získali inspiraci. Musel jsem poslechnout, ale jak se to všechno stane, bylo pro mě stále velkou záhadou. Z mnoha důvodů jsem ji nemohl fyzicky napsat, ale Bůh by opět musel najít způsob, jak to uskutečnit. Po vyslechnutí poselství jsem měl touhu a naléhavou potřebu to udělat, nicméně zbytek by musel udělat Bůh. Moje počáteční cesta byla najít živého Boha a On našel mě! Pokud nebudu psát o svých zkušenostech s Bohem, budou tato pravdivá svědectví navždy ztracena. Životy tolika lidí byly ovlivněny a podivuhodně zasaženy, že by tato kniha nemohla obsáhnout všechny události a zázraky. Boží zázraky budou pokračovat, i když nebudu v tomto těle a budu přítomen u Pána. Víra někde začíná. Má svůj začátek a je neomezená, protože existují různé míry víry. Když je víra zasazena, je zalévána Božím slovem a živena svědectvími druhých. Přemýšlel jsem o verši z Písma, který říká, že máme-li víru jako hořčičné zrnko, můžeme přenášet hory. Jak jsem mohl vědět, že mě tato cesta do Ameriky provede labyrintem zkušeností, které změní můj život, nebo že jednou budu psát o uctívání Jeho cest? Jednoho dne jsem se zmínila své přítelkyni Rose o Božím poselství a Jeho plánu ohledně této knihy. Rose poslouchala a dívala se na mé poznámky. Znala mě léta a o mém životě v Americe toho už věděla hodně. Psaní na sebe vzalo podobu, kterou si dva nezkušení jedinci nedokázali představit. Pán si razil cestu a přes mnohé těžkosti a velmi "podivné" události měla být kniha dokončena. Pán promluvil a nyní se jeho plán naplnil.

Karenina přítelkyně pokračovala v proroctví. Řekla mi: "*Bůh pro tebe do konce tohoto měsíce něco udělá.*" A mnoho dalších věcí, které ke mně Bůh promlouval prostřednictvím jejích prorockých poselství.

Začala jsem vzpomínat, jak jsem kvůli této pravdě prošla mnoha těžkostmi. V den, kdy ke mně Bůh skrze tuto mladou dámu promluvil, Bůh odpověděl na otázku mého srdce. Měl jsem plnit Jeho vůli a slova povzbuzení pokračovala dál. Slova, která jsem potřeboval slyšet. Prorokovala, že jsem "*nádoba ze zlata*". Byl jsem tím tak pokořen. Vírou se snažíme kráčet v souladu s Bohem a s nejistotou, zda se mu opravdu líbíme. Toho dne mi požehnal tím, že mi dal najevo, že se mu líbím. Mé srdce bylo naplněno velkou radostí. Někdy zapomínáme, o co prosíme, ale když je naše modlitba vyslyšena, jsme překvapeni.

Musíme věřit, že Bůh se neohlíží na lidi, jak říká Bible. Nezáleží na tom, jaké je tvé postavení nebo kastovní zařazení, protože u Boha v životě neexistuje systém kast ani postavení. Bůh nás miluje všechny stejně a chce, abychom s ním měli osobní vztah; ne náboženské tradice předávané mnoha generacemi, které sloužily modlám a člověku. Modly nevidí a neslyší. Náboženství nemůže změnit váš život ani srdce. Náboženství vám pouze dočasně přináší dobrý pocit díky svému sebeuspokojení. Pravý Bůh čeká, aby vás mohl obejmout a přijmout. Ježíš byl obětním Božím Beránkem zabitým před světem. Když zemřel na kříži, vstal z mrtvých a žije dnes a navždy. Nyní můžeme mít přímé společenství s Bohem skrze Ježíše Krista, našeho Pána a Spasitele. V našem chození s Bohem existují různé úrovně. Musíme po Něm více toužit a nadále růst v lásce, víře a důvěře. Tato zkušenost mě velmi pokořila. Celou svou touhou a cílem se Mu chci líbit. Existují úrovně duchovního růstu a zralosti v Bohu. Dozráváte časem, ale vše závisí na čase a úsilí, které do svého vztahu s Ním vkládáte. Koncem měsíce mě okolnosti přiměly opustit církev, kterou jsem navštěvoval 23 let. Bůh zavřel jedny dveře a otevřel jiné. Od té doby zavírá a otevírá dveře stejně jako ony odrazové můstky, o kterých jsem se poprvé zmínil na začátku této knihy. Bůh se o mě celou dobu staral. Krátce jsem navštěvoval církev ve West Covině, pak se mi otevřely další dveře.

Ta samá mladá dáma mi o několik let později znovu prorokovala a řekla mi, abych si sbalil" :*Stěhuješ se.*" Byla jsem velmi překvapená, protože moje maminka byla už starší a můj stav se stále nelepšil. Uvěřila jsem Pánu. O rok později se to stalo, opravdu jsem se přestěhovala z

Kalifornie do Texasu. Do míst, kde jsem nikdy nebyla a kde jsem nikoho neznala. To byl začátek dalšího dobrodružství na mé životní cestě. Jako svobodná žena jsem byla v poddanství Božímu hlasu a musela jsem poslouchat. Bůh mi nikdy nic nevzal. Jen nahrazoval věci a místa a stále mi do života přinášel nová přátelství a lidi. Děkuji ti, Pane, můj život je dnes tak požehnaný!

Kapitola 11

Pohyb víry

V dubnu 2005 jsem se přestěhoval do státu Longhorn v Texasu. Bůh si prostřednictvím prorockých poselství používal různé lidi. Přestěhování bylo potvrzeno a jediné, co jsem musel udělat, bylo udělat ten skok víry. Poprvé to začalo v roce 2004, kdy se se mnou bratr James a Angela, přítelkyně v Pánu, modlili po telefonu. Sestra Angela začala prorokovat tím, že mi řekla" :*Do konce letošního roku se přestěhuješ.*" A já jsem jí odpověděl: "*Ne, ne, ne, ne, ne, ne, ne, ne, ne, ne, ne.* Od ledna do srpna toho roku se nic nedělo a pak v září mě jednoho odpolene zavolala máma do své ložnice. Řekla mi, že rodina mé sestry se stěhuje do jiného státu a chtějí, abych se přestěhovala s nimi. Rozhodnutí, kam se přestěhovat, nepadlo, ale možnosti byly Texas, Arizona nebo úplně opustit Ameriku a přestěhovat se do Kanady. Pak jsem zavolala sestře Angele a řekla jí, co se stalo. Řekla jsem jí, že do Texasu rozhodně nechci. Nikdy mě nenapadlo, že bych tam někdy jel, takže nepřipadalo v úvahu ani to, že bych tam žil. K mému zklamání sestra Angela řekla, že Texas je stát. Z poslušnosti se to vyřešilo a díky tomu jsme se nakonec do Texasu přestěhovali. Tehdy jsem ještě netušil, že Boží odrazové můstky byly tímto směrem již položeny. Po rozhovoru se sestrou Angelou jsem si zarezervoval letenku, abych byl za dva týdny v Texasu. Nevěděla jsem, že rodina mé sestry už v Texasu byla, aby si prohlédla oblast kolem Plana.

Sestra Angela se nade mnou modlila a řekla mi, ať se nebojím, že tě Ježíš vyzvedne na letišti. Bratr a sestra Blakeyovi byli tak laskaví a trpěliví, že mi to připomnělo proroctví sestry Angely. Ochotně mě vyzvedli na letišti a pomáhali mi se všemi mými potřebami tak láskyplným a starostlivým způsobem.

Sestra Angela pokračovala, že první dům, který uvidím, se mi bude líbit, ale nebude to můj dům. Prostřednictvím internetu jsem začal obvolávat sjednocené letniční církve v této oblasti a kontaktoval jsem pastora Conkleho, který je pastorem sjednocené letniční církve ve městě Allen v Texasu. Vysvětlil jsem pastoru Conklemu, co v Texasu dělám. Poté mě požádal, abych zavolal Nancy Conkleové. Nebyl jsem si jistý proč a myslel jsem si, že je to možná jeho manželka nebo sekretářka. Ukázalo se, že Nancy Conkleová je matriarcha rodiny, pečující matka rodiny a církve. Sestra Conckleová vychovala svých šest dětí a pomáhala při výchově svých sourozenců, kterých bylo celkem jedenáct! Po rozhovoru s Nancy Conkleovou jsem si uvědomil, proč mě pastor Conkle nechal promluvit s touto silnou a starostlivou dámou, díky níž jsem se okamžitě cítil vítaný. Sestra Conkleová mě pak spojila se svým dalším bratrem Jamesem Blakeym, který je realitním makléřem, a jeho ženou Alicí Blakeyovou. Žijí v malém městečku Wylie v Texasu, jen pár minut od Allenu po zapadlých silnicích v rovinaté krajině.

Poté, co jsem se seznámil s touto oblastí, jsem odletěl zpět do Kalifornie, abych nabídl svůj dům k prodeji. Můj dům se prodal za dva měsíce. Poté jsem odletěl zpět do Texasu, abych začal hledat dům. Modlil jsem se za to, ve kterém městě chce Bůh, abych žil, protože tam bylo tolik malých měst a městeček. Bůh řekl: "Wylie." Je důležité modlit se a ptát se Boha na jeho vůli, než učiníme důležité rozhodnutí, protože to bude vždy to správné.

> *"Neboť je lépe, je-li to vůle Boží, abyste trpěli pro dobré skutky než pro zlé." (1. Petrova 3,17)*

Později jsem bratrovi a sestře Blakeyovým vysvětlil, jaká prorocká poselství jsem slyšel a že chci poslouchat Boha. Velmi pečlivě respektovali mé přání a vyslechli vše, co jsem jim řekl, že ke mně Bůh promluvil. Řekl jsem jim také, že během mé první cesty do Texasu Bůh řekl: "*Nevíte, co pro vás mám.*" Řekl jsem jim, že jsem se s nimi setkal. Měli se mnou takovou trpělivost, že jim budu vždycky nesmírně vděčný za jejich vnímavost vůči Božím věcem. Rodina Blakeyových sehrála velkou roli v naplnění tohoto prorockého poselství a mého nového života v Texasu. Tři dny jsme si začali prohlížet domy ve Wylie a třetí den jsem se musel večer vrátit do Kalifornie. Vzali mě na prohlídku vzorového domu v novém traktu a pak sestra Blakeyová řekla: "Tohle je tvůj dům." A já jsem se podíval na dům v novém traktu. Okamžitě jsem věděl, že to tak opravdu je. Rychle jsem začal vyřizovat papíry na koupi a pak jsem hned odjel na letiště s vědomím, že se věci nějak zařídí. V téže době mi Bůh řekl, abych odjel na tři měsíce do Indie. Neptal jsem se Ho, a tak jsem dal plnou moc bratru Blakeymu, aby pokračoval v nákupu domu v Texasu, a plnou moc svému synovci Stevovi, který se zabývá nemovitostmi, abych se postaral o své finance v Kalifornii. Po deseti letech jsem se vracel do své rodné Indie. Děkuji Bohu za své uzdravení, protože bez pohyblivosti nohou bych to nedokázal. Letěl jsem do Indie a kupoval dům v Texasu. Věci v mém životě se rychle měnily.

Návrat do Indie.

Když jsem přijel do Indie, rychle jsem si všiml, že se situace za poměrně krátkou dobu změnila. Pětadvacet let jsem se modlil a postil za to, aby tato země prožila probuzení. Indie je velmi náboženský založená země modlářství, uctívání soch z kamene, dřeva a železa. Náboženské obrazy, které nevidí, nemluví ani neslyší a nemají žádnou moc. Jsou to náboženské tradice, které nepřinášejí změnu mysli ani srdce.

"A vyřknu proti nim své soudy, které se týkají veškeré jejich špatnosti, protože mě opustili, pálili kadidlo cizím bohům a klaněli se dílům svých rukou." (Jeremiáš 1:16)

Křesťanství bylo v této zemi, kde bylo tolik pronásledování a nenávisti mezi náboženstvími a zejména vůči křesťanům, menšinou. Útlak proti křesťanům je v jejich víře jen utvrzoval, protože byla prolévána nevinná krev, vypalovány kostely, lidé byli biti nebo zabíjeni. Je smutné, že matky a otcové odmítali své vlastní děti, pokud se obrátily k Ježíši a opustily rodinné náboženství. Možná vyděděnci, ale ne bez otce, protože Bůh je náš nebeský Otec, který nám setře slzy z očí.

"Domníváte se, že jsem přišel dát na zemi pokoj? Říkám vám, že ne, ale spíše rozkol: Neboť od nynějška bude v jednom domě pět rozdělených, tři proti dvěma a dva proti třem. Otec bude rozdělen proti synovi a syn proti otci, matka proti dceři a dcera proti matce, tchyně proti snaše a snacha proti tchyni." (Lukáš 12,51-53)

Překvapilo mě, že všude vidím lidi, kteří chodí s Biblí, a slyšel jsem o modlitebních setkáních. Bylo tam mnoho církví jednoty a věřících v jednoho Boha. Bůh přišel žít mezi nás v těle, v těle Ježíše Krista. A tak je i tajemství zbožnosti jediného pravého Boha.

*A beze sporu je velké tajemství zbožnosti: **Bůh byl zjeven v těle**, ospravedlněn v Duchu, viděn anděly, zvěstován pohanům, uvěřeno ve světě, přijat do slávy." (1. Timoteovi 3:16)*

"Filip mu řekl: "Pane, ukaž nám Otce, a to nám stačí. Ježíš mu řekl: "Jsem s tebou už tak dlouho, a přesto jsi mě nepoznal, Filipe? Kdo viděl mne, viděl Otce; jak tedy říkáš: Ukaž nám Otce? Což nevěříš, že já jsem v Otci a Otec ve mně? Slova, která vám říkám, neříkám sám od sebe, ale Otec, který ve mně přebývá, ten koná skutky. Věřte mi, že já jsem v Otci a Otec ve mně, jinak mi věřte pro samé skutky." (Jan 14,8-11)

> *Věříš, že je jeden Bůh, dobře děláš, i ďáblové věří a třesou se. "*
> *(Jakub 2:19)*

Byla to taková radost vidět lidi žíznící po Bohu. Jejich uctívání bylo tak silné. Byla to úplně jiná Indie než ta, kterou jsem opustil před pětadvaceti lety. Lidé mladí i staří toužili po věcech Jehovy Boha. Bylo běžné vidět mladé lidi, kteří na náboženských hinduistických oslavách nabízeli křesťanské letáky. Přes den chodili do kostela a po bohoslužbě od půl třetí se vraceli přibližně ve tři hodiny ráno. Na naše bohoslužby přicházeli také hinduisté a muslimové, aby získali uzdravení a našli vysvobození. Lidé byli otevření naslouchat kázání z Božího slova a přijímat učení z Bible. Dozvěděl jsem se o těchto indických církvích a komunikoval jsem s jejich pastory telefonicky a prostřednictvím e-mailu. Navázal jsem kontakty se Spojenými letničními církvemi a našel americké kazatele, kteří byli ochotni jet do Indie jménem indických pastorů a promluvit na jejich výročních konferencích. S Boží pomocí jsme byli velmi úspěšní. Byl jsem rád, že kazatelé v Americe měli břemeno pro mou zemi; poskytovali indickým kazatelům svou duchovní podporu. Setkal jsem se s indickým pastorem velmi malé a skromné církve. Byla tam taková chudoba a potřeby lidí byly tak velké, že jsem se osobně zavázal posílat peníze. V Americe jsme tak požehnaní. Věřte, že "nic není nemožné". Pokud chcete dávat, dělejte to radostně s vírou a dávejte to tajně. O mém závazku se po mnoho let nikdo nedozvěděl. Nikdy neočekávejte, že budete dávat pro osobní prospěch nebo proto, abyste získali slávu či pochvalu od druhých. Dávejte s čistým srdcem a nevyjednávejte s Bohem.

"Proto když dáváš almužnu, netrub před sebou, jako to dělají pokrytci v synagogách a na ulicích, aby měli slávu u lidí. Amen, pravím vám: Mají svou odměnu. Když však dáváš almužnu, ať tvá levice neví, co dělá tvá pravice: Aby tvá almužna byla ve skrytosti, a tvůj Otec, který vidí ve skrytosti, sám ti odplatí zjevně." (Matouš 6,2-4)

Bůh dopustil, aby se v mém životě udály věci, které mi umožnily zůstat doma. S úžasem se dívám zpět na to, jak moje nemoci postupovaly, že jsem už nemohl chodit, myslet ani se cítit normálně, až do dne, kdy se bratr James modlil a Bůh mě zvedl z invalidního vozíku. Stále jsem byl považován za invalidního kvůli nádorům a nemoci krve a žil jsem z hubeného měsíčního invalidního důchodu. Na mém šeku nezáleželo, protože Bůh mi vzal práci, mou starostí bylo, jak zaplatím účty. Ježíš ke mně dvakrát promluvil slovy" :Postarám se o tebe". Kdybych žil v Kalifornii nebo Texasu, Ježíš by mi zajistil všechny potřeby. Bůh to udělal ze svého bohatství a hojnosti. Svěřil jsem Bohu důvěru ve všechny své každodenní potřeby.

Hledejte však nejprve Boží království a jeho spravedlnost, a to všechno vám bude přidáno. (Matouš 6,33)

Před mým odjezdem z Indie mi některé dámy z církve řekly, že už si nekupují luxusní věci. Byly spokojené s tím, co měly na sobě, protože jim přinášelo velké uspokojení, když dávaly chudým.

Ale zbožnost se spokojeností je velký zisk. Nic jsme si totiž na tento svět nepřinesli a je jisté, že si z něj nic neodneseme. A když máme jídlo a oděv, buďme s tím spokojeni. (1 Tim 6,6-8)

Do projektů lásky byli zapojeni také starší lidé a malé děti. Společně vyráběli dárkové balíčky, které rozdávali chudým. Byli tak spokojeni s požehnáním, které jim dávali.

"Dávejte, a bude vám dáno; dobrou míru, stlačenou, protřepanou a přetékající, vám lidé dají do klína. Neboť stejnou mírou, jakou jste se setkali, vám bude opět odměřeno." (Lukáš 6,38)

Jen si představte, co se za tak krátkou dobu událo. Prodal jsem svůj dům a koupil nový dům v jiném státě. Viděl jsem, jak se moje země změnila díky lidem žíznícím po Pánu Ježíši Kristu. Nyní jsem očekával, že začnu nový život v Texasu. Když dáme Boha na první místo, Pán slávy nám bude také věrný.

Zpět do Ameriky.

Z Indie jsem se vrátil o tři měsíce později. Do Texasu jsem odletěl, až když byl můj dům hotový. Když 26. dubna 2005 přistávalo mé letadlo na letišti Dallas-Ft. Worth, plakala jsem, protože jsem byla od svého prvního příjezdu do této země zcela odloučena od své rodiny a přátel. Tehdy mi Bůh dal následující verš z Písma:

Nyní však takto praví Hospodin, který tě stvořil, Jákobe, a ten, který tě utvořil, Izraeli: "Neboj se, neboť jsem tě vykoupil, povolal jsem tě tvým jménem, jsi můj. Když půjdeš přes vody, budu s tebou, a přes řeky, nerozvodní tě; když půjdeš přes oheň, neshoříš, ani plamen na tobě nezapálí. Neboť já jsem Hospodin, tvůj Bůh, Svatý Izraele, tvůj Spasitel: Já jsem dal Egypt za tvé výkupné, Etiopii a Sebu za tebe.
Protože jsi byl v mých očích vzácný, byl jsi ctěný a já jsem si tě zamiloval, proto dám za tebe lidi a za tvůj život národy. Neboj se, neboť já jsem s tebou; přivedu tvé símě od východu a shromáždím tě od západu; řeknu severu: Vzdej se, a jihu: Nezdržuj se; přivedu své syny z daleka a své dcery z končin země;
(Izajáš 43:1-6)

V den příjezdu jsem se ocitl sám v tom novém velkém domě. Realita mě pohltila, když jsem stála uprostřed obývacího pokoje a viděla svůj dům úplně prázdný. Posadila jsem se na podlahu a začala plakat. Cítila jsem se tak sama a chtěla jsem se vrátit domů do Kalifornie, kde jsem nechala svou drahou matku. Žily jsme spolu tak dlouho a ona byla mou velkou součástí. Ten pocit odloučení mě tak přemohl, že jsem chtěla odejít na letiště a odletět zpátky do Kalifornie. Tenhle dům jsem už nechtěla. Můj smutek byl větší než moje realita. Zatímco jsem prožíval tyto pocity, Bůh mi připomněl, že musím zavolat bratru Blakeymu. Bratr Blakey nevěděl, jak se přesně v tu chvíli cítím, ale Bůh ano. Překvapilo mě, když řekl: "Teď, sestro Das, víte, že jste od nás vzdálená jen jeden telefonát." A tak jsem se rozhodla, že se na něj podívám. Jeho slova byla zcela pomazaná, protože moje bolest a veškeré zoufalství okamžitě zmizely. Cítila jsem, že mám rodinu, že nejsem sama a že všechno bude v pořádku. Od toho dne mě rodina Blakeyových přijala do své rodiny v době, kdy jsem nikoho neměla.

Moje sestra a její rodina se později přestěhovaly do Plana v Texasu, jen několik mil od Wylie. Rodinu Blakeyových tvoří jedenáct sourozenců. Všechny jejich děti a vnoučata se ke mně chovaly jako k rodině. Jejich počet se blížil dvěma stovkám a o rodině Blakeyových ve Wylie ví každý. Byli mi obrovskou oporou a vždy jsem se cítil také jako "Blakey"! Jakmile jsem se usadil ve svém domově, musel jsem si najít kostel. Ptal jsem se Boha, kterou církev pro mě chce. Navštívil jsem mnoho církví. Nakonec jsem navštívil církev ve městě Garland, The North Cities United Pentecostal Church. Bůh mi jasně řekl: "Tohle je tvůj kostel." Tam se shromažďuji dodnes. Svůj sbor mám rád a našel jsem v něm úžasného pastora, pátera Hargrova. Rodina Blakeyových se stala mou rozšířenou rodinou, která mě po kostele zve na oběd nebo na večeři. Zahrnuli mě také do svých rodinných setkání a rodinných svátků. Bůh mi úžasně poskytl vše, co jsem potřeboval.

Děkuji Bohu za svého nového pastora, církev a Blakeyovy, kteří mě přijali do své rodiny. Nyní žiji pohodlně ve svém novém domově. Bůh dodržel svůj slib" :Postarám se o tebe." Bůh to všechno pro mě vybral podle své vůle pro můj život. Nyní pro Něho pracuji od chvíle, kdy se probudím ve 3:50 ráno a začnu se modlit. Snídám a připravuji se na práci pro Pána ze své domácí kanceláře. Moji přátelé vám řeknou : "Nikdy neříkejte sestře Liz, že nemá skutečnou práci." To je pravda. Jaká je moje odpověď? Pracuji pro Pána, odpracuji dlouhé hodiny, aniž bych musela odbíjet čas, a nedostávám výplatu. Bůh se o mě stará a odměna mě čeká v nebi.

Vážím si své práce a miluji to, co dělám!

Kapitola 12

Démonické vysvobození a Boží uzdravující moc

Jednou v neděli odpoledne mi zavolal pan Patel, který nás žádal, abychom se šli modlit za jeho otce, kterého napadli démoničtí duchové. Pan Patel je inženýr, který žije v Americe již více než 30 let. Slyšel o mém uzdravení a byl otevřený slyšet o Pánu Ježíši Kristu. Následující den jsme se vydali do domu jeho bratra, kde jsme se setkali s panem Patelem a jeho rodinou (bratr, bratrova manželka, dva synové a otec s matkou). Zatímco všichni naslouchali, začal další bratr, který byl také křesťanem, vyprávět o tom, jak poznal Ježíše. Otec, starší pan Patel, řekl, že se kdysi klaněl modlářským bohům, ale vždycky se při uctívání cítil špatně. Řekl, že měl pocit, jako by ho do břicha píchala tyč, která mu způsobovala bolest, a když chodil, měl pocit, jako by měl pod nohama kameny. Začali jsme se za něj modlit ve jménu Pána Ježíše Krista. Modlili jsme se, dokud nebyl osvobozen od démonického ducha a nezačal se cítit mnohem lépe. Před odjezdem obdržel biblický kurz, aby pochopil moc Pánova jména a jak zůstat bez démonických útoků, které se budou vracet.

Potěšilo nás, když syn a jeden z vnuků naléhali, aby starší pan Patel vyslovil jméno JEŽÍŠ, ale on nechtěl, ačkoli mu nedělalo problém říkat "Bůh" (Bhagvan). Vnuci naléhali" :Ne, řekněte ve jménu Ježíš", když se synové postavili do řady, aby přijali modlitbu. Jeden z vnuků, kterému bylo kolem dvaceti let, měl předtím autonehodu. Kvůli problémům s kolenem navštívil mnoho chirurgů. Toho dne Pán Ježíš jeho koleno uzdravil a mladšího bratra pana Patela se velmi dotkl Boží Duch. Všichni přijali modlitbu a svědčili o tom, jak byli toho dne pohnuti Božím Duchem, který působil zázraky uzdravení a vysvobození. Když Pán Ježíš chodil mezi lidmi, učil a kázal evangelium o budoucím Království a uzdravoval nejrůznější nemoci a choroby mezi lidmi. Uzdravoval a vysvobozoval ty, kdo byli posedlí a sužovaní démony, i ty, kdo byli šílení (pomatení), a ty, kdo trpěli ochrnutím (Matouš 4,23-24). Jako Boží učedníci dnes pokračujeme v jeho díle a učíme druhé o spasení ve jménu našeho Pána Ježíše.

*"Ani v žádném jiném není spásy, neboť není pod nebem jiného **jména** daného lidem, v němž bychom mohli být spaseni."*
(Skutky 4,12).

Služba živému Bohu přináší mnoho výhod. Místo boha ze skály nebo kamene, který nevidí a neslyší, máme pravého a živého Boha, který zkoumá srdce mužů a žen. Otevřete své srdce a mysl, abyste naslouchali Jeho hlasu. Modlete se, aby se dotkl vašeho srdce. Modlete se, aby vám odpustil, že jste Ho odmítli. Modlete se, abyste Ho poznali a zamilovali si Ho. Udělejte to hned, protože dveře se brzy zavřou.

Kapitola 13

Zpověď a čisté svědomí

Jednoho dne mě přišel navštívit indický pár a modlil se se mnou. Když jsme se připravovali k modlitbě, manželka se začala modlit nahlas. Manžel ji následoval. Všiml jsem si, že se oba modlí stejně nábožně, ale přesto jsem rád naslouchal jejich výmluvným slovům. Upřímně jsem požádal Boha: "Chci, aby ses modlil mými ústy." Bůh mi odpověděl: "Ne, ne. Když přišla řada na mou hlasitou modlitbu, Duch svatý se mě ujal a modlil jsem se v Duchu.

Stejně tak Duch pomáhá našim slabostem, neboť nevíme, za co bychom se měli modlit, jak bychom měli, ale sám Duch se za nás přimlouvá s nářkem, který nelze vyslovit. A ten, kdo zkoumá srdce, ví, co je smýšlení Ducha, protože se přimlouvá za svaté podle Boží vůle."
(Římanům 8:26, 27).

Modlil jsem se v Duchu s Boží mocí způsobem, který odhaloval hřích. Manžel, který to už nemohl vydržet, začal vyznávat svůj hřích manželce, která byla šokována. Později jsem s nimi mluvil o očištění skrze jeho vyznání hříchu.

"Vyznáme-li své hříchy, on je věrný a spravedlivý, aby nám hříchy odpustil a očistil nás od každé nepravosti. Řekneme-li, že jsme nezhřešili, činíme ho lhářem a jeho slovo není v nás." (1. Jana 1,9.10)

Vysvětlila jsem manželovi, že když se přiznal, Bůh mu odpustí.

Nezapomeňte také vyznávat své hříchy pouze těm, kteří se za vás mohou modlit.

Vyznávejte si navzájem své viny a modlete se jeden za druhého, abyste byli uzdraveni. Účinná vroucí modlitba spravedlivého člověka přináší mnoho užitku. (Jakub 5,16)

Vysvětlil jsem mu, že jakmile se nechá pokřtít, Bůh odstraní jeho hřích a on bude mít čisté svědomí.

Podobný obraz, k němuž nás i nyní spasí křest (nikoliv zbavení tělesné špíny, ale odpověď dobrého svědomí před Bohem), je vzkříšení Ježíše Krista." (1. Petrova 3:21)

O několik dní později se oba manželé nechali pokřtít ve jménu Pána Ježíše. Manžel byl zcela vysvobozen a jeho hříchy mu byly odpuštěny. Oba se stali takovým požehnáním pro Boží království.

"Čiňte pokání a buďte pokřtěni každý z vás ve jménu Ježíše Krista na odpuštění hříchů a dostanete dar Ducha svatého." (Skutky 2,38)

Bůh hledá ty, kdo se před ním pokoří. Nezáleží na tom, jak výmluvná a krásná slova se modlíte, ale na tom, abyste se modlili celým srdcem. On také ví, co je v srdci, když se modlíte. Odstraňte hřích tím, že požádáte Boha o odpuštění, jinak bude vašim modlitbám bránit Duch svatý. Jako věřící denně zkoumáme své srdce a posuzujeme sami sebe. Bůh je tu vždy, aby nám odpustil a očistil nás, když zhřešíme.

Kapitola 14.

Na pokraji smrti

Bratr Jakub, o kterém jsem mluvil dříve, má dar uzdravování skrze Boží moc pomazání. Byl pozván, aby se modlil za jednu Korejku, která ležela v nemocnici Queen of the Valley na jednotce intenzivní péče (JIP). Podle lékařů byla blízko smrti. Její rodina již připravovala pohřeb. Doprovázel jsem toho dne bratra Jamese a viděl jsem její tělo na přístrojích; byla v bezvědomí a na pokraji smrti. Když jsem se začal modlit, měl jsem pocit, jako by mě něco chtělo zvednout za nohu a vyhodit z místnosti; ale moc Ducha svatého ve mně byla velmi silná a nedovolila tomuto duchu, aby se prosadil.

Vy jste z Boha, dítka, a zvítězili jste nad nimi, protože ten, který je ve vás, je větší než ten, který je ve světě. (1. Jana 4,4)

Po modlitbě skrze mě promluvil Pán a já jsem řekl tato slova: "Tento stroj se změní." To se týkalo zařízení na podporu života, které bylo připojeno k jejímu tělu. Slyšel jsem sám sebe říkat tato slova, jak Bůh promluvil o osudu této velmi nemocné ženy. Bratr James se za ni modlil a pak jsme s rodinou této paní hovořili o moci modlitby a Božího slova. Poslouchali, když jsem jim vyprávěl o svém vlastním uzdravení a o tom, jak mě Bůh přivedl z invalidního vozíku k opětovné chůzi. Přítomen byl také jejich syn, který byl pilotem letecké společnosti, ale nemluvil korejsky. Mluvil jsem s ním anglicky, zatímco zbytek rodiny hovořil korejsky. Zajímavé bylo, že mi vysvětlil, že jeho matka měla odcestovat do Kanady ve stejný den, kdy těžce onemocněla. Vysvětlil, že volala manžela o pomoc a byla odvezena do nemocnice, ačkoli odmítala odjet. Syn říkal, že jim matka říkala" :V nemocnici mě zabijí." V nemocnici se prý chystali na odjezd. Byla si jistá, že pokud ji odvezou do nemocnice, zemře. Její syn nám dále vysvětloval, že jim řekla, že každou noc; do domu přicházeli lidé v černém oblečení. Každou noc na něj i na jeho otce matka křičela a bez zjevného důvodu po nich zlostně házela nádobí. Začala také vypisovat šeky v jazyce, kterému nerozuměli. Její chování bylo velmi bizarní. Vysvětlil jsem mu o démonických duchách, kteří mohou člověka ovládnout a trápit. To ho udivilo, protože jak nám vysvětlil, všichni chodí do kostela a ona dává tolik peněz, ale o něčem takovém nikdy předtím neslyšeli. Démoni podléhají pravým věřícím, kteří mají Ducha svatého; protože na jejich životech je Ježíšova krev a oni slouží pod autoritou Ježíšova jména v moci jeho jména.

Řekl jsem mladému muži, že se s bratrem Jakubem můžeme modlit ve jménu Ježíše, aby vyhnal démona, a on souhlasil s modlitbou za vysvobození své matky. Když lékař přišel navštívit svou pacientku, byl ohromen, že reaguje, a nemohl pochopit, co se s jeho pacientkou stalo. Rodina mu řekla, že se za ni v noci někdo přišel modlit a ona začala reagovat přesně tak, jak jim bylo řečeno. O několik dní později jsme měli další příležitost modlit se za stejnou paní. Když jsme vešli do pokoje, usmívala se. Pak jsem jí položil ruku na hlavu a začal se modlit; ona mou ruku odhodila a pohnula hlavou nahoru a ukázala ke stropu, protože nemohla mluvit. Její výraz se změnil a vypadala tak vyděšeně. Po našem odchodu se její stav ještě zhoršil. Její děti se divily, co vidí, a ptaly se jí, jestli neviděla něco zlého. Rukou naznačila "ano". Znovu jsme se za ni vrátili, abychom se za ni modlili, protože byla vyděšená ze svého trýznitele, démonického ducha v jejím pokoji. Po modlitbě tentokrát byla vítězně osvobozena od svých trýznitelů. Díky Bohu, který odpovídá na modlitby. Později jsme se dozvěděli, že byla propuštěna z nemocnice, nastoupila do rehabilitačního programu a byla poslána domů, kde se jí nadále daří dobře. Vytáhla se z okraje smrti.

Jděte svědčit světu:

*Přikázal jim, aby to nikomu neříkali, ale čím více jim to přikázal, tím více to **zveřejnili;** (Marek 7:36)*

*Vrať se do svého domu a ukaž, jak velké věci ti Bůh učinil. A tak se vydal na cestu a po celém městě **rozhlašoval**, jak veliké věci mu Ježíš učinil. (Lukáš 8,39)*

Bible říká, že musíme vyjít ven a svědčit. Tato korejská rodina o tomto zázraku svědčila ostatním rodinám. Jednoho dne bratr. Jamesovi zavolala další Korejka. Manžel této rodiny se choval násilnicky a nevěděl, co dělá. Jeho manželka byla velmi drobná a milá paní. Někdy se ji pokoušel zabít. Mnohokrát ji museli odvézt do nemocnice, protože ji nemilosrdně bil. Protože se o tomto zázraku dozvěděla, pozvala nás a požádala o mě. Šli jsme za ní a jejím manželem. Bratr. Jakub mě požádal, abych promluvil, a modlil se. Všichni jsme byli požehnáni. O několik týdnů později nám jeho žena zavolala a zeptala se, zda bychom mohli přijít znovu, protože jejímu manželovi se daří lépe. Tak jsme šli znovu a já jsem vydal svědectví o odpuštění a br. James se nad všemi modlil.

Svěřila jsem se jim s tím, jak jsem pracovala a jak mě jedna nadřízená žena nemilosrdně obtěžovala a já jsem v noci nemohla spát. Jednoho dne jsem se za ni šel do svého pokoje modlit. Ježíš mi řekl: "Musíš jí odpustit." V tu chvíli jsem si uvědomil, že jsem na to přišel. Nejdřív se mi to zdálo těžké a říkal jsem si, že když jí odpustím, bude mi pořád dělat to samé. Protože jsem slyšela, jak ke mně Ježíš mluví, řekla jsem: "Pane, úplně jí odpouštím" a Bůh mi ve svém milosrdenství pomohl na to zapomenout. Když jsem jí odpustila, začala jsem dobře spát, a nejen to, ale kdykoli udělala něco špatného, už mě to netrápilo.

Bible říká.

Zloděj nepřichází, ale aby kradl, zabíjel a ničil; já jsem přišel, aby měli život a aby ho měli v hojnosti (Jan 10,10).

Byl jsem rád, že toto svědectví slyšela i tchyně, protože její srdce bylo těžké smutkem. Bylo tak úžasné vidět, jak Boží ruka vstoupila a změnila celou situaci a jejich srdce zaplavilo odpuštění a vstoupila do nich láska.

*Jestliže však neodpustíte, ani váš Otec v nebesích vám **neodpustí** vaše viny. (Marek 11,26)*

Neodpuštění je velmi nebezpečná věc. Ztratíte zdravou mysl i tělo. Odpuštění je pro váš prospěch, nejen pro vašeho nepřítele. Bůh nás žádá, abychom odpouštěli, abychom mohli lépe spát. Mstít se je Jeho věc, ne naše.

*Nesuďte a nebudete souzeni: neodsuzujte, a nebudete odsouzeni; **odpouštějte,** a bude vám **odpuštěno**. (Lukáš 6,37)*

Modlitba víry nemocného zachrání a Pán ho vzkřísí, a pokud se dopustil hříchů, budou mu odpuštěny. Vyznávejte si navzájem své viny a modlete se jeden za druhého, abyste byli uzdraveni. Účinná vroucí modlitba spravedlivého člověka přináší mnoho užitku. (Jakub 5,15.16)

V druhé části výše uvedeného příběhu jsme slyšeli, že její manžel byl zcela uzdraven ze svých duševních problémů a byl ke své ženě tak laskavý a milující.

Chvalte Pána! Ježíš přinesl do jejich domova pokoj.

Kapitola 15

Pokoj v Boží přítomnosti

Boží přítomnost může přinést duši pokoj. Jednou jsem se modlil za jednoho pána, který byl nevyléčitelně nemocný v posledním stádiu rakoviny. Byl to manžel jedné paní z církve. Ta paní a její syn u mě jeden čas bydleli.

Patřili k církvi, která nevěřila ve změnu jejich života, dokud neshlédli video o konci světa. Oba přijali zjevení o křtu ve jménu Pána Ježíše a začali hledat církev, která by je pokřtila ve jménu Ježíše. Tehdy našli církev, kterou navštěvuji. Satan nechce, aby někdo poznal pravdu, protože ta vede ke spasení. Chce, abyste byli v temnotě, mysleli si, že jste spaseni, a přitom věřili falešným naukám a lidským tradicím. Vystoupí proti vám, když hledáte Pravdu. V této situaci byl nástrojem použitým proti této matce a synovi nevěřící manžel a otec, kteří je neustále obtěžovali a vysmívali se jim kvůli jejich víře v Boha. Mnohokrát se nakonec přišli modlit ke mně domů a nakonec tam zůstali. Jednoho dne syn uslyšel, jak mu Pán říká: Jeho dny jsou sečteny. Otec byl v nemocnici Baylor v texaském Dallasu na jednotce intenzivní péče (JIP). Dal jim jasně najevo, že si nepřeje, aby se k němu chodili modlit nebo aby se k němu modlili nějací lidé z církve. Jednoho dne jsem požádal manželku, zda bych ji mohl navštívit a pomodlit se za jejího manžela. Vysvětlila mi, jak se cítí, a řekla, že ne. Pokračovali jsme v modlitbách, aby Bůh obměkčil jeho zatvrzelé srdce.

Jednoho dne jsem šel se synem a jeho ženou do nemocnice a využil jsem šance, že ho Bůh změnil. Syn se zeptal svého otce: "*Tati, chceš, aby se za tebe sestra Alžběta modlila? Ona je modlitební bojovnice.* Protože otec už nemohl mluvit, požádal otce, aby mrkal očima, aby s ním mohl komunikovat. Pak ho požádal, aby mrknutím naznačil nám, jestli chce, abych se za něj modlil, mrknul. Začal jsem se modlit a prosil, aby jeho hříchy byly smyty Ježíšovou krví. Všiml jsem si, že se na něm něco změnilo, a pokračoval jsem v modlitbě, dokud v místnosti nebyla přítomnost Ducha svatého. Po mé modlitbě se otec snažil komunikovat tím, že ukazoval na strop, jako by nám něco ukazoval. Snažil se psát, ale nešlo mu to. Syn požádal otce, aby mrknul, jestli je to něco dobrého, co vidí. On mrkl! Pak požádal otce, aby mrkl, jestli je to světlo, ale ten nemrkl. Pak se ho zeptal, jestli jsou to andělé, co vidí, a aby mrkl. Ten však nemrkl. Nakonec se syn zeptal, jestli je to Pán Ježíš. Jeho otec pak zamrkal očima.

Následující týden jsem se za ním opět vypravila do nemocnice. Tentokrát byl úplně jiný a tvářil se klidně. O několik dní později v klidu zemřel. Bůh mu ve svém milosrdenství a lásce dal před odchodem pokoj. Nevíme, co se děje mezi někým tak těžce nemocným a jeho Stvořitelem. V tom pokoji byla přítomnost Pána. Viděl jsem člověka, který byl zatvrzelý vůči Bohu i vlastní rodině, ale na prahu smrti se mu Pán dal poznat a dal mu poznat svou existenci.

Děkujte Hospodinu, neboť je dobrý, neboť jeho milosrdenství trvá navěky. Děkujte Bohu bohů, neboť jeho milosrdenství trvá navěky. O vzdejte díky Hospodinu pánů, neboť jeho milosrdenství trvá navěky. Tomu, jenž sám činí veliké divy, neboť jeho milosrdenství trvá navěky.
(Žalm 136,1-4)

Kapitola 16.

Obětavý životní styl v životě

V té době jsem se věnovala biblickému studiu o účesech, oblečení, špercích a líčení. Řekla jsem si" :Ti lidé jsou staromódní." V srdci jsem věděla, že miluji Boha, a proto by nemělo záležet na tom, co mám na sobě. Čas plynul a jednoho dne jsem uslyšela, jak mi (rým) Boží Duch promlouvá k srdci" :Dělej to, co cítíš ve svém srdci." A tak jsem se rozhodla, že se budu oblékat. V tu chvíli se mi otevřely oči. Pochopila jsem, že mám v srdci lásku ke světu a že se přizpůsobuji módě tohoto světa. (Rytmus je osvícené a pomazané Boží slovo, které k vám bylo promluveno pro určitou dobu nebo situaci).

Hospodine, ty jsi mě zkoumal a poznal jsi mě. Znáš mé sezení i mé povstání, zdaleka rozumíš mým myšlenkám. Ty obcházíš mou cestu i mé ležení, znáš všechny mé cesty. (Žalm 139,1-3)

Šperky:

Neměla jsem ráda šperky, takže nebylo těžké zbavit se těch několika kousků, které jsem měla.

Stejně tak vy, ženy, buďte podřízeny svým mužům, aby, pokud někdo neposlouchá slovo, byl i bez slova získán obcováním manželek, když vidí vaše cudné obcování spojené s bázní. Kteréžto ozdobou nechť není ta vnější ozdoba pletení vlasů, a nošení zlata, aneb oblékání šatů, ale nechť jest skrytý člověk srdce, v tom, což není porušitelného, totiž v ozdobě tichého a pokojného ducha, kterýž jest před Bohem drahý. Neboť tak se za starých časů zdobily i svaté ženy, které doufaly v Boha, když byly podřízeny svým mužům: Jako Sára poslouchala Abrahama, nazývajíc ho pánem; jehož jste dcery, pokud dobře činíte a nebojíte se žádného údivu. (1 Petrova 3,1-6)

Stejně tak aby se ženy zdobily skromným oděvem, stydlivě a střízlivě, ne vyčesanými vlasy, zlatem, perlami nebo drahým oblečením, ale (jak se sluší na ženy vyznávající zbožnost) dobrými skutky. (1Timoteovi 2,9.10)

Vlasy

Cožpak vás ani sama příroda neučí, že když má člověk dlouhé vlasy, je to pro něj hanba? Má-li však žena dlouhé vlasy, je to pro ni chlouba, neboť vlasy jsou jí dány jako pokrývka. (1. Korintským 11,14.15)

V mládí jsem měla vždycky dlouhé vlasy. Ve dvaceti letech jsem se nechala poprvé ostříhat a stříhala jsem se tak dlouho, dokud jsem neměla vlasy velmi krátké. Takže učení o nestříhaných vlasech pro mě bylo zpočátku těžké přijmout. Nechtěla jsem si nechat vlasy narůst, protože se mi líbily krátké vlasy. Bylo snadné se o ně starat. Začala jsem prosit Boha, aby mi prosím dovolil nosit krátké vlasy. K mému překvapení však Bůh změnil můj způsob myšlení tím, že mi vložil do srdce své slovo a už pro mě nebylo těžké nechat si vlasy narůst.

V té době se mnou žila moje matka. Protože jsem nevěděla, jak se starat o své dlouhé vlasy, máma mě žádala, abych je ostříhala, protože se jí nelíbilo, jak vypadají. Začala jsem se o vlasech více učit z Bible.

Získala jsem lepší porozumění a poznání, což mi pomohlo posílit přesvědčení v mém srdci.

Modlila jsem se a ptala se Pána" :*Co mám dělat s mámou, když se jí nelíbí moje dlouhé vlasy?*" Promluvil ke mně a řekl: "*Modli se, aby se její smýšlení změnilo.*"

Důvěřuj v Hospodina celým svým srdcem a nespoléhej se na svůj rozum. Na všech svých cestách ho uznávej a on bude řídit tvé stezky. (Přísloví 3,5.6)

Pán je můj rádce, a tak jsem se dál modlil, aby se její myšlení změnilo.

Ježíš je náš rádce;

*Neboť se nám narodilo dítě, byl nám dán syn a vláda bude na jeho rameni a jeho jméno bude znít: Podivuhodný, **Rádce**, Mocný Bůh, Otec věčnosti, Kníže pokoje. (Izajáš 9,6)*

Už jsem se nestříhala. Vlasy mi rostly dál a jednoho dne mi máma řekla" :S dlouhými vlasy ti to sluší!". Byla jsem velmi šťastná, když jsem tato slova slyšela. Věděla jsem, že mě Pán nasměroval v modlitbě a vyslyšel mou modlitbu. Vím, že mé nestříhané vlasy jsou mou chloubou a že jsem díky andělům dostala na hlavě moc.

Vím, že když se modlím, mám sílu. Chvála Pánu!!!

*Ale každá žena, která se modlí nebo prorokuje **s nepokrytou** hlavou, zneuctívá svou hlavu, neboť je to všechno jedno, jako by byla oholená. Má-li však žena dlouhé vlasy, je to pro ni chlouba, **neboť vlasy jsou jí dány jako pokrývka**. (1. Korintským 11,5.15)*

Tento verš Písma jasně říká, že nestříhané vlasy jsou naší pokrývkou, a ne šátek, klobouk nebo závoj. Představuje naši podřízenost Boží autoritě a jeho slávě. V celém Boží mslově najdete, že andělé chránili Boží slávu. Všude, kde byla Boží sláva, byli přítomni andělé. Naše nestříhané vlasy jsou naší slávou a andělé jsou vždy přítomni, aby nás chránili díky naší podřízenosti Božímu slovu. Tito andělé chrání nás a naši rodinu.

> *Proto by měla mít žena kvůli andělům na hlavě moc.*
> *(1. Korintským 11:10)*

1. Korintským 11 je Boží uspořádaná myšlenka a jednání, které udržuje jednoznačný rozdíl mezi ženou a mužem.

Nový zákon ukazuje, že ženy měly nestříhané dlouhé vlasy.

> *A hle, žena z města, která byla hříšnice, když se dozvěděla, že Ježíš sedí u stolu ve* farizeově *domě, přinesla alabastrovou nádobku s mastí, postavila se k jeho nohám za ním a plakala, začala mu slzami omývat nohy,* **otírala mu je vlasy z hlavy,** *líbala mu nohy a mazala je tou mastí.*
> *(Lukáš 7:37, 38)*

on Lords říká

> *"Ostříhej si vlasy, Jeruzaléme, a zahoď je, a naříkej na výšinách, neboť Hospodin zavrhl a opustil pokolení svého hněvu."*
> *(Jeremiáš 7, 29)*

Ostříhané vlasy jsou symbolem hanby, potupy a smutku. Stříhání vlasů představuje bezbožný a hanebný čin odpadlého Božího lidu. Je to znamení, že je Hospodin zavrhl. Pamatujte, že jsme Jeho nevěsta.

Encyclopedia Britannica, V, 1033 uvádí, že po první světové válce "se vlasy začaly bobovat". Stříhání vlasů si osvojily téměř všechny ženy na celém světě.

Boží slova jsou ustanovena na věčnost. Bů hpožaduje, aby ženy měly nestříhané dlouhé vlasy a muži krátké vlasy.

Oblečení

Boží slovo nás také poučuje o tom, jak se máme oblékat. Když jsem se jako nově obrácený učil, jak se máme oblékat, nebyl jsem o svém oblečení přesvědčen. Vzhledem k typu své práce jsem nosil kalhoty. Říkal jsem si" :*Bylo by v pořádku, kdybych i nadále nosil kalhoty jen do práce.*" A tak jsem se rozhodl, že budu nosit *kalhoty*. Koupila jsem si nové kalhoty a dostala jsem mnoho komplimentů, jak mi to sluší. Už jsem věděla, že ženy by neměly nosit pánské oblečení. Kalhoty vždy patřily k mužskému oblečení, ne k ženskému. Jakmile budete mít Boží slovo zasazené ve svém srdci, získáte přesvědčení o správném oblečení, které máte nosit.

Žena nesmí nosit to, co patří muži, a muž nesmí oblékat ženské šaty, neboť všichni, kdo tak činí, jsou **ohavností** *pro Hospodina, tvého Boha. (Deuteronomium 22:5)*

Zmatek nastal, když muži a ženy začali nosit unisex oblečení. Další krok vás povede, jak řekl Bůh:

Leviticus 18:22 Nebudeš spát s mužem jako s ženou, je to **ohavnost**.

To, co nosíme, nás ovlivní. Slovem ohavnost je označena žena, která nosí "to, co patří muži", a muž, který si obléká "ženský šat". Bůh zná každý krok sexuálního zmatku. Bůh stvořil obě pohlaví zcela odlišná s odlišným účelem. Všimli jste si, že to byly ženy, kdo si jako první začal oblékat kalhoty? Je to stejné, jako když byla Eva v rajské zahradě neposlušná! Tento zmatek je důkazem dnešní společnosti, ve které žijeme. Někdy není možné rozlišit muže a ženy.

Před více než 70 lety nebylo ženské oblečení problémem, protože ženy nosily zásadně dlouhé šaty nebo dlouhé sukně. Žádný zmatek. Když ženy začaly nosit mužské oblečení, začaly se chovat jako muži a muži jako ženy. To je nepořádek.

*Na hlavě budou mít plátěnou čepici a na bedrech plátěné **kalhoty**;
nebudou se opásávat ničím, co by způsobovalo pot (Ezechiel 44:18).*

Dnešní zvrácená, neposlušná generace řízená médii se učí od knížete vzduchu, kterým je Satan. Neznají biblickou pravdu. Také jejich stoupenci jsou falešní učitelé, kteří učí učení a přikázání lidské, a ne Boží.

*Hle, ty jsi učinil mé dny jako vteřinu a můj věk je před tebou
nicotný; vskutku, každý člověk v nejlepším stavu je úplně marný.
Sélah. Jistě že každý člověk chodí v marné ukázce, jistě že se marně
trápí; hromadí bohatství, a neví, kdo by je shromáždil.
(Žalmy 39,5-6)*

Když Adam a Eva neposlechli Hospodina a pojedli ovoce ze zakázaného stromu, poznali, že zhřešili, a otevřely se jim oči, aby poznali svou nahotu.

*Otevřely se jim oběma oči a poznali, že jsou nazí; sešili si fíkové listy
a udělali si zástěry (Genesis 3, 7).*

Adam a Eva se přikryli fíkovými listy. Udělali si zástěry z fíkových listů, což bylo nedostatečné. Bůh má normu pro přikrývání, a proto neschvaloval jejich nevhodné přikrývání fíkovými listy...... Oblékl je tedy do kožených plášťů.

*Také Adamovi a jeho ženě udělal Hospodin Bůh kožené pláště a
oblékl je. (Genesis 3: 21)*

Nepřítel naší duše, ďábel, rád způsobuje neskromné odhalování těla.

*Lukáš 8:35 "Vyšli tedy, aby se podívali, co se stalo, a přišli k tomu.
Ježíše a našli toho člověka, z něhož vyšli démoni, jak sedí u Ježíšových
nohou, **oblečeného** a při smyslech."*

Když si člověk nezakrývá své tělo, dokazuje to, že je pod vlivem špatného ducha, který vytváří špatné pohnutky.

Je velmi důležité, abychom stále četli Boží slovo, bez ustání se modlili a postili se, abychom lépe porozuměli Božímu duchu a byli jím vedeni. Proměna přichází skrze Boží slovo, které nejprve vychází zevnitř, a teprve potom přichází změna navenek.

Tato kniha Zákona se nevzdálí od tvých úst, ale budeš o ní přemýšlet dnem i nocí, abys dodržoval vše, co je v ní napsáno, neboť pak se ti bude dařit na tvé cestě a budeš mít dobrý úspěch.
(Jozue 1:8)

Satan útočí na Boží slovo. Vzpomínáte si na Evu? Ďábel ví, na co zaútočit a kdy zaútočit, protože je rafinovaný a lstivý.

Buďte střízliví, bděte, neboť váš protivník ďábel jako řvoucí lev obchází a hledá, koho by pohltil." (1. Petrova 5,8)

Kdo má má přikázání a zachovává je, ten mě miluje; a kdo mě miluje, bude milován mým Otcem a já ho budu milovat a zjevím mu sám sebe.
(Jan 14,21)

Budete-li zachovávat má přikázání, zůstanete v mé lásce, jako jsem já zachovával přikázání svého Otce a zůstávám v jeho lásce.
(Jan 15,10)

Toho večera, když jsem byl v práci, mě napadla jedna myšlenka. Přemýšlel jsem, jak vypadám v Božích očích. Najednou na mě padl stud a já jsem nemohl vzhlédnout. Připadal jsem si, jako bych stál před Pánem, naším Bohem. Jak víte, my slyšíme ušima, ale já jsem slyšel Jeho hlas, jako by promlouval každou buňkou mého těla a říkal" :Mám tě upřímně rád." A já jsem se na to podíval. Když jsem slyšela tato krásná slova od Boha, který říká" :Upřímně tě miluji", znamenalo to pro mě tolik. Nemohla jsem se dočkat, až skončím v práci a půjdu domů, abych mohla úplně vyčistit skříň od všech svých světských šatů.

Několik týdnů jsem stále slyšela ozvěnu Jeho hlasu, který mi říkal : "Mám tě upřímně rád." Později se to vytratilo.

Život pro Boha není jen to, co říkáme, ale je to životní styl. Když Bůh mluvil k Mojžíšovi, mluvil k němu velmi jasně. Mojžíš bezpochyby poznal Boží hlas.

Slovo hanba v překladu z řečtiny označuje pocit studu nebo skromnosti, neboli vnitřní slušnost, která si uvědomuje, že nedostatek oděvu je ostudný. To znamená, že náš vnější vzhled odráží naše nitro nejen před námi samotnými, ale i před ostatními. Proto Bible říká, že skromný oděv se podobá studu.

Přísloví 7:10 A hle, potkal ženu v oděvu nevěstky, která měla lstivé srdce.

*Stejně tak, aby se ženy zdobily skromným oděvem, **stydlivě a střízlivě**, ne s vyčesanými vlasy, zlatem, perlami nebo drahými šaty (1. Timoteovi 2:9).*

Oblečení musí zakrývat nahotu člověka. Střízlivost by měla zabránit tomu, aby si člověk oblékl něco, co má vypadat sexy nebo je odhalující módou. Dnešní styl oblečení je střižen tak krátce, že vám bude připomínat oděv prostitutky. Jde o to, jak sexy člověk vypadá. Oděvní návrháři dělají styl oblečení stále odhalenější a provokativnější.

Děkujte Bohu za jeho slovo, které ustanovil pro věčnost; zná generace všech věků. Slovo vás ochrání před přizpůsobením se tomuto světu.

Definice skromnosti se mění v závislosti na zemi, době i generaci. Asijské ženy nosí volné kalhoty a dlouhé halenky zvané pandžábské šaty, které jsou velmi skromné. Arabky nosí dlouhé šaty se závojem. Západní křesťanky nosí šaty pod kolena.

Stále máme křesťanky, které se bojí Boha, jsou skromné a dodržují Boží kázání a učení.

Všechno prověřujte, co je dobré, toho se držte. (1. Tesalonickým 5:21)

Žijeme v šokující době, kdy neexistuje strach z Boha.

Milujete-li mě, zachovávejte má přikázání. (Jan 14,15)

Paul řekl,

*"Vždyť jste koupeni za drahou cenu, a proto oslavujte Boha na svém **těle** i na svém duchu, který je Boží." (1. Korintským 6:20)*

Oblečení by nemělo být těsné, krátké ani s hlubokým výstřihem. Obrázky na některých košilích a halenkách jsou často nevhodně umístěné.

Boží představy o tom, že bychom měli nosit oděv, jsou zakryté. Vzpomeňte si, že Eva a Adam byli nazí. My už nejsme nevinní. Víme, že je to pokušení pro oko člověka. David viděl Batšebu bez šatů a upadl do cizoložství.

Móda oblékání mladých žen nebo malých dívek je v dnešní době neskromná. Kalhoty se nosí těsně. Bible říká, že děti učíme Boží spravedlnosti. Místo aby rodiče učili dívky skromnosti, nakupují neskromné oblečení.

Zbožná a svědomitá křesťanka si vybírá oděv, který se líbí Kristu a jejímu manželovi. Už netouží nosit to, co je "v módě".

Neskromné oblečení, šperky a líčení živí žádostivost očí, žádostivost těla a pýchu života.

*Nemilujte svět ani to, co je ve světě. Miluje-li kdo svět, není v něm láska Otcova. **Neboť všechno, co je ve světě, žádost těla, žádost očí** a **pýcha života,** není z Otce, ale je ze světa. A svět pomíjí i jeho žádostivost, ale kdo plní vůli Boží, zůstává na věky. (1 Jan 2,15-17)*

Satan ví, že člověk je vizuálně orientovaný. Ženy satanův záměr nevidí. Neskromnost je pro muže silným pokušením a lákadlem. Neskromné oblečení, šperky a líčení vyvolávají u mužů vzrušení. Pýcha a marnivost budují lidské ego. Žena se cítí mocná, protože může přitahovat žádostivou pozornost mužů. Tyto věci způsobují, že je žena pyšná na svůj vnější vzhled.

Prosím vás tedy, bratři, pro Boží milosrdenství, abyste svá těla přinášeli v živou, svatou, Bohu milou oběť, která je vaší rozumnou službou. A nepřizpůsobujte se tomuto světu, ale proměňujte se obnovou své mysli, abyste dokázali, co je ta dobrá, příjemná a dokonalá Boží vůle. (Římanům 12:1, 2)

Make up

Bible rozhodně mluví **proti** líčení. V Bibli je líčení vždy spojováno s bezbožnými ženami. Jezábel byla v Bibli zlá žena, která si malovala obličej.

Bůh nám, křesťanům, dal prostřednictvím svého Slova písemné pokyny týkající se malování obličeje, kterému se dnes říká líčení. Bůh nás informoval o každém detailu, a to i s historickými odkazy. Bible nás považuje za světlo tohoto světa; jsme-li tímto světlem, nepotřebujeme malování. Žárovku nikdo nemaluje. Mrtvá věc potřebuje malování. Můžete natřít zeď, dřevo atd.

Většina žen a malých dívek se dnes líčí, aniž by znaly historii nebo Bibli. Dříve se líčily pouze obličeje, ale nyní se rády malují a potiskují různé části těla, jako jsou paže, ruce, nohy atd. Je líčení hříšné? Bohu záleží na tom, co děláte se svým tělem. Bůh jasně vyjadřuje svůj nesouhlas s malováním a propichováním těla a používáním make-upu a tetování.

*Neuděláte si na těle žádné řezy pro mrtvé ani **na sebe nevytisknete žádné znamení**: Já jsem Hospodin. (3. Mojžíšova 19:28).*

Nikdy jsem se nelíčila, ale rtěnku jsem nosila, protože se mi líbila. Když jsem slyšela kázání o líčení, začala jsem rtěnku používat méně a později jsem s ní přestala úplně. V srdci jsem stále měla touhu ji nosit, ale nedělala jsem to.

V modlitbě jsem se zeptala Boha, co si myslí o rtěnce. Jednoho dne šly proti mně dvě dámy a já si všimla, že mají rtěnku. V tu chvíli jsem Jeho duchovním pohledem viděla, jak vypadá..... Bylo mi tak špatně od žaludku. Ve svém srdci jsem byla silně usvědčena a už nikdy jsem neměla chuť nosit rtěnku. Mou touhou bylo líbit se Mu a poslouchat Jeho slovo.

> *"Tak mluvte a tak jednejte jako ti, kdo budou souzeni podle zákona svobody" (Jakub 2:12).*

I když máme svobodu dělat, co chceme, a žít, jak bychom chtěli, naše srdce je klamné a naše tělo bude hledat věci tohoto světa. Víme, že naše tělo je nepřátelské vůči Bohu a Božím věcem. Musíme vždy chodit v duchu, abychom nenaplňovali žádostivost těla. Ďábel není problém. Problémem jsme my sami, pokud chodíme v těle.

> *Vždyť všechno, co je na světě, žádost těla, žádost očí a pýcha života, není z Otce, ale ze světa. A svět pomíjí i jeho žádostivost, ale kdo plní vůli Boží, zůstává na věky. (1Jan 2,16-17)*

Satan chce být středem všeho. Byl dokonalý v kráse a plný pýchy. Ví, co způsobilo jeho pád, a používá to i k tomu, abyste padli vy.

> *Synu člověčí, vznes nářek na tyrského krále a řekni mu: "Toto praví Panovník Hospodin: Ty jsi zpečetil sumu plnou moudrosti a **dokonalou v kráse**. Byl jsi v Edenu, v zahradě Boží; každý drahý kámen byl tvým obalem, sardius, topaz a diamant, beryl, onyx a jaspis, safír, smaragd a karbunkul a zlato; zpracování tvých tabulek a tvých píšťal bylo v tobě připraveno v den, kdy jsi byl stvořen (Ezechiel 28:12,13).*

Když chodíme v těle, snažíme se být také středem pozornosti. To se projevuje v našem oblečení, konverzaci a jednání. Snadno padneme do Satanovy pasti, když se přizpůsobíme světu a jeho světské módě.

Dovolte mi, abych se s vámi podělila o to, jak a kde začalo líčení nebo malování. Líčení začalo v Egyptě. Králové a královny si líčili oči. Egyptské líčení očí sloužilo k ochraně před zlou magií a také jako symbol nového zrození při reinkarnaci. Používali ho také ti, kteří oblékali mrtvé. Chtěli, aby mrtví vypadali, jako by jen spali.

Musíte vědět, co o tomto tématu jasně říká Bible. Pokud je líčení pro Boha důležité, musí být v jeho Slově zmíněno - a to jak konkrétně, tak v zásadě.

> *Když Jéhu přišel do Jizreelu, uslyšela o tom Jezábel, namalovala si tvář, unavila hlavu a vyhlédla z okna. (2 Královská 9:30)*

Mladík Jehú se pak vydal přímo do Jizreelu, aby vykonal nad Jezábel soud. Když se dozvěděla, že je v nebezpečí, nalíčila se, ale její líčení Jehúa nesvedlo. Splnilo se, co Boží prorok prorokoval nad Jezábel a jejím manželem králem Achabem. Její ohavnost skončila, jak nad nimi prorokoval Boží prorok. Když ji Jehú nechal vyhodit z okna, její maso sežrali psi; jak Bůh předpověděl! Líčení je sebezničující zbraň.

> *Po její kráse v srdci svém nežádej, ať tě neuchvátí víčky svými.*
> *(Přísloví 6,25)*

> *A až budeš zkažený, co budeš dělat? Ačkoli se odíváš karmínem, ačkoli se zdobíš zlatými ozdobami, i kdybys svou tvář malbou rozedřela, marně se budeš líčit; tvoji milenci tebou budou pohrdat, budou ti usilovat o život."(Jeremiáš 4:30)*

Z historie se dozvídáme, že prostitutky si malovaly obličeje, aby byly rozpoznatelné jako prostitutky. Postupem času se líčení a malování na obličej začalo běžně používat. Už se to nepovažuje za nevhodné.

> *A dále, že jste poslali pro muže, aby přišli z daleka, k nimž byl vyslán posel, a hle, oni přišli; kvůli nim ses umyl, namaloval sis oči a ozdobil se ornamenty. (Ezechiel 23:40)*

Make-up je "zboží, které nikdo nepotřebuje", ale touha po něm je lidskou přirozeností. Pýcha a marnivost jsou důvodem, proč mnoho žen používá make-up, aby zapadly do světa. To je lidská přirozenost. Všichni chceme zapadnout!

Hollywoodské hvězdy jsou zodpovědné za tak drastické změny v myšlení žen o vnějším vzhledu. Líčení nosily jen arogantní a namyšlené pyšné ženy. Každý chce vypadat hezky, dokonce i děti, které se líčí.

Pýcha a marnivost podpořily make-up průmysl, tím, že uvítaly make-up, se staly marnivými. Kamkoli přijdete, najdete make-up. Od nejchudších po nejbohatší, všichni chtějí vypadat krásně. Dnešní společnost klade příliš velký důraz na vnější vzhled; kvůli vnitřní nejistotě se líčí ženy všech věkových kategorií.

Mnozí mají deprese ze svého vzhledu, dokonce se pokoušejí o sebevraždu. Krása je pro tuto generaci jednou z nejobdivovanějších věcí. Někteří lidé se líčí hned po probuzení. Nelíbí se jim jejich přirozený vzhled. Líčení je posedlo natolik, že se bez něj cítí nechtěně. To u naší mladé generace, a dokonce i u malých dětí, způsobuje deprese.

Nyní si vzpomeňte na nejznámější spravedlivé ženy Starého nebo Nového zákona. Nenajdete ani jednu, která by se líčila. Nikde není zmínka o tom, že by se Sára, Rút, Abigail, Naomi, Marie, Debora, Ester, Rebeka, Feebie nebo jiná ctnostná a pokorná žena někdy nalíčila.

Pokorné zkrášlí spásou (Žalmy 149,4b).

Ve skutečnosti jsou v Boží mslově jedinými příklady těch, kdo se líčili, cizoložnice, nevěstky, rebelové, odpadlíci a falešné prorokyně. To by mělo sloužit jako velké varování pro každého, komu záleží na Božím slově a chce následovat biblický spravedlivý příklad, místo aby se rozhodl následovat příklad bezbožných žen.

Oblečte si *tedy jako vyvolení Boží, svatí a milovaní, milosrdenství, dobrotu, pokoru, tichost, trpělivost (Koloským 3,12).*

Ne, ale kdo jsi ty, člověče, který se hněváš na Boha? Cožpak věc, která byla stvořena, řekne tomu, kdo ji stvořil: "Proč jsi mě tak učinil?" (Římanům 9:20).

Naše tělo je Božím chrámem, proto bychom měli toužit po spravedlivých Božích cestách. Toho dosáhneme tím, že se ženy budou svatě oblékat, budou mít otevřenou tvář (čistý obličej) a budou na svém těle odrážet Boží vzácnou slávu.

Což nevíte, že vaše tělo je chrámem Ducha svatého, který je ve vás a kterého máte od Boha, a že nejste sami sebou?
(1. Korintským 6,19)

Vy i já jsme byli koupeni za drahou cenu a Bůh nás také stvořil ke svému obrazu. Boží zákony nás mají chránit a měly by být zapsány v našich srdcích. Vy i já máme pravidla a pokyny, podle kterých máme žít, stejně jako my, kteří jsme rodiči, máme pravidla a pokyny pro své děti. Když se rozhodneme dodržovat Boží zákony a pokyny, budeme požehnáni, a ne potrestáni.

"Volám dnes proti tobě nebe i zemi, že jsem před tebe postavil život i smrt, požehnání i zlořečení; proto si vyber život, abys byl živ ty i tvé potomstvo." (5. Mojžíšova 30:19)

Pýcha a vzpoura na nás přivolá nemoci, finance, útlak a posedlost démony. Když pýchou a vzpourou usilujeme o věci tohoto světa, připravujeme se na neúspěch. Je to touha ďáblů zkazit náš život hříchem pýchy. To není Boží vůle pro náš život!

Viděla jsem, jak se světské ženy mění v ženy zbožné. Proměnily se ze stárnoucích, depresivních, vystresovaných, utrápených a nešťastných žen na mladistvé, krásné, energické, pokojné a zářivé ženy.

Máme před sebou jediný život! Představujme proto Boha Abrahamova, Jákobova a Izákova.... a přinášejme svá těla jako živou oběť, svatou a milou v jeho očích. To je naše rozumná služba uvnitř i navenek, bezúhonná ve všem!

Když neposloucháme Boží slovo kvůli pýše a vzpouře, přivoláváme na sebe, své děti a děti svých dětí prokletí. To můžeme vidět na příkladu Eviných neposlušných a vzpurných činů; výsledkem byla potopa, která přišla na zemi a všechno bylo zničeno. Samson a Saul svou neposlušností přivodili zkázu sobě i své rodině. Élího neposlušnost přinesla smrt jeho synům a zbavení kněžství.

Dějiny nám prostřednictvím Božího slova říkají, že před zničením byla mentalita lidského rodu povýšená, sebestředná a hledala své vlastní potěšení.

*Hospodin dále praví: "Protože **dcery Sijónu** jsou zpupné a chodí s nataženou šíjí a bezstarostnýma očima, chodí a mlaskají, když jdou, a dělají cinkot svýma nohama. Protož udeří Hospodin strupem korunu hlavy dcer Sionských, a odkryje Hospodin skryté části jejich. V onen den Hospodin odejme odvahu jejich cinkavých ozdob kolem nohou, jejich kalafuny a jejich kulaté pneumatiky jako měsíc, řetízky, náramky a šátky, čepce a ozdoby nohou, a čelenky, tabulky a náušnice, prsteny a šperky v nose, proměnlivé oděvy, pláště, náprsenky a křupavé jehlice, brýle, jemné plátno, kapuce a kukly. A stane se, že místo líbezné vůně bude smrad, místo opasku roztržení, místo dobře posazených vlasů lysina, místo břicha přepásání žíní a místo krásy hoření. Muži tvoji padnou mečem a mocní tvoji ve válce. A brány její budou naříkat a kvílet, a ona, jsa zpuštěna, sedět bude na zemi. (Izajáš 3,16-26)*

Naše životní volby jsou velmi důležité. Rozhodování založené na Bibli a vedené Duchem svatým přinese požehnání nám i našim dětem. Pokud se rozhodnete vzbouřit se proti Božímu slovu a hledat vlastní sobecké potěšení, budete opakovat dějiny:

1. Neposlušná Eva, která přinesla potopu.

Bůh viděl, že zloba člověka na zemi je veliká a že každá představa myšlenek jeho srdce je stále jen zlá. I litoval Hospodin, že stvořil člověka na zemi, a trápilo ho to v srdci. I řekl Hospodin: "Vyhladím člověka, kterého jsem stvořil, z povrchu země, jak člověka, tak i zvíře, plazy a nebeské ptactvo, neboť mě mrzí, že jsem je stvořil.
(1. Mojžíšova 6,5-7)

2. Vzpoura Sodomy a Gomory:

*Tehdy Hospodin dštil na **Sodomu** a Gomoru síru a oheň z nebe od Hospodina (Genesis 19:24).*

To je několik příkladů z Bible. Víte, že v tomto světě něco měníte. Nechcete oživovat zlou dávnou historii.

To je to, co Bůh říká o vzpurnosti a neposlušnosti:

Pošlu na ně meč, hlad a mor, dokud nebudou vyhlazeni ze země, kterou jsem dal jim a jejich otcům (Jeremiáš 24:10).

Poslušným však:

Navrátíš se a budeš poslouchat Hospodinův hlas a plnit všechna jeho přikázání, která ti dnes přikazuji. A Hospodin, tvůj Bůh, ti dá hojnost v každém díle tvých rukou, v plodech tvých rukou. a plodem tvého dobytka a úrodou tvé země k dobrému; neboť Hospodin se z tebe bude opět radovat k dobrému, jako se radoval z tvých otců: Budeš-li poslouchat hlas Hospodina, svého Boha, abys zachovával jeho přikázání a jeho ustanovení, která jsou zapsána v této knize zákona, a obrátíš-li se k Hospodinu, svému Bohu, celým svým srdcem a celou svou duší. Neboť toto přikázání, které ti dnes přikazuji, není před tebou skryto ani vzdáleno. (Deuteronomium 30,8-11)

Kapitola 17

Služba cestování: Povolání učit a šířit evangelium

Nejsem duchovním ve smyslu toho, kdo je nazýván reverendem, pastorem nebo kazatelem. Když přijmeme Ducha svatého a oheň, stáváme se služebníky jeho slova při šíření radostné zvěsti. Kamkoli jdu, prosím Boha o příležitost být svědkem a učitelem jeho Slova. Vždy používám Bibli KJV, protože je to jediný zdroj, který oživuje srdce a mysl člověka. Když je semínko zaseto, je nemožné, aby ho Satan odstranil, pokud ho neustále zaléváme modlitbou.

Když jednotlivci přijmou tuto úžasnou pravdu, spojím je s místní církví, aby byli pokřtěni *ve jménu Ježíše*; mohou být pod učednictvím pastora, který s nimi zůstane v kontaktu. Je důležité, aby měli Pastora, který je bude živit (vyučovat) Božímu slovu a bdít nad nimi.

*"Jděte tedy a učte všechny národy, křtěte je ve **jménu** Otce i Syna i Ducha svatého." (Matouš 28,19)*

"A dám vám pastýře podle svého srdce, kteří vás budou živit poznáním a rozumem." (Jeremiáš 3:15)

Když nám Pán dává pokyny, abychom plnili jeho vůli, může to být kdekoli a kdykoli. Jeho cesty někdy nemusí dávat smysl, ale ze zkušenosti jsem se naučil, že na tom nezáleží. Od chvíle, kdy se probudím, až do chvíle, kdy vyjdu z domu, nikdy nevím, co pro mě Bůh připravil. Jako věřící musíme růst ve víře studiem Slova, abychom se stali zralými učiteli. Vyšší úrovně zralosti dosáhneme i nadále tím, že nikdy nevynecháme příležitost svědčit druhým; zejména když nám Bůh otevře dveře.

"Neboť když jste na čas měli být učiteli, potřebujete, aby vás někdo znovu učil, jaké jsou první zásady Božích poselství, a stali jste se takovými, kteří potřebují mléko, a ne silný pokrm. Neboť každý, kdo užívá mléko, je nezkušený v slově spravedlnosti, neboť je nemluvně. Ale silný pokrm patří těm, kdo jsou plnoletí, totiž těm, kdo mají díky užívání vycvičené smysly, aby rozeznávali dobré i zlé."
(Židům 5,12-14)

V této kapitole se s vámi podělím o několik svých cestovatelských zkušeností s několika důležitými historickými body, které byly zasazeny do vysvětlení rané církve a následné doktríny.

Bůh mě přivedl zpátky do Kalifornie prostřednictvím "nelogického letového plánu". Kvůli zdravotním problémům dávám vždy přednost přímým letům. Tentokrát jsem si koupil let z Dallasu - Ft. Worth v Texasu do Ontaria v Kalifornii s mezipřistáním v Denveru v Coloradu. Nedokážu vysvětlit, proč jsem to udělal, ale později mi to dávalo smysl. V letadle jsem letušku upozornil, že mám bolesti a že sedím poblíž odpočívárny. V druhé části letu jsem letušku požádal, zda by mi nemohla najít místo, kde bych si mohl lehnout. Zavedla mě do zadní části letadla. Bolest později ustoupila. Letuška se vrátila, aby se podívala, jak se cítím, a řekla mi, že se za mě modlila.

Pán mi otevřel dveře, abych se podělil o to, co pro mě udělal. Vyprávěl jsem jí o svých zraněních, nemocech a uzdraveních. Byla tak ohromená, že jsem to všechno vydržel bez léků a jen s důvěrou v Boha. Když jsme mluvili o Bibli, řekla mi, že nikdy neslyšela, že by někdo mohl přijmout Ducha svatého. Vysvětlil jsem jí, že podle Písma je to pro nás i dnes. Řekl jsem jí svůj důvod, proč jsem opustil svůj domov v Indii; když hledáme Boha celým srdcem, On odpoví na naše modlitby. Byla ke mně velmi milá a starostlivá, stejně jako mnohokrát, když jsem letěla, vždy se zdá, že se v letadle našel někdo, kdo mi projevil takovou laskavost a péči. Pokračoval jsem jí ve vyprávění o Duchu svatém a o důkazech mluvení v jazycích. Ona neústupně řekla, že tomu nevěří. Mluvil jsem s ní o křtu ve jménu Pána Ježíše a ona přiznala, že o tom také nikdy neslyšela. Křest apoštolů, o kterém se mluví ve Skutcích apoštolů ve 2. kapitole, většina církví nekáže, protože většina přijala učení o Trojici, tedy o třech osobách v Božství a vzývání titulů: Při křtu se používá označení tří osob: Otec, Syn a Duch svatý.

*"Ježíš k nim přistoupil a promluvil: "Je mi dána veškerá moc na nebi i na zemi. Jděte tedy a učte všechny národy a křtěte je ve **jménu** Otce i Syna i Ducha svatého." (Matouš 28,18-19)*

Když učedníci křtili ve jménu Ježíše, naplňovali křest Otce i Syna i Ducha svatého, když se člověk ponořil do vody celý. Nešlo o nějakou záměnu; plnili to, co jim Ježíš přikázal, jak ukazují Písma.

*Vždyť tři jsou, kdo svědčí v nebi: Otec, Slovo a Duch svatý, a **ti tři jsou jedno**. (1. Jana 5,7)*

(Tento verš byl z NIV a všech moderních překladů Bible odstraněn)

*"Když to uslyšeli, bodlo je to v srdci a řekli Petrovi a ostatním apoštolům: "Muži a bratři, co máme dělat? Petr jim odpověděl: "Čiňte pokání a každý z vás se dá pokřtít **ve jménu Ježíše Krista** na odpuštění hříchů, a dostanete dar Ducha svatého."" (Skutky 2,37-38)*

*"Když to uslyšeli, dali se **pokřtít ve jménu Pána Ježíše**. Když na ně Pavel vložil ruce, sestoupil na ně Duch svatý a oni mluvili jazyky a prorokovali. Všech těch mužů bylo asi dvanáct." (Skutky 19,5-7)*

*"Slyšeli je totiž mluvit jazyky a velebit Boha. A Petr odpověděl: "Může někdo zakázat vodu, aby tito nebyli pokřtěných, kteří přijali Ducha svatého stejně jako my? A on přikázal jim, aby se dali **pokřtít ve jménu Páně**. Pak ho požádali, aby zůstal několik dní."*
(Skutky 10,46-48)

Apoštolové Ježíše neposlechli. Den Letnic byl začátkem církevního věku poté, co Ježíš vstal z mrtvých a byl přijat do slávy. Zjevil se apoštolům, pokáral je za jejich nevěru a byl s nimi čtyřicet dní. Během této doby je Ježíš učil mnoha věcem. Bible říká, že věřící mají být pokřtěni.

"Potom se zjevil jedenácti, když seděli u stolu, a vyčítal jim jejich nevěru a tvrdost srdce, že neuvěřili těm, kteří ho viděli po jeho zmrtvýchvstání. Řekl jim: "Jděte do celého světa a hlásejte evangelium všemu stvoření!" A oni se rozdělili. Kdo uvěří a dá se pokřtít, bude spasen, kdo však neuvěří, bude zatracen."
(Marek 16,14-16)

Člověk později přijal jinou křestní formuli včetně "pokropení" namísto úplného ponoření. (Někteří argumentují tím, že Bible neříká, že nelze kropit, a římská církev křtila nemluvňata). Křest ve jménu Ježíše změnila římská církev, když přijala trojjediný názor.

Než budu pokračovat, chtěl bych nejprve říci, že nezpochybňuji upřímnost mnoha úžasných věřících, kteří usilují o osobní cestu s naším Pánem, kteří milují Boha a věří tomu, co považují za rané biblické učení. Proto je tak důležité, abyste sami četli a studovali Písma, včetně dějin biblického učení rané apoštolské církve. "Učení církve přechází do apostaze".

Odpadlictví znamená odpadnutí od pravdy. Odpadlík je někdo, kdo kdysi uvěřil a pak odmítl Boží pravdu.

V roce 312 n. l., kdy byl císařem Konstantin, přijal Řím křesťanství jako oblíbené náboženství. Konstantin zrušil Diokleciánovy (latinsky Gaius Aurelius Valerius Diocletianus Augustus ;) dekrety o pronásledování, které začaly v roce 303 n. l.. Dioklecián byl římským císařem v letech 284-305 n. l. Dekrety o pronásledování odebíraly křesťanům jejich práva a požadovaly, aby dodržovali "tradiční náboženské zvyky", mezi něž patřilo i obětování římským bohům. Jednalo se o poslední oficiální pronásledování křesťanství spolu se zabíjením a zastrašováním těch, kteří se nechtěli podřídit. Konstantin "christianizoval" Římskou říši a učinil z ní státní, tj. oficiální náboženství. Za své vlády podporoval v Římě také pohanská náboženství. To posílilo Konstantinův plán na sjednocení a mír v jeho říši. Tak byl "christianizován Řím" a vytvořena politická církev, která měla vládnout. Tím vším satan vymyslel nejmocnější plán, jak zkorumpovat církev zevnitř, přičemž prvotní církev nebyla nikde uznávána. Křesťanství bylo degradováno, kontaminováno a oslabeno pohanským systémem, který se připojil k tehdejšímu světovému politickému systému. Podle tohoto systému křest učinil z každého křesťana a do církve vnesl jejich pohanské náboženství, svaté a obrazy. V pozdější fázi bylo na jejich koncilu zavedeno také učení o Trojici. Odstoupivší církev již neuznávala, nekázala a nepřikládala žádný význam Duchu svatému ani mluvení jazyky. V roce 451 n. l. bylo na Chalcedonském koncilu se souhlasem papeže stanoveno jako směrodatné Nicejské/konstantinopolské vyznání víry. Nikomu nebylo dovoleno o této otázce diskutovat. Mluvit proti Trojici se nyní považovalo za rouhání. Na neposlušné byly vyhlášeny tvrdé tresty od zmrzačení až po smrt. Mezi křesťany vznikaly rozdíly ve víře, které vedly k mrzačení a zabíjení tisíců lidí. Pravým věřícím nezbývalo nic jiného než se skrývat před pronásledovateli, kteří vraždili ve jménu křesťanství.

Řekl jsem jí, že víra v trojici pochází od pohanů, kteří nevěděli o Božích nařízeních, zákonech a přikázáních, a byla zavedena v roce 325 n. l., kdy první nicejský koncil ustanovil učení o trojici jako pravověrné a přijal Nicejské vyznání víry římské církve.

Trojice byla sestavena poté, co se sešlo 300 biskupů, kteří s ní přišli po šesti týdnech.

Nikdo nikdy nemůže změnit přikázání! Raná církev v knize Skutků vycházela ze starozákonní víry v absolutní Boží jednotu a z novozákonního zjevení Ježíše Krista jako jediného vtěleného Boha. Nový zákon byl dokončen a poslední z apoštolů zemřel ke konci prvního století. Na počátku čtvrtého století se hlavní učení o Bohu v křesťanství změnilo z biblické Boží Jednoty na zjevnou víru v trinitarismus.

Divím se, že jste se tak rychle vzdálili od toho, který vás povolal do Kristovy milosti, k jinému evangeliu: Které není jiné, ale jsou někteří, kteří vás obtěžují a chtějí převrátit evangelium Kristovo. Ale kdybychom vám my nebo anděl z nebe kázali jiné evangelium než to, které jsme vám zvěstovali, ať je proklet. Jak jsme řekli dříve, tak říkám i nyní: Kdyby vám někdo kázal jiné evangelium než to, které jste přijali, ať je proklet.
(Galatským 1:6-9)

Spisovatelé poapoštolské doby (90-140 n. l.) byli věrní biblickému jazyku, jeho používání a myšlení. Věřili v monoteismus, tedy v absolutní božství Ježíše Krista a ve zjevení Boha v těle.

Slyš, Izraeli: <u>*Hospodin, náš Bůh, je jediný Hospodin.*</u>
(5. Mojžíšova 6:4)

A beze sporu je velké tajemství zbožnosti: __*Bůh byl zjeven v těle*__*, ospravedlněn v Duchu, viděn anděly, zvěstován pohanům, uvěřen ve světě, přijat do slávy. (1. Timoteovi 3:16)*

Spojovali velký význam s Božím jménem a věřili ve křest ve jménu Ježíše. Raní konvertité z církve byli Židé; věděli, že Ježíš je "Beránek Boží". Bůh si oblékl tělo, aby mohl prolít krev.

*"Dávejte tedy pozor na sebe a na celé stádo, nad nímž vás Duch svatý ustanovil správci, abyste **pásli Boží církev**, kterou získal svou **vlastní krví** (Skutky 20,28).*

Jméno Ježíš znamená: Ježíš: hebrejsky Yeshua, řecky Yesous, anglicky Jesus. Proto Ježíš řekl.

Ježíš mu řekl: "Tak dlouho jsem s tebou, a ještě jsi mě nepoznal, Filipe?" "Kdo viděl mě, viděl Otce." "Jak tedy říkáš: Ukaž nám Otce?" zeptal se ho. (Jan 14,9)

Nepodporovali žádnou myšlenku trojice ani trojiční jazyk, jak jej později přijala římská církev. Ačkoli většina křesťanských církví dnes vyznává učení o trojici, v prvotní církvi stále převládá apoštolské učení o dni Letnic. Bůh nás varoval, abychom se neodvrátili od víry. Existuje jeden Bůh, jedna víra a jeden křest.

*"Jeden Pán, jedna víra, **jeden křest**, jeden Bůh a Otec všech, který je nade všemi, skrze všechny a ve všech." (Efezským 4,5-6)*

*"Ježíš mu odpověděl: "První ze všech přikázání je: Slyš, Izraeli, **Hospodin, náš Bůh, je jediný Pán**."" (Marek 12:29).*

*"Já jsem však Hospodin, tvůj Bůh z egyptské země, a nebudeš znát jiného boha než mne, neboť **kromě mne není jiného spasitele**." (Ozeáš 13,4)*

Křesťanství se odklonilo od konceptu Boží jednoty a přijalo matoucí učení o trojici, které je dodnes zdrojem sporů v křesťanském náboženství. Učení o Trojici tvrdí, že Bůh je jednotou tří božských osob - Otce, Syna a Ducha svatého. Odklonil se od pravdy a začal bloudit.

Když se začalo praktikovat učení o Trojici, zakrývalo "Ježíšovo jméno" před použitím při křtu. Jméno JEŽÍŠ je tak mocné, protože tímto jménem jsme spaseni:

Spasení není ani v jiném jménu než v JEŽÍŠI:

Ani v žádném jiném není spasení, neboť není pod nebem jiného jména daného lidem, v němž bychom mohli být spaseni. (Skutky4,12)

Existovali židovští a pohanští křesťané, kteří nechtěli přijmout tento křest titulů (Otec, Syn a Duch svatý). Církevní věk upadl do apostaze. (Co to znamenalo? odpadnutí od pravdy).

Odpadlictví je vzpourou proti Bohu, protože je vzpourou proti pravdě.

Porovnejme, co o této důležité věci říkají bible NASB a KJV.

Podtržená věta je odstraněna z NIV, NASB a dalších překladů Bible.

*"Ať vás nikdo v žádném případě neoklame, neboť to [Ježíšův návrat] nepřijde, pokud dříve nepřijde **odpadnutí** a nezjeví se člověk bezpráví, syn zkázy," (2. Tesalonickým 2:3).*

*"Ať vás nikdo nijak nesvede, neboť ten den (Ježíšův návrat) nepřijde, **ledaže by napřed přišel pád** a zjevil se ten člověk hříchu, syn zatracení." (2. Tesalonickým 2:3)*

Letušku velmi zajímalo, co ji učím. Vzhledem k časové tísni jsem jí však vysvětlil Jednotu Boha, abych jí v krátkém čase, který jsem měl k dispozici, plně porozuměl.

"Dejte si pozor, aby vás někdo nezkazil filozofií a marným svodem podle lidské tradice, podle základů světa, a ne podle Krista.

V něm totiž přebývá celá plnost božství tělesně."
(Koloským 2:8-9)

Satanovo sídlo (známé také jako Pergamos, Pergos nebo Pergemon):

Stevardce jsem také vysvětlil, jakou klíčovou roli hraje Turecko v dnešní době. Pergamon nebo Pergamum bylo starověké řecké město v dnešním Turecku, které se stalo hlavním městem Pergamonského království v helénistickém období za vlády dynastie Attalidů v letech 281-133 př. n. l.. Město stojí na kopci, kde se nachází chrám jejich hlavního boha Asklépia. Je zde socha sedícího Asklépia, který drží hůl a kolem ní se kroutí had. V knize Zjevení se píše o Pergamu, jedné ze sedmi církví. Jan z Patmosu o něm ve své knize Zjevení mluví jako o "Satanově sídle".

"Andělu církve v Pergamu pak napiš: Toto praví ten, který má ostrý meč o dvou ostřích: Znám tvé skutky i to, kde bydlíš, i to, kde je sídlo satanovo, a ty se pevně držíš mého jména a nezapřel jsi mou víru ani v těch dnech, kdy byl mým věrným mučedníkem Antipas, který byl zabit mezi vámi, kde sídlí satan. Mám však proti tobě několik věcí, protože tam máš ty, kdo se drží učení Balámova, který učil Baláka, aby před syny Izraele házel kámen úrazu, aby jedli věci obětované modlám a smilnili." (Zjevení 2,12-14)

Proč je dnes toto město tak důležité? Důvodem je, že když Kýros Veliký v roce 457 př. n. l. ovládl Babylon, král Kýros přinutil pohanské babylonské kněžstvo uprchnout na západ do PERGAMOSU v dnešním Turecku.

{Poznámka: Musíme se dívat na Izrael a na naplnění proroctví. Není divu, že syrský prezident Asad 6. července 2010 ve španělském Madridu varoval, že Izrael a Turecko jsou blízko války? Boží milovaný Izrael a Satanův (Sídlo) trůn se v dnešních zprávách setkávají.

Po rozhovoru s hosteskou v Pergamu jsem začal vyučovat o znovuzrození. Nikdy neslyšela nikoho mluvit jazyky (Duchem svatým). Dal jsem jí všechny informace, písma a seznam, kde může najít biblickou církev. Byla z této pravdy a zjevení tak nadšená. Teď jsem pochopil, proč jsem si nevysvětlitelně koupil letenku do Kalifornie, která nebyla přímá. Bůh vždy ví, co dělá, a já jsem se naučil, že ne vždy znám jeho záměr, ale později se mohu ohlédnout zpět a vidět, že měl celou dobu plán. Jakmile jsem přiletěl do Kalifornie, vystoupil jsem z letadla bez bolesti a bez horečky.

Otázka: Otázka: Co je apoštolské?

Letěl jsem z Dallasu-Ft. Worthu do Ontaria v Kalifornii. Po krátkém zdřímnutí jsem si všiml, že si paní vedle mě čte. S jistými obtížemi se snažila dívat ven, a tak jsem zvedl žaluzii u okna a ona byla spokojená. Hledal jsem příležitost, jak si s ní popovídat, a tak tímto gestem začal náš rozhovor, který trval téměř hodinu. Začal jsem jí vyprávět o svém svědectví.

Řekla, že se na něj podívá, až se ubytuje v hotelu. Začali jsme mluvit o kostele, když se přiznala, že do něj chodí jen občas. Také mi řekla, že je vdaná a má dvě dcery. Pak jsem jí řekl, že chodím do apoštolské letniční církve. V tu chvíli jsem si všiml, že se jí doširoka otevřely oči. Řekla mi, že nedávno s manželem viděli billboard o Apoštolské církvi. Nevěděli jsme, co to slovo (apoštolský) znamená, řekla. Vysvětlil jsem jí, že se jedná o učení, které ustanovil Ježíš v Janově evangeliu 3,5 a které je použito v knize Skutků apoštolských popisující prvotní církev apoštolského věku. Pevně věřím, že mě Bůh postavil vedle této paní, abych odpověděl právě na tuto otázku. Byla to příliš velká náhoda na to, aby to byla náhoda.

Apoštolský věk:

Předpokládá se, že se Kristus narodil před rokem 4 př. n. l. nebo po roce 6 n. l. a byl ukřižován mezi lety 30 a 36 n. l., tedy ve věku 33 let. Založení křesťanské církve se tedy odhaduje na svátek Letnic v květnu roku 30 n. l..

Apoštolský věk zahrnuje přibližně sedmdesát let (30 - 100 n. l.), které trvají ode dne Letnic do smrti apoštola Jana.

Od napsání Janových listů se první století vzdalovalo od pravdy. Do církví v prvním století vstoupila temnota. Kromě toho víme o tomto období církevních dějin jen velmi málo. Kniha Skutků apoštolů (2,41) zaznamenává letniční obrácení tří tisíc lidí během jediného dne v Jeruzalémě. Historie uvádí masové vraždění za Nerona. Křesťanští konvertité pocházeli z velké části z řad středních a nižších vrstev obyvatelstva, jako byli negramotní, otroci, obchodníci atd. Odhaduje se, že v době Konstantinovy konverze mohl počet křesťanů na základě tohoto římského dekretu dosáhnout více než jedenácti milionů, tedy jedné desetiny celkového počtu obyvatel Římské říše, což je pro křesťanství obrovský a rychlý úspěch. To mělo za následek kruté zacházení s křesťany žijícími v nepřátelském světě.

Ježíš učil, že bychom se měli milovat navzájem jako sami sebe a že v jeho jménu dojde ke spasení a pokání z hříchu.

A aby se v jeho jménu hlásalo pokání a odpuštění hříchů mezi všemi národy, počínaje Jeruzalémem. (Lukáš 24:47)

Apoštolové převzali Ježíšovo učení a použili je v den Letnic, poté se vydali hlásat Ježíše nejprve Židům a pak pohanům.

*"Dávejte tedy pozor na sebe a na celé stádo, nad nímž vás Duch svatý ustanovil správci, abyste **pásli Boží církev, kterou získal svou vlastní krví**. Vím totiž, že po mém odchodu mezi vás vstoupí zlí vlci, kteří nebudou šetřit stádo. Také z vás samých povstanou lidé, kteří budou mluvit převrácené věci, aby za sebou strhli učedníky. Proto bděte a pamatujte, že jsem po tři roky nepřestal každého varovat ve dne v noci se slzami." (Skutky 20,28-31)*

Ne všichni se podřídili Konstantinovu dekretu o Římské říši.

Byli i tací, kteří se řídili původním učením apoštolů a nechtěli přijmout "konverzi" stanovenou v Konstantinově dekretu. Dekret obsahoval náboženské tradice, které vznikly během římských církevních koncilů, spolu se změnami, které překrucovaly pravdu prvotní církve. Tito lidé, kteří tvořili koncily, jež navrhly Konstantinův dekret, nebyli pravými znovuzrozenými věřícími.

Proto se dnes mnoho církví nazývá apoštolskými nebo letničními a následuje učení apoštolů.

"Ne mnoho moudrých podle těla, ne mnoho mocných, ne mnoho urozených bylo povoláno, ale Bůh si vyvolil bláznivé věci světa, aby zahanbil moudré; a Bůh si vyvolil slabé věci světa, aby zahanbil silné věci; a nízké věci světa a věci, které jsou v opovržení, si Bůh vyvolil, ano i ty, které nejsou, aby zahanbil ty, které jsou, aby se žádné tělo nechlubilo před Bohem." (1 Kor 1,26-29)

Mezináboženské

Dnes máme novou hrozbu proti Božím zásadám. Říká se jí "mezináboženská". "Interfaith" tvrdí, že je důležité vzdávat úctu **všem bohům**. Rozdělená loajalita a rozdělená úcta jsou pro mezináboženství přijatelné. Můžeme mít jeden druhého v úctě jako jednotlivce a milovat se, i když spolu nesouhlasíme; Bible však jasně jako křišťál hovoří o "Boží žárlivosti", která vyžaduje výlučnou oddanost Bohu a vzdávání úcty jiným bohům je osidlem.

"Dávejte si pozor, abyste neuzavřeli smlouvu s obyvateli země, do níž jdete, aby se vám to nestalo osidlem uprostřed vás." "Zboříte jejich oltáře, rozbijete jejich obrazy a vykácíte jejich háje: Neboť žádnému jinému bohu se nebudeš klanět, neboť Hospodin, jehož jméno je Žárlivý, je Bůh žárlivý: Abyste neuzavřeli smlouvu s obyvateli země a oni nechodili za svými bohy a neobětovali jejich bohům, a jeden by tě nezavolal, a ty bys jedl z jeho oběti."
(2. Mojžíšova 34,12-15)

Ďábel přišel s klamnou vírou "víry mezi lidmi", aby oklamal vyvolené. Ví, jak manipulovat moderním člověkem pomocí svého vlastního zařízení politické korektnosti, když ve skutečnosti dochází k uzavření smlouvy uznáním nebo vzdáním úcty jejich falešným bohům, modlám a obrazům.

Kapitola 18

Duchovní služba v Bombaji, Indie
"Muž velké víry"

Někdy před rokem 1980 jsem si jel do indické Bombaje pro vízum, abych mohl vycestovat ze země. Když jsem cestoval vlakem přes Bombaj, všiml jsem si, že projíždíme chudinskou čtvrtí s velmi chudými lidmi a chatrčemi. Nikdy předtím jsem neviděl tak žalostné životní podmínky s lidmi žijícími v příšerné chudobě.

Na začátku jsem uvedl, že jsem vyrůstal v přísně věřící rodině. Můj otec byl lékař a matka zdravotní sestra. Přestože jsme byli věřící a já jsem četl hodně z Bible, neměl jsem v tomto období svého života Ducha svatého. Mé srdce se trápilo, když na mě dolehlo břemeno Pána. Od toho dne jsem nesl toto břemeno za tyto lidi, kteří byli v těchto slumech bez naděje. Nechtěla jsem, aby někdo viděl mé slzy, a tak jsem sklopila hlavu a skryla tvář. Chtěl jsem jen usnout, ale moje břemeno za tyto lidi jako by bylo větší než národ. Modlil jsem se a ptal jsem se Boha: "Kdo půjde těmto lidem zvěstovat evangelium?" Bůh mi odpověděl: "Já. Přemýšlel jsem o tom, že bych se sám bál do této oblasti přijít. Tehdy jsem nechápal, že Boží ruka je tak velká, že může zasáhnout kohokoli a kdekoli. Tehdy jsem ještě netušil, že mě Bůh v následujících letech na toto místo znovu přivede. Po návratu do Ameriky a o 12 let později jsem měl v srdci stále břemeno za lidi žijící v bombajských slumech.

Indiánským zvykem i zvykem naší rodiny bylo vždy přijmout duchovní do našeho domu, dát jim najíst, zaopatřit je a darovat jim příspěvek. Býval jsem metodistou, ale nyní jsem obdržel zjevení pravdy a nebylo kompromisu. Moje rodina očekávala příjezd indického kazatele, který byl na návštěvě v Americe. Čekali jsme, ale nedorazil včas. Musel jsem jít do práce a propásl jsem příležitost se s ním setkat, ale máma mi později řekla, že byl velmi upřímný. Následujícího roku 1993 přijel tentýž duchovní k nám domů do West Coviny v Kalifornii podruhé. Tentokrát mu můj bratr řekl, že se musí setkat s jeho sestrou, protože je věrná Božímu slovu a rodina si váží její víry a přesvědčení o Bohu. To byl den, kdy jsem se setkal s pastorem Chackem. Začali jsme diskutovat o křtu a jeho víře v Boží slovo. Pastor Chacko mi řekl, že křtí úplným ponořením do vody ve jménu Ježíše a že nepřistoupí na žádný jiný druh křtu. Velmi mě potěšilo a nadchlo, že tento Boží muž to dělá biblickým způsobem apoštolské prvotní církve. Poté mi předal pozvání k návštěvě Bombaje v Indii, kde žije.

Vyprávěl jsem svému pastorovi o silném přesvědčení pastora Chacka o Božím slově a o jeho návštěvě u nás doma. Toho večera přišel pastor Chacko navštívit náš sbor a můj pastor ho požádal, aby před shromážděním řekl několik slov. O práci, kterou pastor Chacko v Bombaji vykonává, byl velký zájem, takže ho můj sbor začal finančně podporovat a podporovat našimi modlitbami. Naše církev byla misijně zaměřená. Vždy jsme platili misii stejně jako desátky. Bylo to úžasné, jak do sebe všechno začalo zapadat a Bombaj teď měla podporu od mého místního sboru v Kalifornii.

Následující rok mě Bůh poslal do Indie, a tak jsem přijal nabídku pastora Chaca navštívit církev a jeho rodinu v Bombaji. Když jsem přijel poprvé, pastor Čako mě přišel vyzvednout z letiště. Odvezl mě do hotelu. Bylo to také v místě, kde se scházeli na bohoslužby, a ve stejném slumu, kterým jsem v roce 1980 projížděl vlakem. Teď se psal rok 1996 a moje srdečná modlitba plná naděje pro tyto krásné duše byla vyslyšena. Pastor Chacko byl velmi pohostinný a podělil se se mnou o své břemeno a touhu vybudovat církev. Mohl jsem navštívit další sbory a byl jsem požádán, abych před odjezdem do cílového města Ahmadábádu promluvil před shromážděním. Byl jsem velmi zarmoucen životními podmínkami církve v Bombaji. Jeden katolický otec poskytl pastoru Chackovi třídu pro nedělní bohoslužby.

Lidé byli velmi chudí, ale já jsem měl radost, že jsem mohl pozorovat malé krásné děti, které chválily Boha a sloužily mu. Jedly společně jen s malým kouskem chleba, který jim byl podáván, a vodou na pití. Byl jsem pohnut soucitem, abych jim koupil jídlo, a požádal jsem je, aby mi dali seznam věcí, které potřebují. Udělal jsem vše, co jsem mohl, abych uspokojil potřeby na tomto seznamu. Po dlouhém letu do Indie mě poctili svými modlitbami. Jeden bratr z církve se nade mnou modlil a já jsem cítil, jak na mé zesláblé a nevyspalé tělo okamžitě působí moc Ducha svatého jako elektřina. Cítil jsem se osvěžený, protože se mi vrátila síla a bolesti v celém těle zmizely. Jejich modlitby byly tak mocné, že jsem byl požehnán víc, než dokážu vysvětlit. Dali mi víc, než jsem jim dal já. Než jsem odletěl zpět do Ameriky, opustil jsem Ahmadábád a vrátil se do Bombaje, abych ještě jednou navštívil pastora Chacka. Dal jsem mu všechny rupie, které mi zbyly, jako dar pro něj a jeho rodinu.

Naštěstí mi svědčil o své ženě, která se vážně styděla, když šla kolem obchodu, kde dlužili peníze. Šla s hlavou zahanbeně sklopenou, protože nebyli schopni tento dluh zaplatit. Pastor Chacko mi také vyprávěl o vzdělání svého syna. Dlužné poplatky ve škole byly splatné a jeho syn by nemohl pokračovat ve škole. Viděl jsem, že situace je pro rodinu zdrcující. Bůh mě pohnul k tomu, abych přispěl, a dar, který jsem věnoval, byl více než dostačující k tomu, aby se postaral o obě záležitosti a ještě o hojnost dalších. Chvála Bohu!

"Chudých a sirotků se zastávejte, souženým a potřebným prokazujte spravedlnost. Vysvoboďte chudé a nuzné, vyrvěte je z rukou bezbožníků." (Žalmy 82,3-4)

Když jsem se vrátil do Kalifornie, modlil jsem se a plakal nad tímto malým sborem a jeho lidmi. Byl jsem tak zlomený, že jsem Boha požádal o souhlas dvou nebo tří, aby se dotýkali všeho, o co požádají.

"Amen, říkám vám, že cokoli svážete na zemi, bude svázáno v nebi, a cokoli rozvážete na zemi, bude rozvázáno v nebi. Opět vám říkám, že pokud se dva z vás dohodnou na zemi ohledně čehokoli, o co budou prosit, stane se jim to od mého Otce, který je v nebesích. Neboť kde jsou dva nebo tři shromážděni v mém jménu, tam jsem já uprostřed nich." (Matouš 18,18-20)

Bylo mým břemenem a starostí pomáhat Boží církvi v Bombaji, ale potřeboval jsem se o své břemeno s někým podělit. Jednoho dne se mě moje spolupracovnice Karen zeptala, jak se mohu tak dlouho modlit? Zeptal jsem se Karen, zda by se také nechtěla naučit modlit delší dobu, budovat svůj modlitební život a postit se se mnou. Milostivě souhlasila a stala se mou modlitební partnerkou. Karen také sdílela mé břemeno pro Bombaj. Když jsme se začali modlit a postit, začala toužit po delších modlitbách a půstu. V té době nechodila do žádné církve, ale to, co dělala duchovně, brala velmi vážně a upřímně. Modlili jsme se během polední pauzy a po práci jsme se scházeli k modlitbám na hodinu a půl v autě. O několik měsíců později mi Karen řekla, že přišla k penězům z pojištění, protože jí zemřel strýc. Karen je velmi dobrosrdečná a dárcovská a řekla, že z těchto peněz chce platit desátky tím, že je věnuje službě v Bombaji. Peníze byly poslány pastoru Chackovi na zakoupení objektu, kde mohou mít vlastní kostel. Koupili malou místnost, která se používala pro satanistické bohoslužby. Vyčistili ji a obnovili pro svou církev. Následující rok jsme se s Karen vydali do Bombaje na slavnostní vysvěcení kostela. Byla to vyslyšená modlitba, protože Karen, která nyní slouží Pánu, je silná ve víře. Chvála Bohu!

Církev v Bombaji se rozrůstala, a tak pastor Chacko požádal o pomoc s darem na koupi malého pozemku vedle kostela. Pastor Chacko měl velkou víru v růst církve a v Boží dílo. Tento pozemek patřil katolické církvi. Pastor Chacko a kněz měli přátelský vztah a kněz byl ochoten tento pozemek prodat pastoru Chackovi. Pastor Chacko nedostal dar, o kterém věřil, že mu ho Bůh poskytne. Bůh ví všechno a dělá věci po svém a lépe, než si vůbec dokážeme představit!

O několik let později došlo k nepokojům mezi hinduisty a křesťany po celé Indii. Hinduisté se snažili křesťanů z Indie zbavit. Výtržníci přišli do kostela během dopoledne s policií, která je podporovala. Začali kostel ničit, ale pastor Čačko a členové církve je prosili, aby to nedělali kvůli nim samotným, protože je to pro ně nebezpečné ničit dům všemohoucího Boha. Výtržníci pokračovali v ničení všeho, co jim přišlo pod ruku, a nedbali varování a proseb lidí, dokud kostel zcela nezničili. Po zbytek dne se členové kostela této velmi známé a zákeřné skupiny báli, protože věděli, že jejich vlastní životy jsou v nebezpečí.

Cítili smutek z toho, že už nemají svůj kostel, když se tak dlouho modlili, aby měli vlastní místo, kde by mohli uctívat Boha. Bylo to místo, kde viděli, jak Bůh koná zázraky, vyhání démony a hříšníkům zvěstuje spasení. Ještě té noci, přibližně o půlnoci, někdo zaklepal na dveře pastora Chacka. Zmocnil se ho strach, když uviděl, že je to vůdce této nechvalně známé skupiny, která předtím zničila kostel. Pastor Chacko si myslel, že ho určitě zabijí a že to bude jeho konec. Modlil se a prosil Boha o odvahu otevřít dveře a o ochranu. Když otevřel dveře, ke svému překvapení spatřil muže, který se slzami v očích prosil pastora Chacka, aby jim odpustil za to, co dříve toho dne provedli jeho kostelu.

Muž dále pastoru Chackovi vyprávěl, že po zničení kostela zemřela manželka vedoucího. Jednomu z výtržníků usekl stroj ruku. Proti lidem, kteří kostel zničili, se začaly dít věci. Mezi výtržníky panoval strach z toho, co provedli proti pastoru Chackovi a jeho Bohu! Bůh řekl, že bude bojovat v našich bitvách, a tak také učinil. Náboženští hinduisté a křesťané v Indii jsou bohabojní lidé, kteří udělají cokoli, aby věci napravili. Kvůli tomu, co se dělo hinduistům za účast na zničení kostela, se stejní výtržníci ze strachu vrátili, aby kostel znovu postavili. Zabrali také majetek, který patřil katolické církvi. Nikdo proti nim nevystoupil ani si nestěžoval. Výtržníci sami kostel znovu postavili, poskytli materiál a veškerou práci bez pomoci církve. Když byl kostel dokončen, byl větší a místo jednoho patra měl dvě.

Bůh odpověděl na modlitbu pastora Chacka a on říká: "Ježíš nikdy nezklame." Pokračovali jsme v modlitbách za Bombaj. Dnes je zde 52 kostelů, sirotčinec a dvě denní centra díky víře a modlitbám mnoha lidí, kteří mají břemeno za Indii. Začal jsem přemýšlet o tom, jak hluboce se mého srdce dotkla cesta vlakem v roce 1980. Netušil jsem, že Bůh má oči upřené na tuto část mé země a přináší lásku a naději lidem z bombajských slumů prostřednictvím neochvějných modliteb a Boha, který naslouchá srdci. Na začátku jsem říkal, že mé břemeno je velké jako celý národ. Vážím si Boha za to, že mi toto břemeno dal. Bůh je velký stratég. Nestalo se to okamžitě, ale v průběhu šestnácti let se děly věci pro mě neznámé, protože On pokládal základy pro výsledky vyslyšených modliteb, a to vše v době, kdy jsem žil v Americe.

Bible říká, že se modlete bez přestání. Důsledně jsem se modlil a postil za probuzení po celé Indii. Moje země procházela duchovní proměnou pro Pána Ježíše.

Webové stránky pastora Chacka jsou:
http://www.cjcindia.org/index.html.

Kapitola 19

Ministerstvo v Gudžarátu!

Koncem 90. let jsem navštívil město Ahmedábád ve státě Gudžarát. Při své poslední návštěvě indické Bombaje jsem cítil, že jsem pro tamní práci něco udělal. Později jsem při této cestě navštívil město Ahmedábád a byl jsem svědkem. Věděl jsem, že většina lidí jsou trinitáři. Všechny mé kontakty byly trinitářské. Mnoho let jsem se modlil, abych mohl tuto pravdu přinést do Indie. Moje první modlitba zněla: Chci získat někoho jako Pavla nebo Petra, aby moje práce byla snazší a mohla pokračovat. Vždy jsem se modlil s plánem a vizí. Než navštívím nějaké místo, modlím se a postím, zvláště když jedu do Indie. Vždy se modlím a postím tři dny a noci bez jídla a vody nebo dokud nejsem naplněn Duchem. To je biblický způsob půstu.

Ester 4:16 Jděte, shromážděte všechny Židy, kteří jsou v Šúšanu, a postěte se kvůli mně a tři dny nejezte ani nepijte, ve dne ani v noci: I já a mé děvečky se budeme postit stejně, a tak vejdu ke králi, což není podle zákona, a pokud zahynout, zahynout.

Jonáš 3:5 Ninivský lid tedy uvěřil Bohu, vyhlásil půst a oblékl se do žíní, od největšího z nich až po nejmenšího. 6 Došla totiž zpráva k ninivskému králi: vstal ze svého trůnu, odložil od sebe plášť, přikryl se žíní a sedl si na popel. 7 Dal to vyhlásit a zveřejnit po Ninive nařízením krále a jeho velmožů: "Ať člověk ani zvíře, stádo ani dobytek nic neokusí, ať nekrmí a nepijí vodu." 8 A tak se stalo, že se král a jeho velmoži rozhodli, že se v Ninive postí:

Indii pohltila duchovní temnota. Neodvážili byste se tam jít, pokud byste nebyli plní Božího Ducha. Před několika lety, v devadesátých letech, mě seznámili s br. Kristiánem v kampusu nějaké trinitární bohoslovecké fakulty. Během této návštěvy mě napadla většina trinitářských pastorů. Bylo to mé první setkání s bratrem Christianem. Místo toho, aby řekli: Chvalte Pána! Zeptal jsem se ho: "Co kážeš?". "Křtíte ve jménu Ježíše"? Odpověděl: "Ano". Chtěl jsem vědět, jak k této pravdě přišel. Tak řekl: "Bůh mi zjevil pravdu, když jsem se jednou brzy ráno klaněl Bohu na místě zvaném Malek Saben Stadium. Bůh ke mně jasně promluvil o křtu jménem Ježíš".

Během této návštěvy jsem vytiskl a rozdal více než několik tisíc brožurek vysvětlujících křest vodou v Ježíši. To církevní autority rozzlobilo. Náboženští vedoucí začali proti mně kázat. Řekli : "Rozhodně ji vyhoďte ze svého domu. Ať bych přišla kamkoli, všichni by mluvili proti mně. Pravda ďábla rozzlobí, ale Boží slovo říká: 'A poznáte pravdu a pravda vás osvobodí'. Setkání s br. Christianem mi pomohlo šířit pravdu. Chvála Bohu za to, že poslal do Indie pastora jednoty, který by učil a kázal pravé evangelium.

Po této návštěvě Indie v roce 1999 jsem se stal invalidou a nemohl jsem se do Indie vrátit. Práce se však **rozbíhala**. Brzy na mě všichni ti lidé, kteří proti mně mluvili, zapomněli a nyní již zemřeli. V době tohoto fyzického postižení jsem nahrál všechna CD Hledání pravdy, jednoty a učení a rozdával je zdarma. Byl jsem na invalidním vozíku a ztratil jsem paměť, a tak jsem rozšířil svou službu o nahrávání knih. Bylo těžké sedět, ale s pomocí Pána jsem dokázal to, co jsem fyzicky nedokázal. Závislost na Pánu vás zavede na nové cesty a dálnice. Čelíme všem výzvám. Boží moc je úžasná, že nic nemůže zastavit pomazání. Poselství, proti němuž se tak tvrdě bojovalo, se nyní přehrávalo v domácnostech na nahraných CD. Chvála Bohu! K mé radosti a úžasu se mnoho lidí dozvědělo o biblickém učení a Boží jednotě.

Mnoho let jsem se modlil a postil, aby Indie získala lásku k pravdě. Také aby v každém státě Indie svobodně hlásala Ježíšovo evangelium. Měl jsem silnou touhu přinést jim poznání pravdy prostřednictvím překladu biblických studií z angličtiny do gudžarátštiny. Gudžarátština je v tomto státě mluveným jazykem. V Indii jsem našel překladatele, kteří mi ochotně pomohli s překladem těchto biblických studií. Jeden takový překladatel, který byl sám pastorem, chtěl změnit biblický křest z biblického křtu apoštolské prvotní církve vynecháním jména JEŽÍŠ na Otec, Syn a Duch svatý. To je název jediného pravého Boha. Začalo být obtížné důvěřovat svému překladateli, že zachovává přesnost Božího slova. Bible nás jasně varuje, abychom do Písma svatého nic nepřidávali ani z něj nic neubírali. Od Starého zákona až po Nový zákon nesmíme měnit Boží slovo na základě lidského výkladu. Musíme se řídit pouze Ježíšovými příklady a učením apoštolů a proroků.

Efezským 2:20 A jsou postaveni na základu apoštolů a proroků, přičemž úhelným kamenem je sám Ježíš Kristus;

Byli to učedníci, kteří šli kázat a učit Ježíšovo evangelium. Musíme následovat učení apoštolů a věřit, že Bible je neomylné a autoritativní Boží slovo.

Deuteronomium 4:1 Nyní tedy poslouchej, Izraeli, ustanovení a soudy, kterým tě učím, abys je plnil, abys byl živ a vešel a obsadil zemi, kterou ti dává Hospodin, Bůh tvých otců. 2 Ke slovu, které vám přikazuji, nic nepřidáte a nic z něj neubereš, abys zachovával přikázání Hospodina, svého Boha, která ti přikazuji.

Rozhodl jsem se zde uvést, že je velký rozdíl mezi tím, co dnes považujeme za pravdu, a tím, co učila prvotní církev. Již v raných církevních dějinách se podle Pavlových dopisů církvím někteří od zdravého učení odvraceli. Mnoho verzí Bible se změnilo tak, aby odpovídaly ďáblovu učení. Já jsem dal přednost KJV, protože se jedná o 99,98% přesný překlad blízký původním svitkům.

Pozorně si přečtěte a prozkoumejte následující verše z Písma:

2 Petr 2:1 Ale byli i falešní proroci v lidu, jako budou i mezi vámi falešní učitelé, kteří soukromě budou zavádět zatracená kacířství, zapírajíce Pána, který je vykoupil, a přivedou na sebe rychlou záhubu. 2 A mnozí budou následovat jejich zhoubné cesty, kvůli nimž se o cestě pravdy bude mluvit špatně. 3 A skrze chamtivost vás budou falešnými slovy obírat, jejichž soud se nyní dlouho nezdržuje a jejich zatracení se nezadrhává.

Po zjevení Ježíšovy totožnosti dal apoštolu Petrovi klíče od Království a v den Letnic pronesl své první kázání. Varoval nás před podvodníky, kteří mají podobu zbožnosti a neřídí se učením apoštolů a proroků. Jeden věřící Bůh nemůže být Antikrist, protože věděli, že Jehova jednou přijde v těle.

2 Jan 1:7 Na svět totiž vstoupilo mnoho bludařů, kteří nevyznávají, že Ježíš Kristus přišel v těle. To je bludař a antikrist. 8 Dívejte se sami na sebe, abychom neztratili to, co jsme vykonali, ale abychom dostali plnou odměnu. 9 Každý, kdo přestupuje a nezůstává v Kristově učení, nemá Boha. Kdo zůstává v Kristově učení, ten má Otce i Syna. 10 Přijde-li k vám někdo, kdo nepřináší toto učení, nepřijímejte ho do svého domu, ani mu nepřejte, aby byl zdráv. 11 Neboť ten, kdo mu přeje, aby byl zdráv, má podíl na jeho zlých skutcích. 12 Neboť kdo mu přeje, aby byl zdráv, má podíl na jeho zlých skutcích.

V Indii se konalo mnoho konferencí, na které jezdili kazatelé ze Stocktonské biblické koleje a dalších států, aby předávali poselství o znovuzrození. Páter McCoy, který měl povolání kázat v Indii, odvedl skvělou práci a kázal na mnoha místech v Indii. Díky mnoha hodinám modliteb a půstu pokračovala úspěšná indická služba od roku 2000. Vzpomněl jsem si, jak jsem volal jednomu kazateli, pastoru Millerovi, na kterého mě odkázal ředitel zahraniční misie v Asii. Když jsem mu volal domů, řekl mi, že se mi chystá zavolat, aby mi oznámil, že byl před šesti měsíci v Kalkatě a Západním Bengálsku. Chtěl jet také do Ahmedábádu, ale kvůli nemoci se vrátil do Ameriky. Pastor Miller laskavě řekl, že se chce vrátit do Indie, ale musí se o tom modlit a ptát se Boha, zda je jeho povolání pro tuto zemi. Podruhé se do Indie vrátil a kázal na dvou generálních konferencích. Jak Bůh mocně hýbal s gudžarátským lidem tohoto státu.

Pastor Christian řekl, že je velmi obtížné v tomto státě prosadit Boží dílo. Modlete se prosím za kazatele, kteří čelí obrovskému boji. Pán koná ve státě Gudžarát velké dílo. Ďábel nebojuje proti nevěřícím, protože je již získal! Útočí na ty, kteří mají pravdu; na věrné vyvolené Pána. Ježíš zaplatil cenu svou krví, abychom mohli získat odpuštění neboli odpuštění svých hříchů. Ďábel bude ještě silněji bojovat proti službě (služebníkům) tím, že bude útočit na muže i ženy. Ďábel používá jakékoli zvrácené prostředky, aby je přivedl do stavu padlého hříchu a odsouzení.

Jan 15:16 Ne vy jste si vyvolili mne, ale já jsem vyvolil vás a ustanovil jsem vás, abyste šli a nesli ovoce a aby vaše ovoce zůstalo, aby vám Otec dal všechno, o co byste ho v mém jménu prosili.

Jednou spasený, navždy spasený je také další ďáblova lež. V letech 1980 až 2015 jsem několikrát navštívil Indii. V tomto národě došlo k mnoha změnám. Když začínáte nějaké Boží dílo, nezapomeňte, že vytváříte Ježíšovy učedníky, což je pokračování díla, které započal Ježíš a jeho učedníci. Kdybychom pokračovali v následování evangelia Ježíše Krista, získali bychom už celý svět.

V roce 2013 mě Bůh podle svého plánu přesunul do církve v Dallasu, Tax. Seděl jsem pod pravým Božím prorokem. Měl devět darů od Božího Ducha. Díky Duchu svatému přesně poznává vaše jméno, adresu, telefonní číslo atd. Bylo to pro mě něco nového. V roce 2015 se na mě jednoho nedělního rána podíval můj pastor v texaském Dallasu a řekl: Vidím anděla, který otevírá velké dveře, které žádný člověk nemůže zavřít. Zavolal si mě a zeptal se: Jedeš na Filipíny? Řekl, že jsem tam neviděl ani černé, ani bílé lidi. Když obdržel další informace od Ducha svatého, zeptal se pak, zda jedete do Indie? Duch svatý k němu promluvil a řekl, že budu sloužit hinduistům. V té době byli křesťané v Indii v nebezpečí. Hinduisté útočili na křesťany tím, že vypalovali jejich svatyně a bili Ježíšovy pastory a svaté.

Věřím v proroctví, a tak jsem poslechl Boží hlas a odjel do Indie. Když jsem dorazil na vysokou školu v Badlapuru, 98 % studentů byli hinduisté, kteří konvertovali ke křesťanství. Ohromilo mě, když jsem slyšel jejich svědectví o tom, jak Bůh vyvádí lidi z temnoty ke světlu. Díky jejich svědectvím jsem se dozvěděl mnoho o hinduismu. Ohromilo mě, když jsem slyšel, že věří ve 33 milionů a více bohů a bohyň. Nemohl jsem pochopit, jak může někdo věřit, že existuje tolik bohů a bohyň.

V roce 2015 jsem se po 23 letech vrátil do Badlapuru v Bombaji, abych učil na biblické škole. Sloužím tam překladateli biblické koleje, bratru Sunilovi. Bratr Sunil byl v přechodném období. Bratr Sunil byl sklíčený, nevěděl, že Bůh mění jeho směřování, a byl znechucený. Při práci s ním jsem poznal, že má pravdu a lásku k ní. Nikdy se neodchylujte od biblické pravdy. Nechte se vést, vést, učit a zmocňovat Duchem svatým, abyste byli svědky zázraků a uzdravení. Indie stále potřebuje mnoho dělníků, pravých proroků a učitelů. Modlete se, aby Bůh do Indie poslal mnoho dělníků.

Během této misijní cesty jsem navštívil město Vyara v jižním Gudžarátu. Slyšel jsem, že v jižním Gudžarátu probíhá velké probuzení. Bůh mi otevřel dveře, abych tam zavítal. Byl jsem velmi nadšený, že jsem tam mohl být, a setkal jsem se s mnoha modloslužebníky, kteří se nyní obracejí k jedinému pravému Bohu. Je to proto, že obdrželi uzdravení, vysvobození a spasení skrze Ježíšovo jméno. Jak velký je náš Bůh!

Mnoho lidí se za Indii modlí a postí. Prosím, modlete se za probuzení. Během návštěvy ve Vjaře mě pastor pozval k sobě domů. Modlil jsem se nad ním a mnozí z překážejících duchů se rozešli. Poté se zbavil starostí, pochybností, tíhy a strachu. Bůh skrze mě prorokoval, že postaví dům pro modlitbu. Pastor řekl, že nemáme peníze. Bůh mi řekl, že se postará. Do roka měli velkou krásnou modlitebnu a my jsme ji zaplatili. Boží slovo se nevrací neplatné.

Při své poslední návštěvě Indie v roce 2015 jsem sloužil mnoha hinduistům, kteří se obrátili ke křesťanství v různých státech. Sloužil jsem také mnoha nekřesťanům, kteří zažili znamení a zázraky konané ve jménu Ježíše a žasli. Viděl jsem mnoho let modliteb s postními odpověďmi za Indii. Chvála Bohu! Od chvíle, kdy jsem obdržel zjevení této pravdy, nepřetržitě pracuji na tom, abych tyto informace poskytoval prostřednictvím CD, audia, videa, kanálu YouTube a knih pro zemi Indie. Naše tvrdá práce není marná!

Později jsem se dozvěděl, že bratr Sunil přijal povolání pastora pro Bombaj a okolní města. Nyní spolupracuji s pastorem Sunilem a dalšími místy, která jsem navštívil v roce 2015. Založili jsme mnoho svatyní ve státě Mahárášra a Gudžarát. I dnes pokračuji v kázání nově obrácených v těchto státech. Podporuji je modlitbami a vyučováním. Finančně podporuji Boží dílo v Indii.

Mnozí z těchto lidí chodí k šamanům, když jsou nemocní, ale neuzdraví se. Proto mi každé ráno volají a já jim sloužím, modlím se a vyháním démony ve jménu Ježíše. Jsou uzdravováni a osvobozováni ve jménu Ježíše. Máme mnoho nových konvertitů v různých státech. Jak jsou uzdravováni a vysvobozováni, chodí svědčit svým rodinám, přátelům a do svých vesnic, aby přivedli další ke Kristu. Mnozí z nich mě žádají, abych jim poslal obrázek Ježíše. Říkali, že bychom rádi viděli Boha, který uzdravuje, osvobozuje a dává spasení zdarma. Boží dílo může pokračovat, pokud budeme mít dělníky. Mnozí z nich pracují na farmě. Mnozí jsou negramotní, a tak poslouchají nahrávky Nového zákona a biblická studia. To jim pomáhá poznávat a učit se o Ježíši.

Poslední sobotu v listopadu 2015 jsem se vrátil ze služby v Indii pozdě. Byl jsem rozhodnutý zůstat v neděli a v pondělí doma, abych se sbalil a připravil na další cestu do SAE. Jak nade mnou prorokoval pastor v Dallasu: "Viděl jsem anděla, jak otevírá obrovské dveře, které nikdo nedokáže zavřít". Ukázalo se, že ani já ty dveře nedokážu zavřít. V sobotu pozdě večer mi zavolali a pozvali mě na nedělní bohoslužby, ale nevešlo se to do mého rozvrhu, a tak jsem se jim to snažil vysvětlit, ale oni nechtěli přijmout NE jako odpověď. Nezbylo mi nic jiného než jít. Druhý den ráno mě vysadili u svatostánku v 9 hodin, ale začíná se až v 10 hodin. Byla jsem tam sama a jeden hudebník si zrovna nacvičoval písničky.

Když jsem se modlil, viděl jsem ve svatyni mnoho duchů hinduistických bohů a bohyň. Přemýšlel jsem, proč jich je na tomto místě tolik. Kolem desáté hodiny začal přicházet pastor a členové. Zdravili mě podáním ruky. Když mi pastor potřásl rukou, okamžitě jsem se v srdci cítil zvláštně. Měl jsem pocit, že se zhroutím. Později mi Duch svatý řekl, že na pastora útočí ti démoni, které jste viděli dříve. Začal jsem se modlit a prosit Boha, aby mi dovolil sloužit tomuto pastorovi. Uprostřed bohoslužby mě požádali, abych vystoupil a promluvil. Zatímco jsem kráčel ke kazatelně, modlil jsem se a prosil Pána, aby skrze mě mluvil. Když jsem dostal mikrofon, vysvětlil jsem pastorovi, co mi Bůh ukázal a co se děje. Když pastor poklekl, požádal jsem shromáždění, aby k němu natáhlo ruku a modlilo se. Mezitím jsem na něj položil ruku a modlil se a všichni démoni odešli. Svědčil, že předchozí noc byl na pohotovosti. Postil se a modlil se za mladé lidi. To byl důvod, proč byl pod tímto útokem. Sláva Bohu! Jak důležité je být v souladu s Božím Duchem! Jeho Duch k nám promlouvá.

Odtud jsem 1. prosince 2015 odjel do SAE. V Dubaji a Abú Dhabí jsem sloužil hinduistům, kteří také zakusili Boží moc. Po skončení svého úkolu jsem se vrátil do Dallasu v Texasu.

Chvála Bohu!

Moje kanály na YouTube:Denní duchovní strava:

1. youtube.com/@dailyspiritualdietelizabet7777/videos
2. youtube.com/@newtestamentkjv9666/videa mp3
3. Webové stránky: https://waytoheavenministry.org

Kapitola 20

Pastýř naší duše: Zvuk polnice

Já jsem dobrý pastýř, znám své ovce a znám je.
(Jan 10:14)

Ježíš je pastýřem naší duše. Jsme tělo a krev s živou duší. Jsme na této zemi jen na okamžik v Boží mčase. Za okamžik, v mžiku oka, vše skončí se zvukem "polnice", kdy budeme proměněni.

"Nechci však, bratři, abyste byli v nevědomosti o těch, kteří zesnuli, abyste se nermoutili jako jiní, kteří nemají naději. Věříme-li totiž, že Ježíš zemřel a vstal z mrtvých, pak i ty, kdo v Ježíši spí, Bůh přivede s ním. Neboť to vám říkáme slovem Páně, že my, kteří jsme živí a zůstáváme do příchodu Páně, nebudeme bránit těm, kteří zesnuli. Neboť sám Pán sestoupí z nebe s křikem, s hlasem archanděla a s Boží polnicí, a mrtví v Kristu vstanou první: Potom my, kteří jsme živí a zůstáváme, budeme spolu s nimi uchváceni v oblacích, abychom se setkali s Pánem v povětří, a tak budeme navždy s Pánem. Proto se navzájem utěšujte těmito slovy." (1. Tesalonickým 4,13-18)

Pouze ti, kdo mají Ducha Božího (Ducha svatého), budou oživeni a vzkříšeni, aby byli s Pánem. Mrtví v Kristu budou povoláni jako první a pak ti, kteří jsou naživu, budou uchváceni do vzduchu, aby se setkali s naším Pánem Ježíšem v oblacích. Naše smrtelná těla budou proměněna, aby byla s Pánem. Až se naplní čas pohanů, budou ti, kdo nemají Ducha svatého, ponecháni za sebou, aby čelili době velkého zármutku a soužení.

"V oněch dnech, po onom soužení, se však zatmí slunce a měsíc nevydá své světlo, hvězdy na nebi budou padat a mocnosti na nebi se otřesou. A tehdy uvidí Syna člověka přicházet na oblacích s velikou mocí a slávou. A pak pošle své anděly a shromáždí své vyvolené ze čtyř světových stran, od nejzazšího konce země až po nejzazší konec nebe." (Marek 13,24-27)

Mnozí budou ztraceni, protože neměli bázeň (úctu) před Bohem, aby věřili v Jeho slovo a mohli být spaseni. Bázeň před Hospodinem je počátkem moudrosti. Král David napsal: "Hospodin je mé světlo a má spása, koho se mám bát? Hospodin je síla mého života; koho se mám bát? David byl skutečně mužem podle Božího srdce. Když Bůh stvořil člověka z prachu země, vdechl mu do chřípí dech života a člověk se stal živou duší. Bojuje se o duši; duše člověka může směřovat k Bohu nebo do pekla.

*"A nebojte se těch, kdo zabíjejí tělo, ale **duši** zabít nemohou, ale spíše se bojte toho, kdo může zahubit duši i tělo v **pekle**." (Matouš 10:28)*

Mnozí budou v ten den vědět, co pro ně bylo dnes příliš těžké přijmout. Bude pozdě vracet stránky života zpět, protože mnozí budou stát před živým Bohem, aby skládali účty.

"A to říkám, bratři, že tělo a krev nemohou zdědit Boží království, ani porušitelnost nezdědí porušitelnost. Hle, zvěstuji vám tajemství: Ne všichni usneme, ale všichni budeme proměněni, V okamžiku, v mžiku oka, při poslední polnici; neboť zatroubí polnice a mrtví vstanou z mrtvých neporušitelní a my budeme proměněni. Neboť toto

porušitelné musí obléci neporušitelnost a toto smrtelné musí obléci nesmrtelnost. Až tedy toto porušitelné oblékne neporušitelnost a toto smrtelné oblékne nesmrtelnost, tehdy se naplní rčení, které je napsáno: "Smrt je pohlcena vítězstvím". Ó smrti, kde je tvůj osten? Ó hrobe, kde je tvé vítězství? Žihadlo smrti je hřích a síla hříchu je zákon. Ale díky Bohu, který nám dává vítězství skrze našeho Pána Ježíše Krista." (1. Korintským 15,50-57)

Před čím budeme "zachráněni"? Od věčného pekla v jezeře, které hoří ohněm. Bereme duše ze spárů ďábla. Jedná se o duchovní válku, kterou vedeme na této zemi. Budeme souzeni Božím slovem (66 knih Bible) a bude otevřena kniha života.

"A viděl jsem veliký bílý trůn a toho, který na něm seděl, od jehož tváře utekla země i nebe a nenašlo se pro ně místo. A viděl jsem, jak mrtví, malí i velcí, stojí před Bohem, a byly otevřeny knihy; a byla otevřena jiná kniha, totiž kniha života, a mrtví byli souzeni z toho, co bylo zapsáno v knihách, podle svých skutků. A moře vydalo mrtvé, kteří byli v něm, a smrt a peklo vydaly mrtvé, kteří byli v nich, a byli souzeni každý podle svých skutků. A smrt a peklo byly uvrženy do ohnivého jezera. To je druhá smrt. A kdo nebyl nalezen zapsaný v knize života, byl uvržen do ohnivého jezera." (Zjevení 20,11-15)

Začal jsem přemýšlet o mužích, jako byli Mojžíš, král David, Josef, Job a další. Neměl jsem radost ze všech těch bolestí, které jsem prožíval, a nechápu, proč je v křesťanství takové utrpení. Zdaleka nejsem jako tito muži, kteří jsou našimi vzory a kteří nám přinášejí inspiraci, abychom kráčeli po cestě víry. Boží slovo vítězí i uprostřed utrpení a bolesti. V době zkoušek, nemocí a trápení se nejvíce dovoláváme Boha. Je to zvláštní, ale úžasná víra, o které jen Bůh ví, proč si zvolil právě tuto cestu. Tolik nás miluje, a přesto nám dal možnost, abychom si sami vybrali, zda mu budeme sloužit a milovat ho. On hledá vášnivou nevěstu. Vzali byste si někoho, kdo by pro vás nebyl vášnivý? Tato kapitola je napsána jako povzbuzení k překonání věcí, které vám budou bránit v dosažení věčného života. Bůh lásky, milosrdenství a milosti se stane Bohem soudu. Nyní je čas zajistit si spasení a uniknout plamenům pekla. Musíme se rozhodnout tak, jak se rozhodl Jozue v knize Jozue.

"A jestliže se vám zdá zlé sloužit Hospodinu, vyberte si dnes, komu chcete sloužit, zda bohům, kterým sloužili vaši otcové na druhé straně potopy, nebo bohům Amorejců, v jejichž zemi bydlíte, ale já a můj dům budeme sloužit Hospodinu. (Jozue 24:15)

"A hle, přijdu rychle a má odměna je se mnou, abych každému dal podle jeho díla. Já jsem Alfa i Omega, počátek i konec, první i poslední. Blaze těm, kdo plní jeho přikázání, aby měli právo na strom života a mohli vejít branami do města." (Zjevení 22,12-14)

Každý chce projít branou do Města, které pro nás Bůh připravil, ale abychom mohli vstoupit, musíme mít oděv bez poskvrny a vady. To je duchovní boj, který vybojujeme"a vyhrajeme" na kolenou v modlitbě. Na této zemi máme jen jeden život a jen jeden dobrý boj! Jediné, co si můžeme vzít s sebou do onoho Města, jsou duše těch, kterým jsme svědčili, kteří přijali evangelium našeho Pána a Spasitele Ježíše Krista a kteří se podřídili Kristovu učení. Abychom poznali Slovo, musíme ho číst, číst Slovo znamená zamilovat si autora naší Spásy. Děkuji svému Pánu a Spasiteli, že řídil mé kroky z Indie do Ameriky a ukázal mi své Cesty, neboť jsou dokonalé.

Tvé slovo je svítilnou mým nohám a světlem na mé cestě.
(Žalm 119:105)

Kapitola 21

Služba v práci

Od chvíle, kdy jsem přijal Ducha svatého, nastaly v mém životě velké změny.

Ale dostanete moc, až na vás sestoupí Duch svatý, a budete mi svědky v Jeruzalémě i ve všem Judsku a Samařsku a až na samý konec země.
(Skutky1,8)

V práci jsem se snažil sloužit spolupracovníkům; svědčil jsem jim, a když měli nějaký problém, modlil jsem se za ně. Mnohokrát za mnou přišli a řekli mi o své situaci a já se za ně modlil. Pokud byli nemocní, vkládal jsem na ně ruce a modlil se za ně. Mnoho let jsem jim svědčil. Můj vlastní život byl velkým svědectvím a Bůh se mnou pracoval, potvrzoval je uzdravením, vysvobozením, radou a utěšoval je.

Řekl jim: "Jděte do celého světa a hlásejte evangelium všemu stvoření. Kdo uvěří a dá se pokřtít, bude spasen, ale kdo neuvěří, bude zatracen. A tato znamení budou následovat ty, kdo uvěří: V mém jménu budou vyhánět ďábly, budou mluvit novými jazyky, budou brát hady, a kdyby se napili něčeho smrtelného, neublíží jim to, budou

vkládat ruce na nemocné a ti se uzdraví. Když k nim Pán promluvil,
byl vzat do nebe a posadil se po Boží pravici. A oni šli a kázali všude,
Pán s nimi pracoval a potvrzoval slovo následujícími znameními.
Amen. (Marek 16,15-20)

Všude, kde jsem se modlil a kde byli uzdraveni nebo vysvobozeni, jsem s nimi mluvil o evangeliu. Evangelium je Ježíšova smrt, pohřeb a vzkříšení. To znamená, že musíme činit pokání ze všech hříchů nebo že pokáním umíráme svému tělu. Druhým krokem je, že jsme pohřbeni ve jménu Ježíše ve vodách křtu, abychom obdrželi odpuštění svých hříchů neboli odpuštění hříchů. Z vody vycházíme a mluvíme novými jazyky tím, že přijímáme jeho Ducha, což se také nazývá křest Duchem nebo Duchem svatým.

Mnozí to slyšeli a také poslechli.

Rád bych vás povzbudil svým svědectvím o tom, jak Ježíš mocně působil na mém pracovišti. Naše pracoviště, ať už žijeme kdekoli, je polem, kde můžeme zasít semeno Božího slova.

Kamarádka uzdravená z rakoviny a její maminka se po smrti špatně obracejí k Pánu.

V práci jsem měla vzácnou kamarádku Lindu. V roce 2000 jsem byla velmi nemocná. Jednoho dne mi kamarádka zavolala, že je také velmi nemocná a podstoupila nějakou operaci. V prvním roce našeho přátelství odmítla evangelium a řekla mi: Nechci tvou Bibli ani tvé modlitby, mám svého vlastního Boha. Neublížilo mi to, ale kdykoli si stěžovala na nemoc, nabízel jsem jí modlitbu, vždycky řekla "ne". Jednoho dne však měla nesnesitelnou bolest v zádech a najednou ji začalo bolet i koleno. Byla to ještě větší bolest, než měla v zádech. Stěžovala si a já ji požádal, zda bych se za ni mohl modlit. Odpověděla: "Udělej cokoli, co bude třeba." A tak jsem se za ni modlil. Využil jsem této příležitosti, abych ji naučil, jak tuto bolest ve jménu Pána Ježíše vytěsnit. Její bolest byla nesnesitelná; začala ji hned kárat ve jménu Pána Ježíše, bolest okamžitě odešla.

Toto uzdravení však nezměnilo její srdce. Bůh si používá trápení a problémy, aby obměkčil naše srdce. To je metla nápravy, kterou používá pro své děti. Jednoho dne mi Linda zavolala a plakala, že má na krku velkou ránu a že ji to velmi bolí. Prosila mě, abych se modlil. Byla jsem více než šťastná, že se za svou dobrou přítelkyni mohu modlit. Každou hodinu mi volala o útěchu a říkala" :Můžeš přijít ke mně domů a modlit se?". Toho odpoledne jí zavolali a oznámili jí, že jí byla diagnostikována rakovina štítné žlázy. Velmi plakala, a když se její maminka dozvěděla, že její dcera má rakovinu, prostě se zhroutila. Linda byla rozvedená a měla malého syna.

Trvala na tom, abych se za ni přišel pomodlit. Také mě tato zpráva velmi ranila. Začala jsem horlivě hledat někoho, kdo by mě mohl odvézt k ní domů, abych se nad ní mohla pomodlit. Chvála Bohu, když je vůle, tak je i cesta.

Moje modlitební partnerka přišla z práce a vzala mě k sobě domů. Linda, její matka a syn seděli a plakali. Začali jsme se modlit a já jsem toho moc necítil, nicméně jsem věřil, že Bůh něco udělá. Nabídl jsem se, že se budu modlit znovu. *"Ano, modlete se celou noc*, nebude mi to vadit."* Odpověděla mi, že se bude *modlit celou noc*. Při druhé modlitbě jsem viděla jasné světlo vycházející ze dveří, přestože dveře byly zavřené a oči zavřené. Viděl jsem, že těmi dveřmi přichází Ježíš, a chtěl jsem otevřít oči, ale On řekl" :*Modli se dál*".

Když jsme skončili modlitbu, Linda se usmívala. Nevěděl jsem, co se stalo, že se její výraz změnil. Zeptal jsem se jí: *"Co se stalo?"* Řekla : *"Liz, Ježíš je pravý Bůh."* Řekl jsem: *"Ano, říkám ti to už deset let, ale chci vědět, co se stalo."* *"Co se stalo?"* zeptala jsem se. Řekla: *"Moje bolest je úplně pryč."* *"Prosím, dejte mi adresu kostela, chci se nechat pokřtít"*. Linda souhlasila, že se mnou bude studovat Bibli, a pak se nechala pokřtít. Ježíš použil toto trápení, aby upoutal její pozornost.

Pohleď na mé trápení a bolest a odpusť mi všechny hříchy.
(Žalm 25,18).

Chvála Bohu!! Prosím, nevzdávejte to se svým milovaným. Modlete se dnem i nocí, jednoho dne Ježíš odpoví, pokud neumdlíme.

A neunavujme se v dobrém konání, neboť v pravý čas budeme sklízet, pokud neochabneme. (Galatským 6,9)

Na matčině smrtelné posteli mi Linda zavolala, abych ji navštívil. Dotlačila mě na kolečkovém křesle do jejího nemocničního pokoje. Když jsme její mamince sloužili, činila pokání a volala k Pánu Ježíši o odpuštění. Druhý den jí úplně zmizel hlas a třetí den zemřela.

Moje přítelkyně Linda je nyní dobrou křesťankou. Chvála Pánu!!

Můj spolupracovník z Vietnamu:

Byla to milá dáma a vždy měla velmi krásného ducha. Jednoho dne onemocněla a já jsem ji požádala, zda bych se za ni mohla pomodlit. Okamžitě mou nabídku přijala. Modlila jsem se a ona byla uzdravena. Druhý den mi řekla" :Jestli ti to nedělá potíže, modli se za mého tatínka." A tak jsem se za ni modlila. Její tatínek byl posledních několik měsíců neustále nemocný. Řekl jsem jí, že se za jejího tatínka budu velmi rád modlit. Ježíš se ho ve svém milosrdenství dotkl a zcela ho uzdravil.

Později jsem ji viděl nemocnou a nabídl jsem jí, že se znovu pomodlím. Řekla" :*Nedělejte si starosti s modlitbou za mě.*" Její přítel, který pracuje jako mechanik v jiné směně, však modlitbu potřebuje. Nemohl spát ve dne ani v noci; tato nemoc se nazývá fatální nespavost. Dál mi podávala informace a měla o tohoto pána velké obavy. Lékař mu dával vysoké dávky léků a nic nepomáhalo. Řekl jsem" :*Rád se pomodlím.*" Všichni se za ni pomodlili. Každý večer po práci jsem se téměř hodinu a půl modlil za všechny prosby a za sebe. Když jsem se začal modlit za tohoto muže, všiml jsem si, že nespím klidně. Od chvíle, kdy jsem se za něj začal modlit, jsem náhle slyšel, jak mi někdo tleská do ucha, nebo jsem slyšel hlasitý zvuk, který mě téměř každou noc budil.

O několik dní později, když jsem se postil, jsem přišel domů z kostela a ležel jsem v posteli. Najednou k mému překvapení něco prošlo zdí nad mou hlavou a vešlo do mého pokoje. Díky Bohu za Ducha svatého. Duch svatý okamžitě promluvil skrze má ústa: "Svazuji tě ve jménu Ježíše." V tu chvíli jsem se vrátil do svého pokoje. V duchu jsem věděla, že je něco spoutáno a moc je zlomena ve jménu Ježíše.

Amen, říkám vám: Cokoli svážete na zemi, bude svázáno v nebi, a cokoli rozvážete na zemi, bude rozvázáno v nebi. (Matouš 18,18)

Nevěděl jsem, co to je, a později, když jsem pracoval, mi Duch svatý začal zjevovat, co se stalo. Pak jsem věděl, že toho mechanika ovládají démoni a nedovolují mu spát. Požádal jsem svou kamarádku v práci, aby prosím zjistila, jak je na tom její přítel se spánkem. Později se vrátila na mé pracoviště i s tím mechanikem. Řekl mi, že spí dobře, a chtěl mi poděkovat. Řekl jsem: "***Prosím, poděkuj Ježíši.***" "***On je ten, kdo tě vysvobodil.***" Později jsem mu dal Bibli a požádal ho, aby ji každý den četl a modlil se.

V jejich rodině bylo mnoho lidí, kteří se v mé práci obrátili k Ježíši. Byl to pro mě skvělý čas, kdy jsem mohl svědčit mnoha lidem různých národností.

Vzdám ti díky ve velkém shromáždění: Budu tě chválit mezi velkým množstvím lidí. (Žalm 35,18)

Chci tě oslavovat, můj Bože, králi, a dobrořečit tvému jménu na věky věků. (Žalm 145,1)

Kapitola 22

Učení se jeho cestám posloucháním jeho hlasu

Tuto krásnou pravdu jsem objevil v roce 1982. O několik let později jsem se rozhodl navštívit Indii. Když jsem tam byla, rozhodly jsme se s kamarádkou Dinah, že si prohlédneme památky ve městě Udaipur. Na konci dne jsme se vrátily do našeho hotelového pokoje, který jsme sdílely. V našem pokoji byl na stěně obrázek falešného boha, kterého tam v Indii uctívají. Jak víte, Indie má mnoho bohů. Bible hovoří o jediném pravém Bohu a jeho jméno je Ježíš.

Ježíš mu řekl: "Já jsem ta cesta, pravda a život; nikdo nepřichází k Otci než skrze mne. (Jan 14,6)

Najednou jsem uslyšel hlas, který mi řekl: *"Sundej ten obraz ze zdi."* Protože mám Ducha svatého, pomyslel jsem si: *"Já se ničeho nebojím a nic mi nemůže ublížit."* V tu chvíli jsem si uvědomil, že se mi nic nestalo. A tak jsem tento hlas neposlechl a obraz jsem nesundal.

Když jsme spali, nečekaně jsem zjistil, že sedím v posteli; věděl jsem, že to na mě nastražil anděl. Bůh otevřel mé duchovní oči a já uviděl obrovského černého pavouka, který procházel dveřmi. Plazil se po mně, mé přítelkyni a jejím synovi. Pak se vydal směrem k mým šatům, které visely u zdi, a zmizel mi přímo před očima. V tu chvíli mi Pán připomněl verš z Písma, který říká, že nikdy nemám dávat místo ďáblu.

Neustupujte ani ďáblu. (Efezským 4:27)

Hned jsem vstal, sundal obrázek a otočil ho. Od toho dne jsem si uvědomil, že Bůh je svatý Bůh. Jeho přikázání, která nám dal, nás ochrání a požehná, pokud je budeme vždy dodržovat a zachovávat.

V době, kdy jsem pracoval, jsem se vždy vracel domů s pocitem duševního vyčerpání. Jednoho dne ke mně Ježíš promluvil a řekl mi: *"Půl hodiny mluv v jazycích, půl hodiny chval a uctívej, půl hodiny dej ruku nad hlavu a půl hodiny mluv v jazycích."* A já jsem se na to podíval. To byl můj každodenní modlitební život.

Jednou jsem přišel z práce domů po půlnoci. Začal jsem chodit po domě a modlit se. Přišel jsem do jistého kouta svého domu a duchovním zrakem jsem spatřil démona. Rozsvítil jsem světlo a nasadil si brýle, abych zjistil, proč by tu ten démon měl být? Najednou jsem si vzpomněl, že jsem předtím toho dne zakryl otisky a jména bohů, které byly na krabičce od kukuřičného oleje. Nějak jsem přehlédl otisk tohoto falešného boha. Okamžitě jsem vzal permanentní fix a zakryl ho.

Bible říká, že Ježíš nám dal moc svazovat a vyhánět zlé duchy. Té noci jsem použil tuto autoritu, otevřel dveře a řekl tomu démonovi" :*Ve jménu Ježíše ti přikazuji, abys odešel z mého domu a už se nikdy nevracel!*". Démon okamžitě odešel.

Chvála Bohu! Pokud neznáme Boží slovo, můžeme dovolit démonům, aby přišli do našeho domu prostřednictvím časopisů, novin, televize, dokonce i hraček. Je velmi důležité vědět, co si do svých domovů přinášíme.

Dalším příkladem je, že jsem byla velmi nemocná a nemohla jsem chodit, musela jsem být závislá na rodině a přátelích, aby mi donesli a uklidili potraviny. Jednou ráno jsem se probudila a cítila jsem, že mi někdo zakrývá ústa, byla jsem svázaná.

Ptal jsem se Boha, proč se tak cítím. Ukázal mi symbol svastiky. Přemýšlel jsem, kde tento symbol najdu. Šel jsem k ledničce, a jakmile jsem otevřel dveře, uviděl jsem symbol svastiky na potravinách, které den předtím přinesla moje sestra. Poděkoval jsem Bohu za jeho vedení a okamžitě jsem ho odstranil.

Důvěřuj v Hospodina celým svým srdcem a nespoléhej se na svůj
rozum. Na všech svých cestách ho uznávej a on bude řídit tvé stezky.
(Přísloví 3,5-6)

Rád bych se s vámi podělil o další zážitek, který jsem zažil při návštěvě svého rodného města v Indii. Strávil jsem noc se svým přítelem, který uctíval modly.

Mnoho let jsem jí svědčil o Ježíši a Síle. Znala také Moc modlitby a mnoho zázraků, které se staly v jejím domě. Svědčila o zázracích, když jsem se modlil ve jménu Ježíše.

Když jsem spal, probudil mě hluk. Na druhé straně pokoje jsem uviděl postavu, která vypadala jako můj přítel. Postava na mě ukazovala zlým obličejem. Její ruka začala růst směrem ke mně, přiblížila se na metr ode mě a pak zmizela. Ta postava se znovu objevila, ale tentokrát to byl obličej jejího malého chlapce. Její ruka opět začala růst a ukazovat na mě. Přiblížila se ke mně na jeden metr a zmizela. Vzpomněl jsem si, že v Bibli se píše, že andělé jsou kolem nás.

Kdo přebývá ve skrytu Nejvyššího, zůstane ve stínu Všemohoucího.
Řeknu o Hospodinu: "On je mé útočiště a má pevnost, můj Bůh, v něj

doufám. Jistě tě vysvobodí z osidel ptáčníka a od hlučícího moru.
Svým peřím tě přikryje, pod jeho křídly budeš doufat, jeho pravda
bude tvým štítem a puklicí. Nebudeš se bát noční hrůzy, ani šípu, který
letí ve dne, ani moru, který chodí v temnotách, ani zkázy, která pustne
v poledne. Tisíc padne po tvém boku a deset tisíc po tvé pravici, ale k
tobě se nepřiblíží. Jen svýma očima spatříš a uvidíš odměnu
bezbožných. Protože sis za příbytek učinil Hospodina, který je mým
útočištěm, Nejvyššího, nepotká tě žádné zlo, žádná rána se nepřiblíží k
tvému příbytku. Neboť on dá svým andělům nad tebou dozor, aby tě
střežili na všech tvých cestách. (Žalmy 91,1-11)

Když jsem se ráno probudila, viděla jsem svou kamarádku a jejího
syna, jak se klaní modlám. A vzpomněla jsem si, co mi Bůh v noci
ukázal. Řekla jsem tedy své přítelkyni, že jsem měla vidění z dřívější
noci. Řekla mi, že to také viděla a cítila ve svém domě. Zeptala se mě,
jak vypadal démon, kterého jsem viděla. Řekla jsem jí, že jedna podoba
vypadala jako ona a druhá jako její syn. Řekla mi, že ona a její syn
spolu nemohou vycházet. Zeptala se mě, co je třeba udělat, aby se
zbavila těchto démonů, kteří trápí ji a její rodinu. Vysvětlil jsem jí tento
verš z Písma.

Zloděj nepřichází, ale aby kradl, zabíjel a ničil.Já jsem přišel, aby
měli život a aby ho měli v hojnosti. (Jan 10,10)

Dala jsem jí Bibli a požádala ji, aby si ji každý den doma nahlas četla,
zejména Jan 3,20 a 21.

Každý, kdo páchá zlo, totiž nenávidí světlo a nepřichází ke světlu, aby
jeho skutky nebyly odhaleny. Kdo však činí pravdu, přichází na světlo,
aby se ukázalo, že jeho skutky jsou vykonány v Bohu. (Jan 3,20-21)

Také jsem ji naučil modlitbu duchovního boje, ve které svazujete
všechny zlé duchy a uvolňujete Ducha svatého nebo anděly ve jménu
Ježíše. Také jsem ji požádal, aby neustále vyslovovala Jméno Ježíše a
prosila o Ježíšovu krev ve svém domě.

Několik měsíců po této cestě jsem dostala dopis, ve kterém mi svědčila, že démoni opustili její dům, že se svým synem vychází dobře a že mají doma naprostý klid.

Potom svolal svých dvanáct učedníků a dal jim moc a moc nad všemi ďábly a nad léčením nemocí. Poslal je hlásat Boží království a uzdravovat nemocné. (Lukáš 9:1, 2).

Když o tom svědčila ostatním příbuzným, začali se o Bibli zajímat a chtěli se o Pánu Ježíši dozvědět více.

Při své další návštěvě Indie jsem se setkal s celou rodinou a odpovídal na jejich otázky. Naučil jsem je modlit se a dal jim Bibli. Za tyto výsledky vzdávám Bohu veškerou slávu.

Přeji si, aby se lidé naučili používat Ježíšovo jméno a Boží slovo jako meč proti nepříteli. Když se staneme "znovuzrozenými křesťany", budeme mít moc.

Duch Panovníka Hospodina je nade mnou, protože mě Hospodin pomazal, abych zvěstoval dobrou zprávu pokorným, poslal mě obvázat zkroušené, vyhlásit zajatcům propuštění a svázaným otevření vězení." (Izajáš 61, 1)

Kapitola 23

Moving On Media

V roce 1999 jsem měl pracovní úraz, který se později zhoršil. Tento úraz byl tak vážný, že jsem bolestí ztratil paměť. Nemohl jsem číst a pamatovat si, co jsem četl. Nemohl jsem spát 48 hodin. Pokud jsem usnul, budil jsem se po několika hodinách kvůli necitlivosti rukou, bolesti zad, krku a nohou. To byla ohnivá zkouška mé víry. Vůbec jsem netušil, na co myslím. Mnohokrát jsem omdlel a usnul. Jen tak jsem většinu času spal. Nechtěl jsem ztrácet čas, a tak jsem přemýšlel, co mám dělat? Napadlo mě natočit CD se všemi svými knihami, které už byly přeložené. Říkal jsem si, že kdybys celé tyto knihy nahrál na audio, bylo by to pro tuto dobu a věk skvělé.

aby zkouška vaší víry, která je mnohem dražší než zlato, jež podléhá zkáze, i když je zkoušeno ohněm, byla nalezena k chvále, cti a slávě při zjevení Ježíše Krista (1 Petr 1,7).

Pro šíření této pravdy jsem byl ochoten udělat cokoli. Žádná cena není větší než ta, kterou zaplatil Ježíš. Bůh mi ve svém milosrdenství pomohl dosáhnout mého cíle.

Nepochybně to trvalo více než rok. Neměl jsem dost peněz na nákup veškerého vybavení, ani dost znalostí, abych věděl, jak nahrávat. Začal jsem používat svou kreditní kartu, abych nakoupil, co jsem pro tento nový projekt potřeboval. Říkal jsem si, že když neumím číst a pamatovat si, můžu si knihu přečíst nahlas a natočit zvukové CD, takhle nebudu potřebovat paměť na čtení.

Protože jsem chodil do anglického kostela, skoro jsem zapomněl, jak se správně čte guajarati, a nechtěl jsem se svého jazyka vzdát. Mnohokrát, jak víte, jsem kvůli zdraví nemohl sedět celé dny nebo dokonce týdny. Zapomínal jsem, jak se nahrává a jak se používá nahrávací zařízení. Prohlížel jsem si své poznámky a začínal znovu, ale nechtěl jsem se toho vzdát.

Musíme si uvědomit jednu věc: ďábel se nikdy nevzdává! Musíme se z toho poučit a nikdy se nevzdávat!

Přišel den, kdy jsem dokončil svou šestistránkovou brožuru. K mému překvapení trvalo dokončení jeden rok. Byla jsem tak šťastná, že jsem si pustila CD, abych si ho přehrála, a pomalu jsem couvala na kolečkovém křesle, abych si poslechla své CD.

Když jsem se najednou podíval, moje oči neviděly. Strašně jsem se vyděsila a řekla jsem si" :Tolik jsem se nadřela při svém chatrném zdraví. Kéž bych se o své zdraví starala lépe, teď nevidím." A tak jsem se rozhodla, že se vrátím do práce. Neviděla jsem na svou kuchyň, na stereo, na zeď ani na nábytek. Nebylo tam nic kromě hustého bílého mraku. Řekla jsem si: "Byla jsem na sebe tvrdá, teď jsem slepá." "Ne," řekla jsem. Najednou jsem v tom hustém bílém mraku ve svém pokoji uviděl Pána Ježíše, jak stojí v bílém rouchu a usmívá se na mě. Za chvíli zmizel a já si uvědomil, že to bylo vidění. Věděl jsem, že sestoupila Jeho sláva Šekina. Byl jsem tak šťastný a uvědomil jsem si, že Pán Ježíš je s mým úsilím spokojen.

Vždycky chci hledat Boží vedení, abych svůj čas využil co nejlépe k jeho oslavě. Žádná situace nás nemůže zastavit v konání Jeho služby.

Toto CD jsem zdarma rozdával lidem a také jsem ho nahrál na svůj web. https://waytoheavenministry.org.

Kdo nás odloučí od Kristovy lásky: soužení, úzkost, pronásledování, hlad, nahota, nebezpečí nebo meč? Jak je psáno" :Kvůli tobě jsme zabíjeni po celý den, jsme počítáni za ovce na porážku. Ba, ve všem tom jsme více než vítězi skrze toho, který si nás zamiloval. Jsem totiž přesvědčen, že ani smrt, ani život, ani andělé, ani knížectví, ani mocnosti, ani věci přítomné, ani budoucí, ani výška, ani hlubina, ani žádné jiné stvoření nás nebude moci odloučit od Boží lásky, která je v Kristu Ježíši, našem Pánu". (Řím 8,35-39)

Kapitola 24

Studie, která zkoumá

Mnohokrát jsem měl příležitost vést biblické hodiny v jiných jazycích než v angličtině. Když jsem je učil Božímu slovu, nebyli schopni najít správný text Písma. Vždy jsem používal verzi krále Jakuba. Někteří z nich však měli jiné verze a jazyky Bible.

Jednou večer jsem učil o jednom Bohu, monoteismu (Mono pochází z řeckého slova Monos a theos znamená Bůh) a četl jsem 1. Janův list 5,7. Když tento verš hledali v Bibli, nemohli ho najít. Bylo už po půlnoci, takže jsem si myslel, že nerozumějí tomu, co čtou, a když jsme překládali z angličtiny do jejich jazyka, řekli, že tohle v naší Bibli není.

*Vždyť tři jsou, kdo svědčí v nebi: Otec, Slovo a Duch svatý, a **ti tři jsou jedno**. (1. Jana 5,7)*

Byl jsem v šoku. Tak jsme hledali jiný text.

*(BKR) 1. Timoteovi 3:16, "**Bůh** se zjevil v těle".*

V jejich Bibli se píše: "*Zjevil se v těle*" (tuto lež mají všechny Bible přeložené z poškozeného alexandrijského rukopisu. Římskokatolická Vulgáta, Bible Guajarati, Bible NIV, španělská a další moderní verze Bible).

{ΘC=Bůh} v řeckém jazyce, ale odstraněním malé čárky z ΘC se "Bůh" změní {OC = "kdo" nebo "on"} na kdo, což má v řeckém jazyce jiný význam. Jsou to dvě různá slova, protože "on" může znamenat kohokoli, ale Bůh mluví o Ježíši Kristu v těle.

Jak snadné je vzít Ježíši Kristu jeho božství?!?!

Zjevení 1:8

KJV: Já jsem Alfa i Omega, <u>počátek i konec</u>, praví Pán, který je, který byl a který přijde, Všemohoucí.

Překlad NIV: Zjevení 1:8 "Já jsem Alfa i Omega," praví Pán Bůh, "který je, který byl a který přijde, Všemohoucí."

(Gudžarátská bible, NIV a další překlady odstranily "<u>začátek a konec</u>")

Zjevení 1:11

KJV: a řekl: "<u>Já jsem Alfa i Omega, první i poslední.</u>" A co vidíš, napiš do knihy a pošli sedmi církvím, které jsou v Asii: Efezu, Smyrně, Pergamu, Tyatiru, Sardám, Filadelfii a Laodicei." (Zjevení 1,11).

NIV: "Napiš na svitek, co vidíš, a pošli to sedmi církvím: do Efezu, Smyrny, Pergamu, Tyatir, Sard, Filadelfie a Laodiceje."

(Moderní verze Bible, Guajarati a NIV Bible mají odstraněno <u>Já jsem Alfa a Omega, první a poslední.</u>)

Z jejich Bible jsem nemohl dokázat, že existuje "jeden Bůh".

Moje vyučování trvalo dlouho a s jejich překvapením jsem jim nemohl předložit biblické důkazy, že existuje jeden Bůh z jejich Bible. To mě přimělo k hlubšímu studiu.

Vzpomínám si, že Pavel řekl: Vím totiž, že po mém odchodu mezi vás vejdou zlí vlci, kteří nebudou šetřit stádo. (Skutky 20,29)

Apoštol Jan, který byl posledním žijícím Kristovým učedníkem, nás v jednom ze svých listů varoval:

Milovaní, nevěřte každému duchu, ale zkoušejte duchy, zda jsou z Boha, protože do světa vyšlo mnoho falešných proroků. Podle toho poznejte Ducha Božího: Každý duch, který vyznává, že Ježíš Kristus přišel v těle, je z Boha: A každý duch, který nevyznává, že Ježíš Kristus přišel v těle, není z Boha; a to je ten duch antikrista, o němž jste slyšeli, že má přijít, a už je na světě. (1. Jana 4,1-3)

Rád bych se s vámi podělil o tuto skutečnost, kterou jsem zjistil při hledání pravdy o poškozování "Božího slova".

Alexandrijský rukopis byl poškozenou verzí původního pravého rukopisu Bible. Z původního rukopisu odstranili mnoho slov jako Sodoma, peklo, krev, stvořil Ježíš Kristus, Pán Ježíš, Kristus, aleluja a Jehova a mnoho dalších slov a veršů.

V alexandrijském Egyptě neměli písaři, kteří byli antikristy, zjevení jediného pravého Boha, protože Bible byla změněna oproti původnímu rukopisu. Tato korupce začala v prvním století.

Řecké a hebrejské bible byly zpočátku psány na papyrových svitcích, které podléhaly zkáze. Proto se každých 200 let ručně psalo 50 kopií v různých zemích, aby se uchovaly dalších 200 let. To praktikovali i naši předkové, kteří měli k dispozici pravou kopii původního rukopisu. Stejný systém přijali i Alexandrijci, aby uchovali poškozený rukopis.

Na počátku našeho letopočtu se biskupové ujali vlády a v letech 130 až 444 postupně přinesli korupci. Přidávali a ubírali z původní kopie řeckého a hebrejského rukopisu. Všichni následující biskupové by potvrdili, že dostali poselství přímo od Ježíše a neměli by věnovat pozornost apoštolům, učedníkům, prorokům a učitelům. A všichni biskupové také tvrdili, že jsou jediní osvícení.

Alexandrijský biskup Origenes (185-254 n. l.): Tertullianus byl zkorumpovaný biskup, který přidal více temnoty. Zemřel kolem roku 216 n. l. Klement ho vystřídal a stal se alexandrijským biskupem. Cyril, jeruzalémský biskup, se narodil v roce 315 a zemřel v roce 386 n. l. Augustin, biskup v Hippo, zakladatel katolicismu, se narodil v roce 347 a zemřel v roce 430 n. l. Odstranil lidi, kteří skutečně věřili v Boží slovo. Chrysostom byl dalším konstantinopolským biskupem, kde vznikla zkomolená verze. Narodil se v roce 354 a zemřel v roce 417 n. l. Svatý Cyril Alexandrijský byl jmenován biskupem v roce 412 a zemřel v roce 444 n. l.

Tito biskupové zkomolili pravý rukopis a byli odmítnuti našimi předky, kteří věděli, kde a jak byl původní rukopis zkomolen.

Tato korupce začala ještě za Pavlova a Janova života. Alexandrijci ignorovali Boží slovo a v Niceji v roce 325 n. l. zavedli učení o Trojici. Nicea se nachází v dnešním Turecku a v Bibli je známá jako Pergamon.

*Andělu církve **v Pergamu** napiš: "Toto praví ten, který má ostrý meč o dvou ostřích: Znám tvé skutky i to, kde bydlíš, i to**, kde je sídlo** <u>satanovo</u>, a držíš se mého jména a nezapřel jsi mou víru ani v těch dnech, kdy byl mým věrným mučedníkem Antipas, který byl zabit mezi vámi, kde sídlí satan. (Zjevení 2,12-13).*

Nicaea

V roce 325 n. l. Satan odstranil Boží jednotu, přidal Trojici a Boha rozdělil. Z křestní formule odstranili jméno "Ježíš" a přidali Otce, Syna a Ducha svatého.

Zloděj nepřichází, ale aby kradl, zabíjel a ničil; já jsem přišel, aby měli život a aby ho měli více. hojně (Jan 10,10).

Pergamon (později se jmenoval Nikaia a nyní se nazývá Turecko) je město postavené 1000 stop nad mořem. V okolí tohoto místa jsou uctíváni čtyři různí bohové. Hlavním bohem byl Asklépios, jehož symbolem je had.

Zjevení říká:

*A byl vyvržen velký **drak**, ten starý **had,** zvaný ďábel a satan, který svádí celý svět; byl vyvržen na zem a jeho andělé byli vyvrženi s ním (Zjevení 12,9).*

*A chytil draka, toho starého **hada**, který je ďábel a satan, a spoutal ho na tisíc let (Zjevení 20,2).*

V tomto chrámu bylo mnoho velkých hadů a také v jeho okolí byly tisíce hadů. Lidé přicházeli do pergamského chrámu hledat uzdravení. Asklépiovi se říkalo bůh uzdravování a byl hlavním bohem mezi čtyřmi bohy. Protože byl nazýván bohem uzdravování, na tomto místě se zaváděly byliny a léky k léčení. Aby mohl odstranit rány a Ježíšovo jméno pro uzdravení. Jeho plánem je zaujmout Ježíšovo místo a odstranit Krista jako Spasitele, neboť se také prohlašoval za Spasitele. Moderní lékařská věda převzala symbol hada od Asklépia (Hada).

Bible říká:

*Vy jste moji svědkové, praví Hospodin, a můj služebník, kterého jsem si vyvolil, abyste mě poznali a uvěřili mi a pochopili, že **já jsem**: Přede mnou žádný Bůh nebyl stvořen a po mně už nebude. Já, já jsem Hospodin, a kromě mne není **spasitele**. (Izajáš 43:10-11)*

Na tomto místě Satan založil trojici.

Dnes našli originální kopii alexandrijského rukopisu, podtrhávají slovo a písmo, aby odstranili z původního pravého hebrejského a řeckého rukopisu. To dokazuje, že to byli právě oni, kdo zkomolili pravé Boží slovo.

Doba temna přišla jednoduše tím, že odstranila pravdu a změnila pravdivý dokument Bible.

Boží slovo je meč, světlo a pravda. Boží slovo je pevné na věky věků.

Bible NIV, moderní Bible a mnoho dalších biblických jazyků byly přeloženy z poškozeného starého alexandrijského opisu. Nyní většina ostatních výtisků Bible pochází z verze NIV a je přeložena do jiných jazyků. Právo na kopii Satanovy Bible a Bible NIV vlastní muž jménem Rupert Murdoch.

Když se král Jakub v roce 1603 ujal vlády po panenské královně Alžbětě, ujal se projektu překladu Bible z původního pravého hebrejského a řeckého rukopisu. Na tomto projektu se podílelo mnoho hebrejských, řeckých a latinských teologů, učenců a lidí, kteří byli v očích ostatních velmi uznávaní. Archeologové našli staré pravé původní hebrejské a řecké rukopisy, které se z 99 % shodují s Biblí KJV. Jedno procento tvoří drobné chyby, například interpunkce.

Chvála Bohu! Bible KJV je veřejným majetkem a kdokoli může Bibli KJV použít k překladu do svého rodného jazyka. Můj návrh je, že musíme překládat z Bible KJV, protože je veřejným majetkem a je to nejpřesnější Bible.

Odstraněním pravdy z původní Bible zmizelo jméno "Ježíš Kristus", které je silou, jež osvobozuje lidi.

To vedlo ke vzniku mnoha denominací. Nyní pochopíte, proč Bible říká: nepřidávejte ani neubírejte.

Útok je veden na vtěleného Jediného Boha.

Bible říká.

A Hospodin bude králem nad celou zemí; v onen den bude jeden Hospodin a jeho jméno jedno. (Zachariáš 14,9)

Jeho jméno je JEŽÍŠ!!!

Kapitola 25

Osobní svědectví, která mění život

Zdravím vás ve jménu Ježíše:

Tato osobní svědectví, která "mění život", jsou uvedena jako povzbuzení pro moc Všemohoucího Boha. Upřímně doufám, že při čtení těchto inspirativních svědectví pokorných věřících a služebníků, kteří mají povolání a vášeň pro Boha, vzroste vaše víra. "Poznejte Ho v důvěrnosti Jeho lásky skrze víru, modlitbu a Boží slovo." Věda a medicína nemohou tyto zázraky vysvětlit, ani ti, kteří se vydávají za moudré, nemohou porozumět Božím věcem.

*A dám ti **poklady** temnot a skrytá bohatství tajných míst, abys poznal, že já, Hospodin, který tě nazývám tvým jménem, jsem Bůh Izraele. (Izajáš 45,3)*

"Je to cesta víry, kterou nelze rozčlenit a kterou si nelze představit."

"Mudrci se stydí, jsou zděšeni a uchváceni; hle, zavrhli Hospodinovo slovo a jaká je v nich moudrost?" (Jeremiáš 8:9)

"Běda těm, kdo jsou moudří ve svých vlastních očích a rozumní ve svých vlastních očích!" (Izajáš 5,21)

"Vždyť vidíte, bratři, své povolání, že není mnoho moudrých podle těla, není mnoho mocných, není mnoho urozených, kteří jsou povoláni: Ale Bůh vyvolil bláznivé věci světa, aby zahanbil moudré, a slabé věci světa vyvolil Bůh, aby zahanbil mocné."
(1. Korintským 1:26-27)

Volej ke mně a já ti odpovím a ukážu ti velké a mocné věci, o kterých nevíš. (Jeremiáš 33:3)

Upřímně děkuji těm, kteří přispěli svými osobními svědectvími a časem do této knihy k Boží slávě.

Ať vám Bůh žehná
Elizabeth Das, Texas

Svědectví lidí

Všechna svědectví jsou vydávána dobrovolně, aby vzdala Bohu slávu, sláva patří pouze Bohu

Terry Baughman, pastor
Gilbert, Arizona, USA

Elizabeth Dasová je vlivná žena. Apoštol Pavel a jeho misionářský společník Silas byli přilákáni do ženské modlitební skupiny poblíž Thyatir podél řeky. Právě na tomto modlitebním setkání Lydie vyslechla Pavlovo a Silasovo učení a poté trvala na tom, aby během své služby v této oblasti přišli k ní domů. (Viz Sk 16,13-15) Pohostinnost a... služba této ženy je zaznamenána v Písmu, aby se na ni vzpomínalo po všechny časy.

Elizabeth Dasová je takovou Boží ženou, podobně jako vlivná žena Lydie v knize Skutků. Svým úsilím a nadšením přivádí ostatní k poznání pravdy, koordinuje modlitební skupiny a je nástrojem vysílání služebníků evangelia do své domoviny, indického Gudžarátu.Poprvé jsem o Elizabeth Das slyšel, když jsem byl instruktorem a akademickým děkanem na Christian Life College ve Stocktonu v Kalifornii. Daryl Rash, náš ředitel pro misie, mi řekl o její dobré práci při získávání služebníků, kteří jezdí do Ahmadábádu v Indii vyučovat a kázat na konferencích sponzorovaných pastorem Jaiprakashem Christian and Faith Church, skupinou více než 60 církví ve státě Gudžarát v Indii. Zavolala na Christian Life College a požádala o přednášející na nadcházející konferenci pro církve v Indii. Vyslali jsme dva naše instruktory, aby na konferenci poskytli vyučování a kázání. Příště volala Elizabeth Dasová; Daryl Rash se mě zeptal, zda bych nechtěl jet vyučovat na jednu z konferencí. Rád jsem jel a okamžitě jsem se začal připravovat na cestu. Doprovázel mě další instruktor, Brian Henry, který na konferenci kázal při nočních bohoslužbách. V té době jsem byl výkonným viceprezidentem Christian Life College a instruktorem na plný úvazek, a tak jsme si domluvili náhradníky za naše hodiny a další povinnosti a letěli jsme přes půl světa, abychom se podělili o naši službu s úžasnými lidmi v Gudžarátu v západní Indii. Při mé druhé cestě do Gudžarátu v roce 2008 mě doprovázel můj syn, který na konferenci Duch a pravda v Anandu zažil událost, jež mu změnila život. Letět kolem světa a účastnit se těchto konferencí a služebních cest je nákladné, ale odměna se nedá měřit penězi. Můj syn na této cestě do Indie učinil nový závazek vůči Pánu, který změnil směr jeho života. Nyní vede bohoslužby a je hudebním ředitelem v kostele, kde nyní sloužím jako pastor v Gilbertu v Arizoně. Služba v Indii přináší požehnání nejen lidem, ale také těm, kteří tam jedou, a to někdy překvapivým způsobem.

Vliv Elizabeth Dasové je cítit doslova po celém světě. Nejenže se zasloužila o vyslání duchovních ze Spojených států do Indie, ale také s nadšením překládá materiály do gudžarátštiny, jazyka svého domova. Kdykoli jsem s ní mluvil po telefonu, neustále hledala nové způsoby, jak sdílet pravdu evangelia. Je aktivní v modlitební službě a aktivně hledá způsoby, jak sloužit prostřednictvím biblických lekcí v tištěné podobě a na internetu prostřednictvím svých nahrávek na YouTube. Elizabeth Dasová je živoucí ukázkou toho, co může jeden člověk udělat pro změnu světa díky nadšení, vytrvalosti a modlitbě.

Veneda Ing
Milan, Tennesee, USA

Žiji v malém městě v západním Tennessee a patřím k místní letniční církvi. Před několika lety jsem se zúčastnil modlitební konference v St. Louis ve státě MO, kde jsem potkal paní jménem Tammy a okamžitě jsme se spřátelili. Jak jsme se poznávaly, vyprávěla mi o modlitební skupině, do které patří a kterou vede sestra Elizabeth Das z jejího domova v Texasu. Do této malé skupiny patřili lidé z různých částí Spojených států, kteří se k ní připojovali prostřednictvím telefonické konference.

Když jsem se vrátil domů, začal jsem volat do modlitební skupiny a Bůh mi okamžitě požehnal. Když jsem se připojil k této skupině, chodil jsem do církve přibližně 13 let, takže modlitba pro mě nebyla ničím novým, ale síla "domluvené modlitby" byla ohromující! Okamžitě jsem začal dostávat výsledky svých modlitebních žádostí a každý den jsem poslouchal zprávy o chválách. Nejenže rostl můj modlitební život, ale rostla i moje služba ve vězení spolu s dalšími dary Ducha, kterými mě Bůh požehnal. Se sestrou Das jsem se v té době ještě nikdy nesetkal.

Její velká touha modlit se a pomáhat druhým využívat dary, které v sobě mají, mě vždy přiměla vracet se pro další. Je velmi povzbudivá a velmi odvážná, nebojí se o věcech pochybovat a rozhodně se nebojí říct, pokud cítí od Boha, že něco není v pořádku. Její odpovědí je vždy Ježíš. Když se mi naskytla příležitost přijet do Texasu a zúčastnit se zvláštního modlitebního setkání u sestry Das, moc jsem se těšila, až pojedu.

Nastoupil jsem do letadla a za několik hodin jsem byl na letišti Dallas-Ft. Worth, kde jsme se poprvé po více než roce společných modliteb setkali.

Známý hlas, ale vypadalo to, jako bychom se znali už léta. Na toto setkání přijeli i další lidé z jiných států.

Domácí modlitební setkání bylo něco, co jsem nikdy předtím nezažil. Byl jsem tak nadšený, že Bůh dovolil, abych byl použit k prospěchu druhých. Během tohoto setkání jsme viděli mnoho uzdravených z problémů se zády a krkem. Viděli jsme a zažili růst nohou a rukou a byli jsme svědky toho, jak byl někdo uzdraven z cukrovky spolu s mnoha dalšími zázraky a událostmi, které změnily život, jako například vyhánění démonů. To ve mně zanechalo ještě větší touhu po Božích věcech a po tom, abych ho poznal na vyšším místě. Dovolte mi, abych se zde na chvíli zastavil a prohodil, že Bůh tyto zázraky vykonal ve jménu Ježíše a pouze ve jménu Jeho. Bůh si sestru Das používá, protože je ochotná pomáhat a učit ostatní, aby se naučili, jak dovolit Bohu, aby si je také používal. Je mi drahou přítelkyní a rádkyní, která mě naučila být Bohu zodpovědnější. Děkuji Bohu, že se naše životní cesty zkřížily a staly jsme se modlitebními partnerkami. Za 13 let života pro Boha jsem nikdy nepoznala skutečnou sílu modlitby. Povzbuzuji vás, abyste vytvořili jednotnou modlitební skupinu a jen sledovali, co Bůh udělá. On je úžasný Bůh.

Diana Guevara
Kalifornie El Monte

Když jsem se narodil, byl jsem vychován v katolickém náboženství své rodiny. S přibývajícím věkem jsem své náboženství nepraktikoval. Jmenuji se Diana Guevara a jako malá holka jsem vždycky věděla, že bych měla něco cítit, když jsem chodila do kostela, ale nikdy jsem to necítila. Mou rutinou bylo modlit se Otče náš a Zdrávas Maria, jak mě to učili jako malé dítě. Pravdou je, že jsem Boha opravdu neznala. V únoru 2007 jsem zjistila, že můj patnáctiletý přítel má milenku a že je na různých internetových seznamkách. Byla jsem tak zraněná a zničená, že jsem upadla do depresivního stavu, kdy jsem ležela na gauči a neustále plakala. Byla jsem tak zdrcená, že jsem za 21 dní zhubla 25 kilo, protože jsem měla pocit, že můj svět skončil. Jednoho dne mi zavolala sestra Elizabeth Das, paní, kterou jsem nikdy neviděla. Povzbuzovala mě, modlila se nade mnou a citovala mi úryvky z Bible. Dva měsíce jsme spolu mluvily a ona se nade mnou dál modlila a já pokaždé pocítila Boží pokoj a lásku. V dubnu 2007 mi něco řeklo, že musím jet do Texasu do domu sestry Elizabeth. Rezervovala jsem si místo a na pět dní jsem byla na cestě do Texasu. Během této doby sestra Elizabeth a já jsme se modlily a studovaly Bibli. Ukázala mi texty z Písma o tom, že se mám nechat pokřtít ve jménu Ježíše. Kladla jsem si mnoho otázek o Bohu a věděla jsem, že se musím co nejdříve nechat pokřtít ve jménu Ježíše. Poté, co jsem byla pokřtěna, jsem věděla, že to byl důvod, proč jsem cítila naléhavost jet do Texasu. Konečně jsem našel to, co mi jako dítěti chybělo, přítomnost Všemohoucího Boha! Když jsem se vrátil do Kalifornie, začal jsem navštěvovat církev Life.

Zde jsem obdržel dar Ducha svatého s důkazem mluvení v jazycích. Mohu skutečně říci, že je rozdíl mezi pravdou a náboženstvím. Bůh si skrze svou lásku použil sestru Alžbětu, aby mě učila studiu Bible a ukázala mi plán spasení podle Božího slova. Narodil jsem se do náboženství a to bylo vše, co jsem znal, aniž bych sám zkoumal Bibli. Poté, co mě naučila modlitby opakovat, nejsou teď mé modlitby nikdy rutinní nebo nudné. Rád mluvím s Pánem. Vždycky jsem věděl, že Bůh existuje, ale tehdy jsem nevěděl, že mohu také cítit jeho přítomnost a lásku, jako to cítím nyní. Nejenže je v mém životě přítomen, ale dal mi Pokoj a napravil mé srdce, když jsem si myslela, že můj svět skončil. Pán Ježíš mi dal Lásku, která mi v životě vždycky chyběla. Svůj život si bez Ježíše nedokážu představit, protože bez něj nejsem nic. Protože On zaplnil prázdná místa v mém srdci svou láskou, žiji jen a jen pro Něj. Ježíš je všechno a může uzdravit i vaše srdce. Všechnu Čest a Slávu vzdávám jen našemu Pánu Ježíši Kristu.

Jairo Pina Moje svědectví

Jmenuji se Jairo Pina a v současné době je mi 24 let a žiji v Dallasu, TX. Když jsem vyrůstal, chodili jsme s rodinou do kostela jen jednou ročně a věřili jsme v katolickou víru. O Bohu jsem věděl, ale neznal jsem ho. Když mi bylo 16 let, diagnostikovali mi zhoubný nádor na pravé lýtkové kosti známý jako osteosarkom (rakovina kostí). Prošel jsem roční chemoterapií a operacemi, abych s tím bojoval. V této době mám nejranější vzpomínku na to, jak se mi Bůh zjevil. Táhlo mě to s přítelem a jeho matkou do jedné malé budovy v Garlandu v Texasu. Matka mého přítele se přátelila s křesťanským párem, který nás zavedl k pastorovi afrického původu. Později jsem zjistil, že tento pastor má dar proroctví.

Pastor prorokoval nad jednotlivci, kteří s námi šli do této malé budovy, ale to, co prorokoval nade mnou, mi utkvělo v paměti navždy. Prohlásil" :Páni! Budeš mít velké svědectví a přivedeš jím mnoho lidí k Bohu!". Byl jsem skeptický a jen jsem pokrčil rameny, aniž bych skutečně věděl, co se stane později v mém životě. Rychle vpřed, asi dva roky poté, co jsem ukončil svůj první boj s rakovinou, se mi zhruba na stejném místě, jak už bylo zmíněno, objevila recidiva. Nesmírně mě to zničilo, protože jsem měl další plánovanou chemoterapii a musel jsem si nechat amputovat pravou nohu. V této době jsem si dopřával hodně času, abych byl sám, v naději, že se na to psychicky připravím. Jednoho dne jsem zaparkoval u jezera a začal se ze srdce modlit k Bohu. Nevěděla jsem, co modlitba skutečně znamená, a tak jsem k němu začala mluvit jen z toho, co jsem měla v mysli a v srdci. Řekl jsem:

"Bože, jestli jsi opravdu upřímný, ukaž mi to & jestli ti na mně záleží, ukaž mi to".

Asi o 15 minut později jsem šla zrušit členství v posilovně LA Fitness, kde jsem viděla pracovat jednoho ze svých přátel. Vysvětlil jsem mu, proč ruším členství, a on se mě zeptal, proč ho chci zrušit. Pak řekl: "Člověče, měl bys jít do mého kostela. Viděl jsem tam mnoho zázraků a lidí, kteří byli uzdraveni". Neměl jsem co ztratit, a tak jsem tam začal chodit. Začal mi ukazovat verše z knihy Skutků o křtu a naplnění Duchem svatým. Řekl mi o celém tom mluvení jazyky, což mi přišlo divné, ale odkázal mě na biblické důkazy. Další věc, kterou jsem si uvědomil, bylo, že jsem byl v jeho kostele, když se ptali, kdo chce odevzdat svůj život Kristu a nechat se pokřtít. Přistoupil jsem ke kazatelně, když mi pastor položil ruku na hlavu. Začal se za mě modlit a já jsem ještě téhož dne, kdy mě pokřtili, začal mluvit jazyky. To přistálo na znamení mé zkušenosti znovuzrození, aniž bych věděl, že jsem nyní v duchovním boji.

I po této zkušenosti jsem začal být napadán a odváděn od Boha. Rád bych také zmínil, že ještě předtím, než jsem byl pokřtěn, na mě duchovně útočili démoni, a dokonce jsem jich několik slyšel. Jednoho jsem slyšela, jak se směje dětský mhlasem za oknem ve tři hodiny ráno, jeden se smál, když se mě sexuálně dotýkal, a jeden mi říkal, že mě vezme do pekla. Zažil jsem ještě několik dalších útoků, ale tyhle vyčnívají nejvíc. Nyní se vrátím k tomu, kde jsem skončil, když jsem mluvil o tom, že mě to táhne pryč od Boha. Měl jsem vztah s dívkou, která mě nakonec podvedla a zlomila mi srdce na kusy. Byli jsme spolu asi rok a skončilo to tragicky. Když jsem se snažil vyrovnat s prázdnotou, začal jsem pít a kouřit. Pak jsem v slzách začal prosit Boha, aby mi pomohl a znovu mě k němu přivedl. Myslel jsem to opravdu vážně a začal jsem zakoušet Boží milosrdenství, aniž bych věděl, co to vlastně je.

Začal jsem znovu chodit do kostela se svým přítelem a jeho maminkou, kde jsem byl pokřtěn v letniční církvi. Tehdy začaly mé znalosti Bible nesmírně růst. Prošel jsem základními kurzy a četbou Božího slova jsem se toho tolik naučil. Kamarádova maminka mi nakonec dala knihu Elizabeth Dasové "Udělala jsem to po svém" a řekla mi, že je to vlivná kniha o jejím putování s Bohem. Když jsem knihu dočetla, všimla jsem si, že je na ní její e-mail. Oslovila jsem Elizabeth a kamarádč ina maminka jí o mně také řekla. Začala jsem s ní mluvit po telefonu a nakonec jsem se s ní setkala osobně. Od té doby, co jsem se s ní setkala, jsem si všimla, že opravdu miluje Boží slovo a uplatňuje ho ve svém životě. Vkládá ruce na nemocné a modlí se za mnoho lidí ve svém volném čase. Považuji ji za svou duchovní rádkyni, protože mě naučila mnoho o Bohu a jeho slově, za což jsem jí nesmírně vděčná. Řekl bych, že jsme se dokonce stali přáteli a dodnes se vzájemně kontrolujeme.

V lednu 2017 jsem měl v nájmu byt, který patřil univerzitě, na níž jsem studoval. Vlastně jsem se snažil, aby někdo převzal můj nájem kvůli finančním problémům. Nepracoval jsem a neměl jsem peníze na to, abych dál platil nájem za byt. Bohužel se mi nepodařilo najít nikoho, kdo by převzal můj nájemní vztah, což by mě činilo odpovědným za další placení nájemného. Zavolal jsem Elizabeth Dasové, jako to dělám často, o modlitbu ohledně tohoto problému s ukončením smlouvy nanečisto. V lednu téhož roku jsem podstoupil CT vyšetření hrudníku, které odhalilo, že mám skvrnu v pravém dolním laloku plic. Musel jsem podstoupit operaci, aby mi odstranili skvrnu, která se ukázala na snímku a která se ukázala jako zhoubná. I když to bylo na nic, mohl jsem kvůli tomu ještě ten samý měsíc vypovědět nájemní smlouvu na byt. Říká se, že Bůh jedná záhadnými způsoby, a tak jsem mu důvěřoval v tom, co se dělo. V té době jsem si dělala přípravné kurzy a doufala, že je dokončím a budu přijata na zdravotní školu. Elizabeth se za mě modlila, abych získala dobrou práci a dostala se na zdravotní školu podle Boží vůle pro můj život.

Asi po třech měsících jsem měl jít na další CT hrudníku, abych zjistil, zda jsem v pořádku. Na snímku se však objevila další skvrna na plicích, blízko té, která tam byla v lednu 2017. Onkolog řekl, že se domnívá, že se jedná o opětovný návrat rakoviny a je třeba ji odstranit operací. Nemohla jsem uvěřit, že se to děje. Myslela jsem si, že tím to pro mě skončilo. Řekla jsem o tom Elizabeth a mnoho dalších lidí se za mě v té době začalo modlit. I když se to dělo, stále jsem trochu věřila, že všechno bude v pořádku a že se o mě Bůh postará. Vzpomínám si, jak jsem jednou v noci řídil auto a prosil Boha: "Když mě z téhle šlamastyky dostaneš, slibuji, že se s ostatními podělím o to, co jsi pro mě udělal."

O několik týdnů později jsem šel na operaci a odstranili mi větší průměr pravého dolního laloku plíce. Elizabeth a její kamarádka dokonce přišly do nemocnice, aby na mě vložily ruce a modlily se, aby mi Bůh přinesl uzdravení. Asi dva týdny po operaci jsem se vrátil do nemocnice pro výsledky. Nemluvě o tom, že jsem v té době stále hledala práci v nemocnici, abych měla větší šanci dostat se na zdravotní školu. Když jsem ten samý den přišla k přepážce, kde jsem si vyzvedávala výsledky operace, zeptala jsem se, jestli přijímají nové zaměstnance. Jedna manažerka tam byla u vchodu, když jsem se přihlašovala, a dala mi své informace, abych jí dala vědět, až budu podávat žádost online. Další věc, kterou si pamatujete; čekala jsem v místnosti, až se objeví onkolog s mými výsledky. Byla jsem nesmírně nervózní a bála jsem se, co mi řekne.

Onkolog přišel do pokoje a první, co řekl, bylo: "Už vám někdo řekl výsledky?". Řekl jsem mu, že ne, a chtěl jsem, aby mi jen vyložil na stůl možnosti, co musím dělat dál. Pak mi řekl: "Takže vaše výsledky ukázaly, že jde jen o nahromadění vápníku, není to rakovina." "Aha," odpověděl jsem. Byl jsem úplně v šoku, protože jsem věděl, že to pro mě udělal Bůh. Šel jsem do auta a začal plakat slzy radosti! Zavolal jsem Elizabeth a oznámil jí tu dobrou zprávu. Obě jsme to společně oslavily. O několik dní později jsem se zúčastnil pohovoru o práci v nemocnici a hned o týden později mi nabídli místo. Několik týdnů poté, co jsem práci dostala, mě přijali na zdravotní školu. Sláva Bohu za to, že to všechno dal dohromady, protože mi stále přináší radost, když o tom mluvím.

Momentálně jsem v posledním semestru zdravotnické školy a v květnu 2019 končím. Zažila jsem toho tolik a jsem vděčná za všechny dveře, které mi Bůh otevřel i zavřel. Dokonce jsem se ocitla ve vztahu s jinou osobou a ta je pro mě úžasná tím, že je tu se mnou od ledna 2017, kdy mi rakovina metastázovala do plic, až do dnešního dne. Elizabeth mě toho tolik naučila a mnohokrát se za mě modlila, což mi ukazuje sílu modlitby a vkládání rukou na nemocné. Čtenáři, nejsem v žádném případě výjimečnější než ty. Bůh tě miluje stejně a Ježíš Kristus zemřel za tvé i mé hříchy. Pokud ho budeš hledat celým svým srdcem, najdeš ho.

"Vždyť já znám myšlenky, které k vám směřuji, je výrok Hospodinův, myšlenky pokojné, a ne zlé, abych vám dal očekávaný konec. Tehdy mě budete vzývat, půjdete a budete se ke mně modlit a já vás vyslyším. Budete mě hledat a naleznete mě, až mě budete hledat celým svým srdcem." Jeremiáš 29,11-13 KJV.

Madalyn Ascencio
El Monte, Kalifornie, USA

Dříve jsem věřila, že mě muž doplní. Když jsem se zamilovala do Ježíše, zjistila jsem, že je to On a jen On, kdo mě naplňuje. Byla jsem stvořena, abych Ho uctívala a zbožňovala! Jmenuji se Madalyn Ascencio a toto je mé svědectví.

V březnu 2005 jsem začala trpět úzkostnými stavy a záchvaty paniky, které trvaly 3 roky. Několikrát jsem byla v nemocnici a jediné, co mi nabídli, byla antidepresiva a valium, ale já jsem odmítla být závislá na lécích, abych se cítila normálně. Modlila jsem se, aby mi Bůh pomohl. Jednoho sobotního rána v polovině října 2008 jsem měla velmi silný záchvat paniky, a tak jsem zavolala sestře Elizabeth. Zeptala se mě, co se děje, a modlila se za mě. Jakmile jsem se cítila lépe, dala mi přečíst několik veršů z Písma. Modlila jsem se a prosila Boha, aby mi dal moudrost a porozumění. Když jsem četla Písmo,

*Jan 3,5-7: Ježíš odpověděl: "Amen, amen, pravím ti, **nenarodí-li se kdo z vody a z Ducha, nemůže vejít do Božího království.** Co se narodilo z těla, je tělo, a co se narodilo z Ducha, je duch. Nediv se, že jsem ti řekl: "Musíte se znovu narodit.*

Jan 8:32: A poznáte pravdu a pravda vás osvobodí.

Jan 10,10: Zloděj nepřichází, ale aby kradl, zabíjel a ničil; já jsem přišel, aby měli život a aby ho měli v hojnosti.

Věděl jsem, že ke mně mluví Bůh. Čím více jsem se modlila a mluvila se sestrou Elizabeth, tím více jsem věděla, že se musím nechat znovu pokřtít. Tolik jsem se modlila, aby mě Bůh přitáhl blíž. Od roku 2001 do roku 2008 jsem navštěvoval křesťanskou nedenominační církev a v dubnu 2007 jsem byl pokřtěn. Sestra Elizabeth se mě zeptala, co jsem cítila, když jsem se nechala pokřtít, a já jsem jí řekla" :Cítila jsem se dobře". Její odpověď zněla "a to je všechno"? Zeptala se, zda jsem byl pokřtěn ve jménu Ježíše, a já jsem jí řekl, že jsem byl pokřtěn ve jménu Otce, Syna a Ducha svatého. Řekla mi, abych četl a studoval.

*Skutky 2:38: Petr jim řekl: "Čiňte pokání a dejte se pokřtít **ve jménu Ježíše Krista na odpuštění hříchů**, a dostanete dar Ducha svatého.*

*Skutky 8,12-17: Když uvěřili Filipovi, který kázal o Božím království a o jménu Ježíše Krista, dali se pokřtít muži i ženy. Tehdy uvěřil i Šimon, a když byl pokřtěn, zůstal s Filipem a žasl, když viděl zázraky a znamení, která se děla. A když uslyšeli apoštolové, kteří byli v Jeruzalémě, že Samaří přijalo slovo Boží, poslali k nim Petra a Jana, kteří, když sestoupili, modlili se za ně, aby přijali Ducha svatého (neboť dosud na nikoho z nich nespadl, jen oni byli **pokřtěni ve jménu Pána Ježíše**). Potom na ně vložili ruce a oni přijali Ducha svatého.*

*Skutky 10,43-48: Vydávají mu svědectví všichni proroci, že skrze jeho jméno dostane odpuštění hříchů každý, kdo v něj věří. Ještě když Petr tato slova říkal, sestoupil Duch svatý na všechny, kdo to slovo slyšeli. A ti z obřízky, kteří uvěřili, se podivili, ti, kteří přišli s Petrem, že i na pohany byl vylit dar Ducha svatého. Slyšeli je totiž mluvit jazyky a velebit Boha. Tehdy Petr odpověděl: "Může někdo zakázat vodu, aby nebyli pokřtěni tito, kteří přijali Ducha svatého stejně jako my? A **přikázal jim, aby se dali pokřtít ve jménu Páně.***

*Skutky 19,1-6: Když byl Apollos v Korintu, Pavel prošel horní kraje a přišel do Efezu.Našel některé učedníky a řekl jim: "Přijali jste Ducha svatého, když jste uvěřili? Oni mu odpověděli: "Ani jsme neslyšeli, jestli je Duch svatý. I řekl jim: Na co jste tedy pokřtěni? A oni řekli: Na křest Janův. Tedy řekl Pavel: Jan vpravdě křtil křtem pokání, řka lidu, aby věřil v toho, kterýž přijíti má po něm, to jest v Krista Ježíše. Když to uslyšeli, **dali se pokřtít ve jménu Pána Ježíše**. Když na ně Pavel vložil ruce, sestoupil na ně Duch svatý a oni mluvili jazyky a prorokovali.*

*Skutky 22:16 A nyní, proč otálíš, vstaň, dej se **pokřtít a smyj své hříchy, vzývajíc jméno Páně.***

Pán mi zjevil, že Duch svatý je dostupný i pro mě, a pokud se nechám **pokřtít ve jménu Ježíše**, budu uzdravena a vysvobozena z tohoto hrozného utrpení. Ve dnech, kdy to bylo opravdu zlé, jsem volala sestře Alžbětě a ona se nade mnou modlila. Uvědomovala jsem si, že na mě útočí nepřítel, vždyť jeho posláním je krást, zabíjet a ničit, jak stojí v Janově evangeliu 10,10. Vždyť jsem se snažila, aby mě nepřítel napadl. Před mnoha lety jsem si přečetl Efezským 6,10-18 a uvědomil jsem si, že potřebuji denně nosit celou Boží výzbroj. Pokaždé, když jsem začal cítit, že mě přemáhá úzkost, začal jsem bojovat a nebát se. Dne 2. listopadu 2008 jsem byl pokřtěn ve jménu Ježíše v církvi Life Church v Pasadeně v Kalifornii. Cítil jsem ten nejúžasnější Pokoj, jaký jsem nikdy předtím nepoznal, a to ještě předtím, než jsem vstoupil do vody, abych byl pokřtěn. Když jsem vylezl z vody, cítil jsem se lehký jako pírko, jako bych chodil po oblacích, a nemohl jsem se přestat usmívat. Cítil jsem Boží přítomnost, pokoj a lásku jako nikdy předtím. Dne 16. listopadu 2008 jsem obdržel dar Ducha svatého na základě důkazů mluvení jinými jazyky. Prázdnota, kterou jsem od dětství vždy cítil, byla nyní zaplněna. Věděl jsem, že mě Bůh miluje a má pro můj život velký záměr, a čím více ho hledám a modlím se, tím více se mi zjevuje. Bůh mi ukázal, že mám sdílet svou víru, dávat naději a lásku. Od mého nového apoštolského zrození a osvobození od úzkosti přivedl Ježíš do mého života mnoho lidí, kteří také trpí úzkostí. Nyní mám ve svém svědectví službu, o kterou se s nimi mohu podělit.

Jsem Ježíši velmi vděčná za sestru Elizabeth Das. Díky jejím modlitbám a učení nyní také pracuji pro Ježíše. Svými modlitbami a službou přivedla k Pánu také mou matku, dceru, tetu a několik přátel. Byla jsem stvořena k tomu, abych vzdávala Ježíši veškerou slávu! Požehnané budiž Jeho svaté jméno.

Martin Razo
Santa Ana, Kalifornie, USA

Jako dítě jsem žil ve smutku. I když mě obklopovali lidé, měl jsem pocit hluboké samoty. Jmenuji se Martin Razo a takové bylo mé dětství, když jsem vyrůstal. Na střední škole všichni věděli, kdo jsem, i když nepatřili do okruhu těch, které jsem považoval za "cool lidi". Měl jsem pár kamarádek, bral jsem drogy a žil jsem, jako by to bylo něco normálního, protože to dělali skoro všichni ostatní. V pátek a v sobotu večer jsem se s kamarády zhulil a chodil do klubů balit holky. Táta mi byl pořád v patách a sledoval, co a kde dělám.

Rodinná přítelkyně sestra Elizabeth se se mnou podělila o své svědectví. Nebyla to nuda, vlastně to bylo velmi zajímavé, co říkala. Myslela jsem si, že tomu, co říká, skutečně věří. Pak se najednou doma všechno pokazilo. Zdálo se, jako by mě Pán varoval a volal skrze strach. Zažila jsem tři velmi děsivé zážitky, které mě v to utvrdily. Nejprve mě chytili s drogami a utekl jsem z domova, ale ne na dlouho. Teta mě přiměla zavolat mamince a poté, co jsem se dozvěděl, že máma má cukrovku, jsem se vrátil domů. Zadruhé jsem se ve dvě hodiny ráno vracel z nočního klubu a měl jsem autonehodu, při které auto vyletělo do vzduchu. V té době jsem se účastnila biblického studia se sestrou Das. Za třetí jsem požádal kamaráda o svezení, a když jsme si začali povídat, řekl mi, že zaprodal svou duši ďáblu a jak má moc rozsvěcet a zhasínat světla. Pomocí pouličního osvětlení mi to předvedl tak, že mrkáním očí je zapínal a vypínal. Viděl jsem jeho tvář, jako by se měnila v démona. Vyskočil jsem z auta a utíkal domů, jak nejrychleji jsem mohl. O několik hodin později jsem začal přemýšlet o tom, co mi řekla sestra Elizabeth, a napadlo mě, že to musí být také skutečné.

Sestra Das mi po telefonu poskytla biblickou studii o křtu ve jménu Ježíše, jak se o něm mluví v knize Skutků apoštolů a v prvotní církvi. Tehdy ještě nevěděla o mých sebevražedných sklonech, ale něco jí říkalo, že to potřebuji slyšet hned, protože už mě možná neuvidí. Nechal jsem se pokřtít v době, kdy jsem navštěvoval církev, která věřila, že Bůh je svatá trojice tří osob. Z této církve jsem přecházel k učení apoštolů. Bůh je jeden! Bůh je Duch, Ježíš byl Bůh, který přišel v těle, aby přebýval mezi lidmi, a Duch svatý je Bůh v nás. To bylo a je učení apoštolů. Přijal jsem za pravdu jen to, co mě učili. Nevěděl jsem, kdy a odkud se tato víra vzala.

O týden později mě sestra Alžběta požádala, abych šla ke strýci domů na studium Bible. Bratr James Min, který má dar uzdravování a osvobozování, šel s ní. Ten večer se děly zázraky a po biblickém studiu se nás zeptali, zda chceme přijmout Ducha svatého. Většina z nás řekla ano. Stále jsem si říkal, že je to šílené a není to možné, ale přesto jsem vystoupil.

Když se za mě bratr Jakub a sestra Alžběta modlili, zmocnila se mě síla. Nevěděl jsem, jak na tento silný pocit radosti reagovat. Nejprve jsem pocit této síly potlačil. Pak podruhé přišel silnější než poprvé, zesílil, když jsem se ho znovu snažil potlačit.

Potřetí jsem nedokázal Ducha potlačit a začal jsem mluvit jiným jazykem nebo řečí, kterou jsem neznal. Myslel jsem si, že mluvení v jazycích je lež, a tak když na mě poprvé přišla radost z Ducha svatého; snažil jsem se mluvit, ale snažil jsem se to zastavit, protože jsem se bál. Ježíš mě toho dne uzdravil ze všech depresí a myšlenek na sebevraždu.

Nyní je mi 28 let a Pán skutečně změnil můj život k lepšímu. Dokončil jsem biblickou školu a Pán mi požehnal krásnou manželku. V našem sboru máme službu pro mládež a také se snažím o službu Božího služebníka. Sestra Das se nikdy nevzdala rodiny Razo ani mě. Díky jejím četným modlitbám a sdílení svědectví o Boží moci přišlo dobro pro celou rodinu Razo. Mnoho našich příbuzných a sousedů se také obrátilo k Pánu Ježíši Kristu. Nyní mám svědectví i já. Dovolte mi říci, že se nikdy nesmíte přestat modlit za své blízké a lidi obecně. Možná nikdy nebudete vědět, co Bůh dělá a jak taktizuje, aby to uskutečnil po svém!!!

Tammy Alford
Hora. Herman, Louisiana, USA.

V podstatě jsem celý život chodil do kostela. Mým břemenem jsou lidé, kteří trpí, a chci je oslovit slovem pravdy, aby věděli, že Ježíš je jejich nadějí. Když mi Pán dal toto břemeno, napsal jsem "Lidé" na modlitební plátno a podělil se o něj se svým sborem. Začali jsme se modlit a přimlouvat a výsledkem bylo, že každý dostal modlitební plátno, které si mohl vzít domů a modlit se nad ním.

 Prostřednictvím našeho bývalého pastora a jeho rodiny (kteří jsou nyní povoláni do Indie jako misionáři) jsem se poprvé setkal se sestrou. Elizabeth Dasovou. Náš venkovský sbor ve Franklintonu v Louisianě ji přivítal, když se podělila o své silné svědectví. Všichni byli požehnáni. O několik měsíců později jsme se se sestrou Elizabeth stali modlitebními partnery. Zářivá dáma, která se nejen ráda modlí, ale také tím žije! Úžasně pravdivě žije" :V době a mimo dobu". Náš čas modliteb probíhal brzy ráno po telefonu, Texas se spojil s Louisianou. Dostalo se nám Pánova požehnání. On dal vzrůst a brzy jsme měli modlitební skupinu z různých států.

Prostřednictvím sdílené linky konference jsme se začali modlit a postit, pak začaly přicházet zprávy o chválách. Náš Bůh je tak úžasný! Sestra Alžběta je tou zářivou ženou, která tak hoří touhou vidět duše spasené. Její hořící plamen zažehl a podnítil mnoho dalších k modlitbám a má vizi. Žádná nemoc, bolest ani ďábel v pekle ji nezastaví. Již mnoho let oslovuje a modlí se za ztracené a umírající; to ukáže až věčnost. Děkuji Bohu za její buldočí odhodlání a lásku k "Lidem". Viděl jsem, jak Bůh skrze ni koná úžasné skutky, zázraky a odpovídá na modlitby. Moji přátelé zde a lidé, se kterými se znám, mohou všichni dosvědčit, že když zavoláme sestru. Elizabeth, modlí se modlitbu víry. Dějí se věci! Například jedna paní, která čas od času navštěvuje náš sbor, měla jít na vážnou operaci. Přestože bydlela mimo město, řekla jsem jí, že zavolám sestře Alžbětě a budeme se za její nemoc modlit po telefonu. Pomodlili jsme se a její bolesti byly pryč. Sestra Alžběta jí řekla : "Nemusíte na operaci, jste uzdravena." A ona se na to podívala. Zůstala objednaná na operaci, dokud jí z nemocnice nezavolali, aby operaci zrušila, a ona šla a přeobjednala se. Nemocnice již neprováděla žádné předoperační testy a pokračovala v operaci. Po operaci jí oznámili, že u ní nenašli nic špatného, ani stopu po závažné nemoci.

Další zázrak se týkal mé kamarádky, která má malého chlapce. Byl nemocný s horečkou a usnul. Zavolali jsme sestru. Elizabeth a modlili jsme se přes hlasitý telefon. Chlapec se najednou probudil, normálně vstal, běhal a byl uzdraven. Mnohokrát jsme se modlili nad domy s démonickými duchy a skutečně jsme cítili, že se něco stalo. Radovali jsme se ze zprávy, že nám řekli, že pocítili náhlý pokoj nebo že se mohli dobře vyspat, aniž by je někdo trápil.

Vím, že od té doby, co jsem se stal členem této modlitební skupiny, se moje víra posílila. Sestra Elizabeth je pro mě učitelkou v mnoha směrech. Poskytla mi duchovní vedení prostřednictvím Božího slova. Její život je tím krásným příkladem, který zobrazuje metafory v Bibli, kde se mluví o "světle na kopci, které nelze skrýt", a také o "stromu zasazeném u vodních toků". Její kořeny jsou hluboce zakořeněny v Ježíši a ona je schopna dodávat druhým sílu a moudrost, kterou potřebují. Vím, že skrze temné zkoušky, kterými jsem prošla, sestra. Elizabeth za mě modlila a jsem jí za její službu vděčná. Ona je skutečně tím oslnivým klenotem vyvoleným v Kristu, který je mocně používán pro Jeho království. Každé časné ráno přináší ty prázdné nádoby před Ježíše a On je znovu naplňuje. Děkuji sestře Alžbětě za to, že se skutečně, ale čistě odevzdává Ježíši a Jeho Království. Bohu buď sláva!

Rhonda Callahanová
Fort Worth, Texas
20. května 2011

Někdy v roce 2007 jsem projížděl městem Dallas po nadjezdu a všiml jsem si několika bezdomovců, kteří spali pod mostem. Byl jsem pohnut soucitem a řekl jsem Pánu" :Pane, kdybys byl dnes na této zemi, dotkl by ses těch mužů, uzdravil jejich mysl a učinil je zdravými! Stali by se z nich produktivní muži společnosti, kteří by žili normálním životem."…. Ježíš okamžitě promluvil k mému srdci a řekl: "Ty jsi mé ruce a ty jsi mé nohy". V tu chvíli jsem věděl, co ke mně Bůh mluví. Začal jsem plakat a chválit Ho. Měl jsem moc dotknout se těch lidí a uzdravit je. Ne ze své vlastní moci, ale z Jeho moci.

Podle Skutků apoštolů 1,8 "Ale dostanete moc, až na vás sestoupí Duch svatý, a budete mi svědky jak v Jeruzalémě, tak ve všem Judsku, Samařsku a až na samý konec země.

Efezským 1:13-14 nám dále říká;

"V něhož jste také doufali, když jste slyšeli slovo pravdy, evangelium o vaší spáse, v něhož jste také, když jste uvěřili, byli zapečetěni tím svatým Duchem zaslíbení, který je závdavkem našeho dědictví až do vykoupení získaného majetku k chvále jeho slávy."

Obdržel jsem moc a byl zapečetěn v roce 1986, kdy mě Bůh slavně pokřtil Duchem svatým. Tolikrát máme myšlení, že kdyby tu byl Bůh dnes, děly by se mezi námi zázraky. Musíme pochopit, že když vás naplní svým Duchem svatým. Dal vám moc konat zázraky. Stáváme se Jeho rukama a nohama, jsme povoláni hlásat toto úžasné poselství všem, kdo jsou v nouzi.

Lukáš 4:18

"Duch Páně je nade mnou, protože mě pomazal, abych hlásal evangelium chudým, poslal mě uzdravovat zlomené srdce, hlásat

zajatým vysvobození a slepým navrácení zraku, propustit potlučené na svobodu, hlásat příjemný rok Páně. "

Přestože jsem byl od roku 1986 naplněn Duchem svatým, v posledních letech jsem dostal několik tvrdých ran. Věrně jsem navštěvoval církev, byl jsem učitelem v nedělní škole a právě jsem dokončil čtyři roky biblické školy. Dobrovolně jsem dělal vše, co se po mně v církvi chtělo.

Přesto jsem byl velmi utlačován. Stále jsem věřil, že Bůh je schopen udělat vše, co slíbil, ale byl jsem rozbitá nádoba. Bývaly doby, kdy jsem před Pánem pracoval na modlitbách a přímluvách, každý den jsem četl Bibli, při každé příležitosti jsem svědčil, ale nyní jsem zjistil, že se vůbec nemodlím. Byl jsem sklíčený a deprimovaný, přepadala mě neustálá duševní muka. Moje dcera nedávno opustila manžela a podala žádost o rozvod. Mému vnukovi byly v té době čtyři roky a já viděla, jakou bolestí trpí z rozvrácené rodiny. Stále více mě trápily myšlenky na to, jaký život bude žít, když bude vychováván v rozvrácené rodině. Trápila jsem se možností, že bude zneužíván nevlastním rodičem, který k němu nechová žádnou lásku, nebo možností, že kvůli tomuto rozvodu nebude vyrůstat s pocitem, že ho otec nebo matka milují. Hlavou se mi honily hrozné myšlenky a denně jsem plakala. Tyto myšlenky jsem vyjádřila několika blízkým přátelům. Vždy mi odpověděli stejně: Důvěřuj Bohu! Věděla jsem, že Bůh je schopný, ale ztratila jsem víru v sebe sama. Když jsem se modlila, přistihla jsem se, že prosím, pláču a přeji si, aby ho Bůh ochránil. Věděla jsem, že to dokáže, ale udělá to pro mě?

Bojovala jsem s jídlem a neustále jsem se potřebovala cpát. Mé tělo se stalo vládcem mého života. Už jsem nechodil v duchu, ale chodil jsem spíše v těle a neustále jsem plnil tělesné žádosti, nebo jsem to tak alespoň cítil.

27. března 2011 se po kostele konal oběd pro dámy. Byla jsem požádána, abych promluvila. Pamatujte si, že jsem stále normálně pracoval v církvi, ale byl jsem zlomený a málokdo, pokud vůbec někdo, chápal hloubku mého zlomení. Po obědě ke mně s milým úsměvem

přistoupila sestra Elizabeth Dasová a dala mi své telefonní číslo. Řekla: "Zavolej mi, kdybys někdy potřebovala jít někam po církvi, můžeš zůstat u mě doma." A tak jsem se rozhodla, že to udělám. Důvod, proč mi řekla, že u ní mohu zůstat, je ten, že to mám do kostela 65 mil jedním směrem a je velmi těžké jet domů a zase se vracet na večerní bohoslužbu, takže jsem se prostě snažila vydržet až do večerní bohoslužby, místo abych mezi bohoslužbami jela domů.

Uplynuly asi dva týdny a já měla pocit, že mám ještě větší depresi. Jednoho rána jsem cestou do práce prohledala kabelku a našla číslo sestry Elizabeth. Zavolala jsem jí a poprosila ji, aby se za mě modlila.

Čekal jsem, že řekne ok a ukončí hovor. Ale k mému překvapení řekla, že se za tebe teď budu modlit. Zastavil jsem auto u krajnice a ona se za mě pomodlila.

Následující týden po kostele jsem s ní šel domů. Po chvíli rozhovoru mě požádala, aby se za mě pomodlila. Položila mi ruce na hlavu a začala se modlit. Se silou a autoritou v hlase se modlila, aby mě Bůh vysvobodil. Kárala temnotu, která mě obklopovala: přejídání, duševní trýzeň, deprese a útlak.

Vím, že toho dne Bůh použil tyto ruce, aby mě vysvobodil z hrozného útlaku, kterým jsem trpěl. V okamžiku, kdy se sestra Alžběta odevzdala Bohu, mě osvobodil!

Marek 16,17-18 nám říká" :A tato znamení budou následovat ty, kdo uvěří: V mém jménu budou vyhánět ďábly, budou mluvit novými jazyky, budou brát hady, a kdyby se napili něčeho smrtelného, neublíží jim to; budou vkládat ruce na nemocné a ti uzdraví."

Izaiáš 61:1 "Duch Panovníka Hospodina je nade mnou, protože mě Hospodin pomazal, abych zvěstoval dobrou zprávu pokorným, poslal mě obvázat zkroušené, vyhlásit zajatcům propuštění a svázaným otevření vězení."

Ježíš potřebuje, abychom byli jeho rukama a nohama. Sestra. Alžběta je opravdovou Boží služebnicí. Je naplněna Jeho mocí a je poslušná Jeho hlasu. Jsem tak vděčná, že existují ženy jako sestra. Elizabeth chodí mezi námi, které stále věří v osvobozující moc Ježíšovy drahocenné krve, které byly pomazány Jeho Duchem a naplňují to úžasné poslání, k němuž ji povolal. Toho dne Bůh proměnil mou bolest v krásu a odstranil ducha tíhy, který nahradil olejem radosti.

Izajáš 61:3 "Aby určil truchlícím na Sijónu, aby jim dal krásu místo popela, olej radosti místo smutku, roucho chvály místo ducha těžkosti, aby byli nazýváni stromy spravedlnosti, Hospodinovou výsadbou, aby byl oslaven."

Dnes vás vyzývám: Hledejte Boha celým svým srdcem, abyste mohli chodit v plnosti jeho moci. Potřebuje, abyste se o Ježíše dělili s druhými a byli jeho rukama a nohama. Amen!

Vicky Franzen Josephine
Texas

Jmenuji se Vicki Franzen, většinu svého dospělého života jsem chodila do katolické církve, ale vždy jsem měla pocit, že mi něco chybí. Před několika lety jsem začala poslouchat rozhlasový pořad, který učil o konci světa. Bylo mi zodpovězeno mnoho otázek, které jsem měla celý život. To mě přivedlo k apoštolské církvi, abych pokračoval v hledání pravdy. Tam jsem byl pokřtěn ve jménu Ježíše a přijal křest Duchem svatým s důkazem mluvení v jazycích, jak je popsáno v knize Skutků.

Další čtyři roky se zdálo, že schopnost mluvit jazyky už nemám, i když jsem pravidelně navštěvoval kostel, modlil se, studoval a zapojoval se do různých služeb. Cítil jsem se velmi "suchý" a bez Ducha svatého. Jiná členka mého sboru mi řekla, že když na ni sestra Liz vložila ruce a modlila se, "něco" z ní vyšlo; díky tomu se cítila zcela osvobozená od útlaku, deprese atd.

Několik dam z našeho sboru se sešlo na obědě, což mi umožnilo setkat se se sestrou Elizabeth. Začal rozhovor o démonech a duchovním světě. Toto téma mě vždy velmi zajímalo, ale nikdy jsem o něm neslyšela žádné učení. Vyměnily jsme si telefonní čísla a začaly jsme studovat Bibli u ní doma. Ptal jsem se, jak může mít člověk, který byl pokřtěn ve jménu Ježíš ea pokřtěn Duchem svatým, démona. Řekla mi, že člověk musí žít spravedlivým svatým životem, modlit se, postit se, číst Boží slovo a zůstat plný Ducha svatého tím, že každý den mluví jazyky. Tehdy jsem se podělil o svou zkušenost, že se cítím vyprahlý a nejsem schopen mluvit v jazycích. Vložila na mě ruce a modlila se. Cítil jsem se dobře, ale byl jsem velmi unavený. Liz mi vysvětlila, že když zlý duch vyjde z těla, zanechá v člověku pocit únavy a vyčerpání. Pokračovala v modlitbě nade mnou a já jsem začal mluvit jazyky. Byla jsem tak vzrušená a plná radosti. To, že jsem mohl mluvit jazyky, mi dávalo najevo, že mám stále Ducha svatého.

S Liz jsme se staly dobrými přítelkyněmi a společně se modlíme. Sestra Elizabeth má tak milého a jemného ducha, ale když se modlí, Bůh ji pomazává zbožnou odvahou uzdravovat nemocné a vyhánět démony. Modlí se s autoritou a téměř vždy se okamžitě dočká odpovědi. Bůh ji obdařil talentem vyučovat Písmo, díky němuž je jeho význam, pro mě velmi jasný.

Vyprávěla jsem Liz o dceři své kamarádky Valerie, Mary. Byla jí diagnostikována porucha pozornosti a CHOPN. Měla také prasklé ploténky, které se snažili léčit bez operace. Neustále byla v nemocnici s různými fyzickými problémy. Brala spoustu různých léků bez dobrých výsledků. Mary byla natolik postižená, že nemohla pracovat; a musela se starat o čtyři děti, aniž by ji bývalý manžel jakkoli podporoval.

Sestra Liz mi začala říkat, že některé z těchto věcí jsou démoni a mohou být vyhnáni ve jménu Ježíše. Měl jsem o tom jisté pochybnosti jednoduše proto, že jsem nikdy neslyšel, že by se o této konkrétní nemoci mluvilo jako o nemoci způsobené démony. Když jsme si nedávno s kamarádkou a její tchyní sedly na kávu, začaly mi vyprávět, jak k nim Marie viskózně promlouvala. Křičela, ječela a nadávala jim. Věděly, že zažívala velké bolesti kvůli problémům se zády a silným bolestem hlavy, které léky zřejmě nezmírňovaly; tohle však bylo jiné. Mluvili o tom, jak nenávistné byly někdy její oči a jak moc je to děsilo.

O několik dní později mi kamarádka zavolala, že už to nemůže vydržet! Popisy toho, jak se její dcera chovala, začaly potvrzovat věci, které sestra. Liz vyprávěla o démonech. Všechno, co mi řekla, Bůh potvrdil prostřednictvím druhých. Mariin stav se zhoršoval a ona začala mluvit o tom, že ukončí svůj život. Začali jsme se svorně modlit za vyhnání démonů z Mary a jejího domova. Bůh probudil sestru Liz dvě noci po sobě, aby se za Marii přimlouvala. Liz výslovně prosila Boha, aby Marii ukázal, co se tam děje.

Když se Maria v noci modlila, měla vidění, že její manžel (který ji opustil a žije s jinou ženou) je v jejím domě. Myslela si, že vidění je Boží odpovědí na její modlitbu, že se k nim na Vánoce vrátí domů. Sestra Liz mi řekla, že má podezření, že proti Marii bylo použito čarodějnické řemeslo. Pravděpodobně ze strany jejího bývalého manžela nebo ženy, se kterou žil. Opravdu jsem nechápala, jak to mohla vědět. O nic z toho, co mi Liz řekla, jsem se s nikým nepodělila. Během několika dní mi Valerie řekla, že její dcera Mary dostává podivné ošklivé textové zprávy od ženy, která žije s jejím bývalým manželem. Mary věděla, že ten jazyk určitě slouží k čarodějnickým účelům. To bylo potvrzení toho, co mi řekla sestra Liz.

V posledních několika měsících, kdy jsme věděli o Mariině stavu, jsme se za ni snažili chodit modlit. Nikdy se to nepodařilo. Sestra Liz řekla : "I když se nemůžeme dostat k ní domů, Bůh půjde a postará se o situaci".

Když Ježíš vešel do Kafarnaum, přišel k němu setník a prosil ho: "Pane, můj služebník leží doma nemocný ochrnutím a těžce se trápí. I řekl jemu Ježíš: Já přijdu a uzdravím ho. Odpověděl setník a řekl: "Pane, nejsem hoden, abys vešel pod mou střechu, ale řekni jen slovo, a můj služebník bude uzdraven. Neboť já jsem člověk pod mocí a mám

pod sebou vojáky; řeknu tomuto: Jdi, a on jde, jinému: Pojď, a on
přijde, a svému služebníku: Udělej to, a on to udělá. Když to Ježíš
uslyšel, podivil se a řekl těm, kteří šli za ním: "Amen, pravím vám, tak
velkou víru jsem nenašel, ne v Izraeli. (Matouš 8, 5-10)

Do dvou dnů od naší modlitby za vyhnání démonů z Marie a jejího
domova oznámila své matce, že lépe spí a že už nemá žádné sny. To je
jedna z mnoha věcí, které sestra. Liz řekla, že když máte mnoho snů a
nočních můr, může to být známkou přítomnosti zlých duchů ve vašem
domě. Následující den jí jedna Valeriina spolupracovnice vyprávěla o
snu, který se jí zdál předešlou noc. Od Maryina domu se plazil plochý
černý had. Toho dne Mary zavolala své matce, že se cítí tak šťastná a
radostná. Byla na nákupu se svými patnáctiměsíčními dvojčaty; což už
dlouho nedělala. To bylo další potvrzení toho, že ADD, ADHD,
bipolární porucha a schizofrenie jsou útoky nepřítele. Máme moc nad
štíry a hady (To jsou všechno zlí duchové, kteří jsou zmíněni v Bibli.),
které můžeme vyhnat pouze, ve jménu Ježíše.

Hle, dávám vám moc šlapat po hadech a štírech a po veškeré moci
nepřítele a nic vám neublíží. Lukáš 10,19

Sestra Liz mi také řekla, že musíme denně pomazávat požehnaným
olivovým olejem svou rodinu, své domovy i sami sebe před útoky
nepřítele. Měli bychom také nechat Boží slovo proniknout do našeho
domova.

Tato zkušenost mi pomohla vidět některé situace, které jsou určitě
ovládány démony, jak se o nich mluví v Bibli.

Neboť nebojujeme proti krvi a tělu, ale proti knížectvím, proti
mocnostem, proti vládcům temnot tohoto světa, proti duchovní zlobě
na vysokých místech. (Efezským 6,12)

Mohu mluvit pouze za sebe. Vyrostl jsem v přesvědčení, že zázraky,
mluvení jazyky, uzdravování nemocných a vyhánění démonů se děly
pouze v biblických dobách, kdy byl na zemi Ježíš a jeho apoštolové. O

posedlosti démony v dnešní době jsem nikdy moc nepřemýšlel. Nyní vím a chápu, že jsme stále v biblické době! Jeho slovo bylo vždy určeno pro současnost. "Přítomnost" byla včera, "přítomnost" je teď a "přítomnost" bude pro zítřek!

Ježíš Kristus je stejný včera i dnes i navěky. (Žid 13,8)

Satanovi se podařilo oklamat nás a odvést od moci, kterou Bůh dal své církvi. Boží církev jsou ti, kdo činí pokání, jsou pokřtěni ve jménu Ježíše a přijímají dar Ducha svatého s důkazem mluvení jazyky. Ti pak obdrží moc z výsosti.

Ale dostanete moc, až na vás sestoupí Duch svatý, a budete mi svědky v Jeruzalémě i ve všem Judsku a Samařsku a až na samý konec země. (Skutky 1,8)

A má řeč a mé kázání nebylo v lákavých slovech lidské moudrosti, ale v projevu Ducha a moci. (1. Korintským 2:4)

Naše evangelium k vám totiž nepřišlo jen ve slovech, ale také v moci a v Duchu svatém a v mnoha jistotách, protože víte, jací lidé jsme mezi vámi byli kvůli vám. (1. Tesalonickým 1,5)

Boží slovo je pro nás TEĎ!

Oddíl II

Nikdy mě nenapadlo, že bych tuto druhou část do své knihy zařadil. Přesto jsem si udělal čas a tuto část přidal, protože si tuto informaci vyžádalo mnoho lidí. Od té doby, co jsem začal vést biblické hodiny pro různé národnosti, jsme se setkávali se změnami v moderních Biblích. Začal jsem pátrat hluboko v historii a našel jsem některé velmi šokující informace. Když mám tyto informace, věřím, že je mou povinností dát svým spolubratrům a sestrám vědět tuto pravdu a zastavit nepřítele v jeho počínání, aby už lidi neklamal.

A.

Jazyky, které Bůh použil

V průběhu staletí měla Bible mnoho různých podob a především různých jazyků. V průběhu dějin se setkáváme se čtyřmi hlavními jazyky, do nichž byla Bible překládána: nejprve do hebrejštiny, poté do řečtiny, následovala latina a nakonec angličtina. Následující odstavce tyto jednotlivé etapy stručně představí.

Přibližně od roku 2000 př. n. l., tedy od doby Abraháma, do roku 70 n. l., kdy byl zničen druhý chrám v Jeruzalémě, se Bůh rozhodl promlouvat ke svému lidu prostřednictvím semitských jazyků, především hebrejštiny. Právě prostřednictvím tohoto jazyka byl jeho vyvolenému lidu ukázán směr a také to, že skutečně potřebuje Spasitele, který by ho napravil, když zhřeší.

S rozvojem světa vznikla velmoc, jejíž hlavní komunikační prostředek byla řečtina. Řečtina byla po tři staletí významným jazykem a byla logickou volbou Boha. Právě řečtinu si Bůh vybral pro sdělení Nového zákona; a jak dokazují dějiny, šířila se jako požár. Satan si uvědomil, jakou hrozbou by byl text napsaný v jazyce mas, a rozhodl se zničit důvěryhodnost Bible. Tato "falešná" Bible byla napsána v řečtině, ale vznikla v egyptské Alexandrii; Starý zákon označovaný jako "Septuaginta" a Nový zákon byl nazýván "Alexandrijský text". Informace byly překrouceny lidský minápady a vypuštěny mnohé Boží výroky. Je také zřejmé, že dnes tyto apokryfy (řecky znamenající "skryté", nikdy nebyly považovány za Boží slovo) pronikly do naší moderní Bible.

V roce 120 n. l. se latina stala běžným jazykem a Bible byla znovu přeložena v roce 1500. Protože latina byla v té době tak rozšířeným jazykem, byla Bible snadno čitelná po celé Evropě. Latina byla v té době považována za "mezinárodní" jazyk. Díky tomu mohla Bible cestovat po zemích a být dále překládána do regionálních dialektů. Tato raná verze se nazývala Vulgáta, což znamená "obecná Bible". Ďábel na tuto hrozbu reagoval vytvořením sesterské knihy v Římě. Římané tvrdili, že jejich Bible, která byla plná "vyhozených knih" apokryfů a textů, které se měly podobat skutečné Bibli, je ve skutečnosti pravá Bible. V tuto chvíli máme dvě Bible, které se od sebe dramaticky lišily; aby ďábel ochránil svou falešnou Bibli, musel se vydat na cestu a zničit pravé texty. Římští katolíci vyslali žoldnéře, aby vyhladili a umučili ty, kteří vlastnili pravou latinskou Vulgátu. Žoldnéři byli z větší části úspěšní, ale nakonec ji nedokázali zcela vymýtit a Boží slovo zůstalo zachováno.

V letech 600-700 n. l. se vyvinul nový světový jazyk, angličtina. Bůh začal připravovat půdu, která následně vyvolala masivní misionářské hnutí. Nejprve William Tyndale v roce 1500 začal překládat původní hebrejské a řecké texty do nového jazyka. Mnozí po něm se pokoušeli o totéž a snažili se co nejlépe přizpůsobit předchozím hebrejským a řeckým textům. Mezi těmito lidmi byl i král Jakub VI, který v roce 1604 pověřil radu, aby vytvořila co nejpřesnější anglickou verzi textů. Do roku 1611 byla v oběhu autorizovaná verze, obecně známá jako Bible krále Jakuba. Z této Bible začali překládat misionáři po celém světě.

Satan neustále útočí na Boží slovo:

Nyní čelíme dalšímu útoku ďábla. Do Bible vydané v roce 2011, která tvrdí, že se jedná o KJV z roku 1611, byly vloženy apokryfy, které nikdy nebyly považovány za Boží slovo. Apokryfy byly z KJV odstraněny autorizovanými učenci s vědomím, že se nejedná o slovo Boží.

Satan se nikdy nevzdává!

B.

Jak Bůh zachoval své slovo?

Bůh klade nejvyšší důraz na své psané slovo, což je zcela zřejmé.

Hospodinova slova jsou čistá slova, jako stříbro zkoušené v hliněné peci, sedmkrát přečištěné. Zachováš je, Hospodine, zachováš je před tímto pokolením navěky (Žalmy 12,6-7).

Boží slovo je nad všechna jména:

*"Budu se klanět u tvého svatého chrámu a chválit tvé jméno za tvou milost a tvou pravdu, **nebof jsi své slovo vyvýšil nade všechno své jméno**." (Žalmy 138,2)*

Pán nás také varoval před svým pohledem na své slovo. Vážně varoval ty, kdo by chtěli Písmo zkazit. Bůh varoval před přidáváním k jeho slovu:

Každé Boží slovo je čisté, *on je štítem těm, kdo v něj doufají. Nepřidávej k jeho slovům, aby tě nepokáral a nebyl jsi shledán lhářem. (Přísloví 30,5-6)*

Bůh zachoval svá slova pro všechny generace, a to bez výjimky!

Mnoho zbožných lidí se hrdinně snažilo zadržet sílící vlnu odpadlictví a nevíry; částečně kvůli oslabení autority Božího slova. Během temného středověku katolická církev ovládala lidi tím, že nechala Bibli psát pouze latinsky. Obyčejní lidé neuměli číst ani mluvit latinsky.

Do roku 400 n. l. byla Bible z původních pravých rukopisů přeložena do 500 jazyků. Katolická církev, aby měla lidi pod kontrolou, vydala tvrdý zákon, že Bible se smí psát a číst pouze v latině. Tato latinská verze nebyla přeložena z původních rukopisů.

John Wycliffe:

John Wycliffe byl známý jako pastor, učenec, oxfordský profesor a teolog. V roce 1371 začal J. W. s pomocí mnoha věrných písařů a následovníků ručně přepisovat rukopisy do angličtiny. Viklefův první rukopis anglicky psané Bible byl přeložen z latinské Vulgáty. To mělo pomoci zastavit falešné učení římskokatolické církve. Napsání a distribuce jediného výtisku Bible trvala deset měsíců a stála čtyřicet liber. Boží ruka byla nad Viklefem. Římskokatolická církev proti Viklefovi zuřila. Od újmy mu pomohlo mnoho jeho významných přátel. Přestože katolická církev udělala vše, co bylo v jejích silách, aby sebrala a spálila každý výtisk, Viklefa to nezastavilo. Nikdy se nevzdal, protože věděl, že jeho práce není marná. Katolické církvi se nepodařilo získat všechny výtisky. Zůstalo sto sedmdesát výtisků. Bohu buď sláva!

Římskokatolická církev pokračovala ve svém hněvu. Čtyřicet čtyři let po smrti Jana Viklefa papež nařídil, aby byly jeho kosti vykopány, rozdrceny a vhozeny do řeky. Přibližně sto let po smrti J. Viklefa se Evropa začala učit řecky.

Jan Hus:

Jeden z Viklefových následovníků, Jan Hus, pokračoval v díle, které Viklef započal; i on se postavil proti falešným naukám. Katolická církev byla odhodlána zabránit jakýmkoli jiným změnám než svým vlastním a hrozila popravou každému, kdo četl jinou než latinskou Bibli. Viklefova myšlenka, že Bible by měla být přeložena do vlastního jazyka, by mohla pomoci. Jan Hus byl v roce 1415 upálen na hranici spolu s Viklefový mrukopisem, který byl použit k zapálení ohně. Jeho poslední slova zněla" :Za sto let Bůh vzbudí muže, jehož volání po reformě nelze potlačit!". V roce 1517 se jeho proroctví naplnilo, když Martin Luther ve Wittenbergu zveřejnil svou slavnou Tezi o sporu s katolickou církví. V témže roce je ve Foxově knize Mučedníci zaznamenáno, že římskokatolická církev upálila na hranici 7 lidí za zločin, že "učili své děti modlit se modlitbu Páně anglicky místo latinsky".

Johannes Guttenberg:

První knihou vytištěnou na tiskařském stroji byla Bible v latinském jazyce, kterou v roce 1440 vynalezl Johannes Guttenberg.

Tento vynález umožnil vytisknout velké množství knih ve velmi krátkém čase. Ukázalo se, že se jedná o důležitý nástroj pro prosazení protestantské reformace.

Dr. Thomas Linacre:

Dr. Thomas Linacre, oxfordský profesor, se v 90. letech 14. století rozhodl naučit řecky. Přečetl a dokončil Bibli v řeckém originále. Po dokončení studia prohlásil" :Buď to není evangelium, nebo nejsme křesťané".

Římskokatolická verze latinské Vulgáty byla natolik zkažená, že pravda zůstala skryta. Katolická církev se i nadále snažila prosadit svůj přísný a tvrdý zákon, podle něhož museli lidé číst Bibli pouze v latinském jazyce.

John Colet:

V roce 1496 začal John Colet, další oxfordský profesor, překládat Bibli z řečtiny do angličtiny pro své studenty a později pro veřejnost v londýnské katedrále svatého Pavla. Během šesti měsíců vypuklo probuzení a jeho bohoslužby se zúčastnilo více než 40 000 lidí. Povzbuzoval lidi, aby bojovali za Krista a nezapojovali se do náboženských válek. Díky tomu, že měl mnoho přátel na vysokých místech, unikl popravě.

Desiderius Erasmus, 1466-1536:

Pan Desiderius Erasmus, velký učenec, si všímal událostí pana Coleta a pana Linacra. Byl pod dojmem toho, že převedl latinskou Vulgátu zpět k pravdě. To se podařilo s pomocí pana J. Frobena, který rukopis vytiskl a vydal v roce 1516.

Pan Erasmus chtěl, aby všichni věděli, jak zkažená je latinská Vulgáta. Vyzýval je, aby se zaměřili na pravdu. Zdůrazňoval, že používání původních rukopisů, které byly v řečtině a hebrejštině, udrží člověka na správné cestě pokračování ve věrnosti a svobodě.

Jeden z nejznámějších a nejzábavnějších citátů známého učence a překladatele Erasma zní,

> *"Když dostanu trochu peněz, koupím si knihy, a když mi nějaké zbydou, koupím si jídlo a oblečení."*

Katolická církev nadále napadala každého, kdo se podílel na jiném než latinském překladu Bible.

William Tyndale (1494-1536):

William Tyndale se narodil v roce 1494 a zemřel ve věku 42 let. Pan Tyndale byl nejen kapitánem armády reformátorů, ale byl také znám jako jejich duchovní vůdce. Byl to velký čestný a vážený muž. Pan Tyndale navštěvoval Oxfordskou univerzitu, kde studoval a vyrůstal. Poté, co v jednadvaceti letech získal magisterský titul, odešel do Londýna.

Měl nadání mluvit mnoha jazyky: Mluvil hebrejsky, řecky, španělsky, německy, latinsky, francouzsky, italsky a anglicky. Jeden ze spolupracovníků pana Tyndala řekl, že když ho někdo slyšel mluvit některým z těchto jazyků, myslel si, že mluví svým rodným jazykem. Tyto jazyky používal, aby žehnal ostatním. Přeložil řecký Nový zákon do angličtiny. Kupodivu byl prvním člověkem, který vytiskl Bibli v angličtině. Tento dar mu bezpochyby umožnil úspěšné útěky před úřady během let vyhnanství z Anglie. Nakonec byl pan Tyndale dopaden a zatčen pro zločin kacířství a velezrady. V říjnu roku 1536 byl pan Tyndale po nespravedlivém procesu a pěti stech dnech ve vězení s mizernými podmínkami upálen na hranici. Je zaznamenáno, že po tomto úžasném hrdinovi je pojmenována moderní společnost Tyndale House Publishers.

Martin Luther:

Římskokatolická církev vládla příliš dlouho a Martin Luther netoleroval korupci v církvi. Měl už dost falešného učení, které bylo lidem vnucováno. O Halloweenu roku 1517 se nerozmýšlel, když na wittenberském kostele vyvěsil svých 95 tezí sporu. Wormský sněm, který vytvořila církev, plánoval Martina Luthera umučit. Katolická církev se obávala případné ztráty moci a příjmů. Už by nemohla prodávat odpustky za hříchy nebo propuštění blízkých z "očistce", což je učení vymyšlené katolickou církví.

Martin Luther měl před Tyndalem náskok a v září 1522 vydal svůj první překlad Erasmova řecko-latinského Nového zákona do němčiny.

Tyndale chtěl použít stejný původní text. Začal s tím a byl terorizován úřady. V roce 1525 odešel z Anglie do Německa, kde pracoval po boku Martina Luthera. Do konce roku byl Nový zákon přeložen do angličtiny. V roce 1526 se Tyndaleův Nový zákon stal prvním vydáním Písma v anglickém jazyce. To bylo dobré! Kdyby lidé měli přístup ke čtení Bible ve svém vlastním jazyce, katolická církev by nad nimi již neměla moc ani nadvládu. Temnota strachu, která ovládala lidi, již nebyla hrozbou. Veřejnost by se mohla postavit církevní autoritě za každou zjevenou lež.

Konečně přišla svoboda; spasení bylo pro všechny zdarma skrze víru, a ne skrze skutky. Vždy bude pravdivé Boží slovo, ne lidské. Boží slovo je pravdivé a pravda vás osvobodí.

Král Jakub VI:

V roce 1603, kdy se Jakub VI. stal králem, se připravoval návrh nového překladu Bible. Důvodem pro nový překlad bylo, že používané Velké bible, Matoušovy bible, Biskupské bible, Ženevské bible a Coverdalovy bible byly poškozené. Na konferenci v Hampton Courtu král Jakub překlad Bible schválil. Pro toto velké překladatelské dílo bylo pečlivě vybráno 47 biblistů, teologů a lingvistů. Překladatelé byli rozděleni do šesti skupin a pracovali na univerzitách ve Westminsteru, Cambridge a Oxfordu. Těmto hebrejským, řeckým, latinským a anglickým učencům byly přiděleny jednotlivé knihy Bible. Aby mohl tento překlad proběhnout, bylo třeba dodržet určité zásady. Překlad Bible svaté z původních jazyků byl dokončen v roce 1611 a rozšířil se po celém světě.

PLÁN 1: Satan útočí na Boží slovo v Alexandrii v Egyptě.

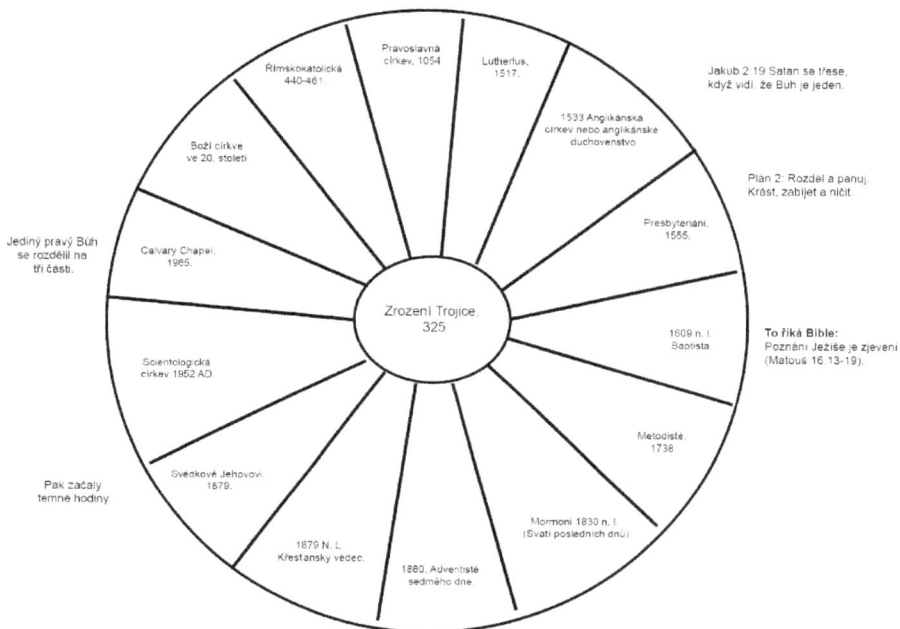

Pak začaly temné hodiny.

C.

Biblické překlady naší doby:

Pravda o různých verzích Bible: Boží slovo je konečnou autoritou pro náš život.

V současné době existuje kromě překladu Bible krále Jakuba (King James Version, KJV) mnoho různých překladů. Opravdoví Kristovi následovníci by rádi věděli, zda jsou všechny verze Bible správné, nebo ne. Hledejme pravdu ve všech těchto různých verzích Bible. Máme NIV, NKJV, katolickou Bibli, latinskou Bibli, American Standard Version, Revised Standard Version, English Standard Version, New American Standard Version, International Standard Version, řeckou a hebrejskou Bibli a Bibli Nového světového překladu (svědků Jehovových) atd. Existuje také mnoho dalších Biblí přeložených v různých dobách a obdobích mnoha různými učenci. Jak můžeme vědět, že všechny tyto různé verze jsou správné, nebo že byly poškozeny? Pokud byly poškozeny, jak a kdy se tak stalo?

Pojďme se vydat na cestu za pravdou skrze tyto různé varianty:

To, co potřebujeme vědět, je, abychom byli schopni určit, která z nich je pravdivá:

Nedávný objev alexandrijského originálu písma má nad slovy a písmy čáru, čáry nebo pomlčky. To znamenalo vynechání těchto konkrétních slov a veršů z jejich překladu. Tyto čáry našli nad slovy jako např: Svatý, Kristus a Duch spolu s mnoha dalšími slovy a verši. Zákoníci, kteří měli za úkol tyto rukopisy upravovat, nevěřili v Pána Ježíše Krista jako Mesiáše (Spasitele). Ať už editaci prováděl kdokoli, odstranil a změnil mnoho slov a veršů Písma. Tento rukopis byl nedávno objeven v egyptské Alexandrii.

To je nádherný důkaz, že Bible byla v Alexandrii změněna a zkažena tamními zkaženými náboženskými a politickými vůdci.

Verze Bible krále Jakuba říká:

Všechno Písmo je dáno z Boží inspirace a je užitečné k učení, k usvědčování, k nápravě a k výchově ve spravedlnosti:
(2 Tim 3,16)

Především vězte, že žádné proroctví Písma nemá soukromý výklad. Neboť proroctví nepřišlo v dávných dobách z vůle člověka, ale svatí Boží muži mluvili, jak byli pohnuti Duchem svatým. (2 Petr 1, 20-21)

Toto pravé Boží slovo napsal jediný Bůh.

Boží slovo je věčné:

Vpravdě vám říkám, že dokud nepomine nebe a země, nepomine ze Zákona ani jediná maličkost, dokud se všechno nesplní.
(Matouš 5:18)

A je snazší, aby pominulo nebe i země, než aby padl jediný díl Zákona.
(Lukáš 16:17)

Nepřidávejte ani neubírejte z Božího slova:

Boží slovo nelze odečítat, přidávat ani překrucovat:

Vždyť dosvědčuji každému, kdo slyší slova proroctví této knihy:
"Jestliže někdo k těmto věcem něco přidá, Bůh mu přidá rány, které
jsou zapsány v této knize. A kdyby někdo ubral ze slov knihy tohoto
proroctví, Bůh mu ubere z knihy života, ze svatého města a z toho, co
je zapsáno v této knize. (Zjevení 22,18-19)

Ke slovu, které vám přikazuji, nic nepřidáte a nic z něj neuberete,
abyste zachovávali přikázání Hospodina, svého Boha, která vám
přikazuji. (Deuteronomium 4:2)

Boží slovo je živé a ostřejší než dvousečný meč:

Každé Boží slovo je čisté, on je štítem těm, kdo v něj vkládají svou
naději. (Přísloví 30,5)

Žalm 119 nám říká, že Boží slovo nám pomáhá zůstat čistými a růst ve
víře. Boží slovo je jediným vodítkem pro čistý život.

*Tvé slovo je **svítilnou** mým nohám a **světlem** na mé cestě.*
(Žalmy 119:105)

Znovu zrozeni ne z porušitelného, ale z neporušitelného semene skrze
***Boží slovo,** které je živé a zůstává navěky. (1. Petrova 1,23)*

Z mnoha dnes dostupných anglických verzí se pouze verze krále Jakuba
(1611) bezvýhradně řídí tradičním masoretským hebrejským textem.
Tuto pečlivou metodu používali masorejci při pořizování kopií Starého
zákona. Důvěryhodný důkaz Božího slibu, že zachová své slovo, nikdy
nezklamal.

Bůh své slovo zachová:

*Hospodinova slova jsou **čistá slova,** jako stříbro zkoušené v hliněné peci, sedmkrát přečištěné. Zachováš je, Hospodine, **zachováš je před tímto pokolením navěky.** (Žalmy 12,6.7)*

Dnešní technologie prokázaly, jak přesná a pravdivá je Bible krále Jakuba.

Journal of Royal Statistical Society and Statistical Science je nová výzkumná agentura:

Hebrejští učenci, dva harvardští a dva yaleští matematici, použili tyto dvě statistické vědecké techniky a byli ohromeni přesností Bible KJV. Provedli počítačovou informační studii s využitím ekvidistantního řazení písmen. Zadali jméno z prvních pěti knih (Tóry) Bible KJV a po zadání tohoto jména byl test ekvidistantní posloupnosti písmen schopen automaticky vyplnit datum narození, úmrtí a město, kde se daná osoba narodila a zemřela. Zjistili, že se jedná o nejpřesnější zprávu. Snadno a s přesnými výsledky zaznamenal osoby, které žily na počátku století. Jednalo se o jednoduché testy, ale zjištění plynula s velkou přesností.

Stejná technika selhala, když do ní vložili jména používaná v NIV, New American Standard Version, The Living Bible a dalších jazycích a překladech z těchto verzí. Tato metoda dokazuje nepřesnost poškozených kopií Bible.

Stejnou matematickou analýzu zkoušeli i pro Samaritánský Pentateuch a alexandrijskou verzi a ani ta nefungovala.

Kniha Zjevení nám říká, že:

A kdyby se někdo odchýlil od slov knihy tohoto proroctví, Bůh odejme jeho díl z knihy života, ze svatého města a z toho, co je zapsáno v této knize. (Zjevení 22,19)

Na základě této studie dospěli k závěru, že Bible v KJV je nejpravdivější Bible, kterou dnes máme.

Základem Bible KJV je řecký text založený na masoretském textu a Textus Receptus: (zjednodušeně znamená texty přijaté všemi), který byl původně napsán. Více než pět tisíc rukopisů se z 99 % shoduje s Biblí KJV.

Bible KJV je veřejným majetkem a nepotřebuje žádné povolení k použití pro překlad.

Moderní verze Bible nepoužívají hebrejský masoretský text. Používají Leningradský rukopis, upravený podle Septuaginty, zkomolené řecké verze Starého zákona. Oba tyto falešné hebrejské texty Biblia Hebraica nabízejí ve vlastních poznámkách pod čarou navrhované změny. Falešné hebrejské texty, BHK nebo BHS, se pro Starý zákon používají ve všech moderních verzích pro překlady.

Tradiční masoretský hebrejský text, který je základem KJV, se přesně shoduje s původním rukopisem. Archeologové dnes našli všechny knihy Bible, což dokazuje, že Bible KJV je přesným překladem původní knihy.

Boží slovo se změnilo:

Bible říká, že Boží slovo je náš meč a používá se jako jediná útočná zbraň proti nepříteli; v moderních překladech však Boží slovo nelze použít jako útočnou zbraň nebo meč proti nepříteli. V Božím slově došlo k tolika změnám, že když vidíme člověka, který používá moderní překlady, je labilní, depresivní, úzkostný a má emocionální problémy.

Proto se do církve dostala psychologie a medicína; za to mohou nové překlady.

Podívejme se na několik změn a jejich jemný důvod:

Změny uvidíme v následujících verzích Bible. Uvádím několik verzí, ale existuje mnoho dalších verzí a překladů, které byly pořízeny na základě této Bible a které si můžete také sami prozkoumat. New Living Translation, English Standard Version, New American Standard Bible, International Standard Version, American Standard Version, Bible svědků Jehovových a NIV Bible a další překlady.

*KJV: Lukáš 4:18 Duch Páně [je] nade mnou, protože mě pomazal, abych hlásal evangelium chudým; poslal mě **uzdravovat zlomené srdce**, zvěstovat zajatým vysvobození a slepým navrácení zraku, propustit na svobodu potlučené,*

Tento verš říká, že uzdravuje ty, kdo mají zlomené srdce.

NIV uvádí Lukáše 4,18: "Duch Páně je nade mnou, protože mě pomazal, abych hlásal dobrou zprávu chudým. Poslal mě hlásat svobodu vězňům a navrácení zraku slepým, propustit utlačované;

(V NIV a dalších verzích je vynecháno Uzdravte zlomené srdce. Moderní překlady neumějí uzdravit zlomené srdce.)

*KJV: Marek 3:15: A aby měl **moc uzdravovat nemoci** a vyhánět ďábly:*

NIV: A aby měl moc vyhánět démony.

("**A mít moc uzdravovat nemoci**" je v NIV a dalších překladech vynecháno. Nemáte moc uzdravovat nemocné.)

*KJV: Skutky 3:11 Když **se uzdravený chromý** držel Petra a Jana, seběhl se k nim všechen lid do síně, která se nazývá Šalamounova, a velmi se divil.*

NIV: Zatímco se žebrák držel Petra a Jana, všechen lid žasl a přiběhl k nim na místo zvané Šalamounova kolonáda.

NIV Bible odstranila: "**Chromý, který byl uzdraven**", což je klíčový verš.

NIV navíc třiapadesátkrát odstranil " slovoslitovnice". Boží milosrdenství je vynecháno. Slovo Krev bylo vynecháno jednačtyřicetkrát.

Efezským 6,4 mluví o výchově církve... Slovo výchova je odvozeno od slova pečovat. Podobně jako chová a pečuje o dítě, Bůh nás vychovává a pokořuje, ale některé moderní verze říkají "kázeň" a "trestání".

*V Bibli Danielově 3,25b se píše: A podoba čtvrtého je jako **Boží Syn**.*

*NIV Daniel 3:25b: změnil slova a čtvrtý vypadá jako **syn bohů**."*

Syn Boží není synem bohů...to podporuje polyteismus.

Změnou " slovaThe" na "A" podpoříte ostatní náboženství. Příklad: Ježíš není jediný spasitel?!?!?.

Bible říká:

Ježíš mu řekl: "Já jsem ta cesta, pravda a život; nikdo nepřichází k Otci než skrze mne. (Jan 14,6)

*KJV: Matouš 25:31: Až přijde Syn člověka ve své slávě a s ním všichni **svatí andělé**, usedne na trůn své slávy.*

*NIV: Matouš 25:31: Až přijde Syn člověka ve své slávě a s ním všichni **andělé**, usedne na svůj trůn v nebeské slávě.*

(NIV odstranil slovo "Svatý". Víme, že Bible mluví také o zlých a nesvatých andělech).

Bůh je svatý:

NIV také na některých místech odstranil slovo Duch svatý nebo Duch svatý. To je jen několik příkladů mnoha změn NIV, NKJV, katolické Bible, Latinské Bible, American Standard Version, Revised Standard Version, řecké a hebrejské Bible a také dalších verzí Bible, které byly přeloženy ze starého, poškozeného alexandrijského písma a NIV.

Následující řádky dokazují, že Bible NIV je antikristovská:

Mnoho slov jako Ježíš Kristus, Mesiáš, Pán atd. bylo z NIV a dalších překladů Bible odstraněno. Bible říká, kdo je Antikrist.

Antikrist:

Kdo jiný je lhář než ten, kdo popírá, že Ježíš je Kristus? Antikrist je ten, kdo popírá Otce i Syna. (1 Jan 2,22)

*Milost našeho Pána **Ježíše Krista** [ať je] s vámi všemi. Amen. (Zjevení 22:21)*

*Milost Pána Ježíše ať je s Boží mlidem. Amen. (NIV: Zjevení 22:21 odstranilo **Krista.**)*

KJV Jan 4,29: Pojďte, podívejte se na člověka, který mi řekl všechno, co jsem kdy dělal: není to Kristus?

NIV říká Jan 4:29 "Pojďte, podívejte se na člověka, který mi řekl všechno, co jsem kdy udělal. Mohl by to být Kristus?"

(Zpochybňuje se Kristovo božství) Odstraněním slov se mění význam.

Antikrist popírá Otce a Syna...

*KJV: Jan 9:35 "věříš v **Syna Božího**".*

*NIV: NIV: změněno na "Věříte v **Syna člověka**."*

Skutky apoštolů 8:37 "Filip řekl: "Pokud věříš celým svým srdcem, můžeš. A on odpověděl: "Věřím, že Ježíš Kristus je Syn Boží.""

Skutky 8:37; celý verš je z NIV odstraněn

*KJV: Galatským 4:7 Proto už nejsi služebník, ale syn, a když syn, tak dědic **Boží skrze Krista.***

NIV: A protože jsi syn, Bůh tě učinil i dědicem.

NIV vynechal dědice Božího skrze Krista.

*KJV: Efezským 3:9 A aby všichni [lidé] viděli, jaká je účast na tajemství, které bylo od počátku světa skryto v Bohu, který všechno stvořil **skrze Ježíše Krista**:*

NIV: Efezským 3:9 a aby všem objasnil správu tohoto tajemství, které bylo od věků skryto v Bohu, jenž stvořil všechny věci.
NIV odstranil **"Ježíšem Kristem"**. Ježíš je Stvořitel všech věcí.

Ježíš Kristus přichází vtěle:

*1 Jan 4:3 ...A každý duch, který nevyznává, že **Ježíš Kristus přišel v těle**, není z Boha.*

NIV říká: Každý duch, který neuznává Ježíše, není od Boha.

("Ježíš Kristus přišel vtěle" bylo odstraněno)

Kniha Skutků 3:13, 26 říká, že je Boží Syn. NKJV odstranil Boží Syn a řekl Boží služebník.

Nové verze Bible nechtějí, aby byl Ježíš "Syn Boží". Syn Boží znamená Bůh v těle.

*Jan 5,17-18 KJV Ježíš jim odpověděl: "**Můj Otec** dosud pracuje a já pracuji. Židé se ho proto snažili tím spíše zabít, protože nejenže porušil sobotu, ale ještě řekl, že **Bůh je jeho Otec**, a tím se postavil **na roveň Bohu***

Bible KJV definuje Ježíše, Ježíše Krista nebo Pána Ježíše. Nové moderní překlady však místo toho říkají "on nebo on".

*KJV: A zpívají píseň Mojžíše, služebníka Božího, a píseň Beránkovu, řkouce: Veliké a podivuhodné jsou skutky tvé, Pane Bože všemohoucí, spravedlivé a pravdivé jsou cesty tvé**, Králi svatých**.*
(Zjevení 15:3)

*NIV: a zpívali píseň Mojžíše, služebníka Božího, a píseň Beránkovu: "Veliké a podivuhodné jsou tvé skutky, Pane, Bože všemohoucí. Spravedlivé a pravdivé jsou tvé cesty, **Králi věků**. (Zjevení 15,3)*

(On je Král svatých, kteří se znovu narodili. Kteří jsou pokřtěni ve jménu Ježíše a přijali jeho Ducha.)

*KJV: **Bůh** jim setře všechny slzy z očí;*
(Zjevení 21:4)

NIV: Setře jim každou slzu z očí. (Zjevení 21:4)

"**Bůh**" se mění na "On". Kdo je "On"? (To podpoří jiná náboženství.)

*KJV: A hle, Beránek stál na hoře Sion a s ním sto čtyřicet [a] čtyři tisíce, kteří měli na čele napsáno **jméno** jeho Otce. (Zjevení 14,1)*

*NIV: Tehdy jsem uviděl, že přede mnou stojí Beránek na hoře Sion a s ním 144 000 těch, kteří mají na čele napsáno **jeho jméno a jméno jeho** Otce. (Zjevení14: 1)*

NIV přidal "jeho jméno" se "jménem jeho Otce" nyní dvě jména.

Jan 5,43b: Já jsem přišel ve jménu svého Otce.

Jméno Otce je tedy Ježíš. Ježíš v hebrejštině znamená Jehova Spasitel

*Zachariáš 14:9 A Hospodin bude králem nad celou zemí; v onen den bude jeden Hospodin a jeho **jméno jedno.***

*KJV Izajáš 44:5 Jeden řekne: 'Já jsem Hospodinův', jiný se bude nazývat jménem Jákob a další se podepíše rukou Hospodinu **a dá si příjmení** Izrael.*

NIV: Jiný se bude nazývat jménem Jákob, jiný si napíše na ruku: "Hospodinův" a vezme si jméno Izrael.

(NIV odstranil slovo **Příjmení**)

Nyní se dozvídáme, že kniha "Pastýř Hermův" bude zařazena do moderní verze Bible. V knize Hermas se píše" :Přijměte jméno, vzdejte se šelmy, vytvořte jednu světovou vládu a zabijte ty, kdo nepřijmou Jméno. (Ježíš není jméno, o kterém se zde mluví).

KJV Zjevení 13,17: A aby nikdo nemohl kupovat ani prodávat, leda ten, kdo má znamení nebo jméno šelmy nebo číslo jejího jména.

A nedivte se, že kniha Zjevení z Bible zmizí. V knize Zjevení je zaznamenána minulost, přítomnost i budoucnost. Hermův pastýř se nachází v rukopise Sinaiticus, který je základem Bible NIV.

Symboly:

Jaký je význam symbolu a kdo tento symbol používá:
Symbol je něco jako určitá značka, která představuje určitou informaci, například červený osmiúhelník může být symbolem " proSTOP". Na mapě může obrázek stanu představovat tábořiště.

666 =

Kniha proroctví říká:

Zde je moudrost. Kdo má rozum, ať spočítá počet toho zvířete, neboť je to počet člověka, a jeho počet je šest set šedesát šest. (Zjevení 13,18)

Tento symbol nebo logo propleteného znaku 666 (starověký symbol trojice) používají lidé, kteří věří v trojiční učení.

Bůh není trojice nebo tři různé osoby. Jeden Bůh Jehova přišel v těle a jeho Duch nyní působí v církvi. Bůh je jeden a vždycky bude jeden.

Ale Skutky 17:29 říkají: Protože jsme potomci Boží, neměli bychom si myslet, že Božství je podobné zlatu, stříbru nebo kameni, vyrytému uměním a lidským umem.

(Vytvoření symbolu, který by představoval božství, je proti Božímu slovu) New Agers připouštějí, že tři propletené šestky " neboli666" jsou znamením šelmy.

Bible nás varuje, že Satan je falešný:

"A není divu, vždyť sám satan se proměnil v anděla světla. Není tedy nic velkého, když se i jeho služebníci promění ve služebníky spravedlnosti." (2. Korintským 11,14-15)

Satan je nakonec falešný:

Vystoupím nad výšiny oblaků, budu jako Nejvyšší. (Izajáš 14,14)

Budu jako Nejvyšší Bůh. Je zřejmé, že se satan pokusil vzít Ježíši Kristu jeho identitu tím, že změnil Boží slovo. Pamatujte, že Satan je rafinovaný a jeho útok je veden na "Boží slovo".

Nová verze krále Jakuba:

Podívejme se na tuto verzi Bible nazvanou NKJV. Nová verze krále Jakuba **není** verzí krále Jakuba. Bibli King James Version přeložilo 54 hebrejských, řeckých a latinských teologů v roce 1611.

Nová verze krále Jakuba byla poprvé vydána v roce 1979. Studiem Nové verze KJV zjistíme, že tato verze je nejen nejsmrtonosnější, ale také velmi klamná pro Kristovo tělo.

Proč??????

Vydavatel NKJV uvádí:

.... Že je to Bible krále Jakuba, což není pravda. KJV nemá žádná práva na kopírování, můžete ji přeložit do jakéhokoli jazyka, aniž byste k tomu potřebovali povolení. NKJV má právo na kopírování, které vlastní nakladatelství Thomas Nelson.
.... Že vychází z Textus Receptus, který je pravdivý jen částečně. To je další rafinovaný útok. Dávejte si pozor na tento Nový KJV. Za chvíli zjistíte, proč.

Nová Bible krále Jakuba tvrdí, že je Biblí krále Jakuba, jen lepší. NKJV vynechala a pozměnila mnoho veršů.

Dvaadvacetkrát se " slovopeklo" mění na "Hádes" a "Šeol". Satanistické hnutí New age říká, že "Hádes" je prostřední stav očisty!

Řekové věří, že "Hádes" a "Šeol" je podzemní příbytek mrtvých.

Je zde mnoho vypuštěných slov: pokání, Bůh, Pán, nebe a krev. Z NKJV jsou odstraněna slova Jehova, ďáblové a zatracení a Nový zákon.

Nedorozumění ohledně spásy:

KJV	NKJV
1. Korintským 1:18	
"Jsou zachráněny"	Být zachráněn.
Žid 10,14	
"Jsou posvěceni"	jsou posvěceny.
II Korintským 10:5	
"Odvržení představ"	Odvrhování argumentů.
Matouš 7:14	
"Úzká cesta" II	Obtížný způsob
Korintským 2:15	
"Jsou zachráněni"	Být zachráněn

"Sodomité" se mění na "zvrhlé osoby". NKJV je antikristovsky zkreslená verze.

Satanův **největší útok je veden na Ježíše jako Boha.**

NIV: Izajáš 14:12 je rafinovaným útokem na Pána Ježíše, který je znám jako **Jitřenka.**

> *Jak jsi spadl z nebe, jitřenko, synu úsvitu! Byl jsi svržen na zem, ty, který jsi kdysi pokořil národy!*

(NIV má k tomuto verši poznámky pod čarou *2 Petrův 1:19* "A máme slovo proroků, které se stalo jistějším, a vy uděláte dobře, když mu budete věnovat pozornost jako světlu, které svítí v temnotě, dokud se nerozední a ve vašich srdcích nevyjde jitřenka.")

Přidáním ***Jitřní hvězdy*** a uvedením dalšího odkazu ve Zjevení 2,28 zavádí čtenáře, že Ježíš je Jitřní hvězda, která padla.)

Ale Izajáš 14:12 říká: "Jak jsi spadl z nebe, Lucifere, synu jitra! [Jak] jsi byl sražen k zemi, který jsi oslabil národy!".

(NIV bible odstranila Luciferovo jméno a nahradila "syn jitra" slovem "**Jitřní hvězda**". V knize Zjevení je Ježíš nazýván "Jitřní hvězdou".

Já, Ježíš, jsem poslal svého anděla, aby vám to dosvědčil v církvích. Já jsem kořen a potomek Davidův a hvězda jasná a jitřní (BKR 22,16).

NIV verze Izajáše 14,12 tedy zkresluje biblický význam tím, že říká, že Ježíš spadl z nebe a pokořil národy.) V Bibli KJV se píše, že Ježíš je jasná a jitřní hvězda.

*"Já, Ježíš, jsem poslal svého anděla, aby vám to dosvědčil v církvích. Já jsem kořen a potomek Davidův **a jasná a jitřní hvězda**." (Zjevení 22,16)*

KJV:

Máme také jistější prorocké slovo, na které si dobře dávejte pozor jako na světlo, které svítí v temnotách, dokud se nerozední a ve vašich srdcích nevzejde denní hvězda." (BKR 2 Petr 1,19).

*A bude jim vládnout železným prutem; jako nádoby hrnčířovy budou rozbíjeny, jak jsem to přijal od svého Otce. A dám mu **jitřní hvězdu**. (Zj 2,27-28)*

Moderní překlady se přizpůsobují všem náboženstvím tím, že místo Ježíše, Krista nebo Mesiáše používají "on" nebo "ho" a odstraňují mnoho slov a veršů o Ježíši. Tyto překlady dokazují, že Pán Ježíš není Stvořitel, Spasitel ani Bůh v těle; dělají z něj jen další mýtus.

Tito odpadlíci vytvořili rukopis Bible, který se jim více líbil. Napadali božství Ježíše Krista a další biblické nauky. Tím byla připravena půda pro Bibli New Age, která měla dát vzniknout jednomu světovému náboženství. Spojení všech církví a náboženství přinese "jedno světové náboženství".

Teď už chápete, jaký zákeřný a rafinovaný plán satan vymyslel. Dokonce se odvážil změnit Boží slovo. Satan vypracoval lstivý plán, jak zmást lidi!

Vzpomeňte si, co řekl Satan:

Vystoupím nad výšiny oblaků, budu jako Nejvyšší. (Izajáš 14,14)

D.

KJV versus moderní Bible: Změny, které byly přidány nebo odebrány.

PŘEKLAD NIV:

Řecký text Westcotta a Horta pochází z rukopisů Sinaiticus a Vaticanus. Raná církev zjistila, že jde o rafinovaný útok na Boží slovo vynecháváním a pozměňováním biblické pravdy. Sinaiticus(Aleph) i Vaticanus(Codex-B) byly ranou církví zavrženy a falešnými učiteli obdivovány. Zdroj Bible NIV vychází z poškozených verzí Westcotta a Horta, které najdete v poznámkách pod čarou NIV. Bez rozsáhlého výzkumu nemáme možnost zjistit, jak a kde tento řecký text Westcotta & Horta vznikl. Když vidíme odkazy uvedené od Westcotta a Horta, obvykle jim bez pochybností věříme, prostě proto, že jsou otištěny v Bibli.

Bible NIV je obdivována, protože lidé věří, že je srozumitelnější, protože stará angličtina byla změněna na moderní slova. Ve skutečnosti má Bible KJV nejjednodušší jazyk, který je srozumitelný pro všechny věkové kategorie. Slovník KJV je jednodušší než slovník NIV. Jen díky tomu, že se změnila slova jako ty, tvůj, ty a tvůj, si lidé myslí, že se to lépe čte. Jak víte, Boží slovo vysvětluje pouze Duch svatý, který je napsán Bohem. Duch Boží je v KJV, který nám pomáhá pochopit jeho porozumění. Změny v Boží mslově nejsou potřeba; pravé Slovo však potřebuje změnit naše myšlení.

Mnoho církví nyní přijímá verzi NIV namísto KJV. Drobné změny v průběhu času ovlivňují naše myšlení a stávají se nenápadným způsobem vymývání mozků. Změny, které NIV Bible provedla ve své verzi, nenápadně rozmělňují evangelium. Tyto změny jsou většinou v rozporu s panstvím Pána Ježíše Krista. Jakmile se to podaří, je pro mnoho náboženství snazší přijmout Bibli NIV, protože pak podporuje jejich učení. To se následně stává "mezináboženským", cílem jednoho světového náboženství, o němž se mluví ve Zjevení.

KJV vychází z byzantské rodiny rukopisů, které se běžně nazývají Textus Receptus. NKJV (New King James Version) je nejhorší překlad. Od KJV se liší 1200krát. Nová verze krále Jakuba rozhodně není stejná jako verze krále Jakuba. MKJV také není KJV. Většina biblických překladů není jinou verzí, ale překroucením a odchyluje se od pravdy.

Následující verše nejsou v **NIV** a **dalších moderních překladech**. Následuje seznam "vynechaných" veršů v NIV.

Izajáš 14:12

*KJV: Jak jsi spadl z nebe, **Lucifere, synu jitra**! Jak jsi sražen k zemi, který jsi oslabil národy!*

*NIV Iz 14,12 Jak jsi spadl z nebe, **jitřenko**, synu úsvitu! Na zem jsi byla svržena, ty, která jsi kdysi pokořila národy!*

(V Bibli NIV je Lucifer vyškrtnut a " slovosyn jitřní hvězdy" je nahrazeno " slovemjitřní hvězda". To vás zavádí k domněnce, že "JEŽÍŠ", který je "Jitřní hvězdou", spadl z nebe.

Já, Ježíš, jsem poslal svého anděla, aby vám to dosvědčil v církvích.
*Já jsem kořen a potomek Davidův, a světlý a jasný. **ranní hvězda**.*
(Zjevení 22:16)

(Ježíš je jitřenka)

Izajáš 14,12 (NIV) je velmi matoucí verš. Lidé si myslí, že Ježíš spadl z nebe a byl podťat.

NIV staví Lucifera (Satana) na roveň Ježíši Kristu, což je rouhání nejvyššího řádu. Proto někteří lidé nevěří v Ježíše Krista, protože ho považují za rovného Satanovi.

Daniel 3:25

> *KJV: Hle, vidím čtyři muže, kteří jsou volní, chodí uprostřed ohně a nic jim není, a podoba toho čtvrtého je jako **Boží Syn**.*

> *NIV: Dan. 3:25 Řekl: "Hle, vidím čtyři muže, jak chodí v ohni, nesvázaní a nezranění, a čtvrtý vypadá jako **syn bohů**."*

(Změna Syna Božího na **Syna bohů** vyhoví víře v polyteismus, což podpoří ostatní náboženství.)

Matouš 5:22

> *KJV Mt 5,22 Ale já vám říkám, že každý, kdo **se hněvá na svého bratra bez příčiny**, bude v nebezpečí soudu, a kdo by řekl svému bratru: 'Raca', bude v nebezpečí rady, ale kdo by řekl: 'Ty jsi blázen', bude v nebezpečí pekelného ohně.*

> *NIV Mt 5,22 Ale já vám říkám, že každý, kdo **se hněvá** na svého bratra, bude podroben soudu. Znovu opakuji: Každý, kdo řekne svému bratru: 'Raca,' **se zodpovídá před Sanhedrinem**. Ale každý, kdo řekne: 'Ty blázne!', bude vystaven nebezpečí pekelného ohně.*

(KJV Bible říká, **rozzlobený bez příčiny** NIV říká jen rozzlobený. Pravda slova je, že se můžeme **rozzlobit**, pokud je k tomu důvod, ale nenecháme nad tím zapadnout slunce).

Matouš 5:44

*KJV Mt 5,44 Ale já vám říkám: Milujte své nepřátele, **žehnejte těm, kdo vás proklínají**, čiňte dobře těm, kdo vás nenávidí, a modlete se **za ty, kdo vás opovrhují** a pronásledují;*

NIV Mt 5,44 Ale já vám říkám: Milujte své nepřátele a modlete se za ty, kdo vás pronásledují,

(Zvýraznění v KJV je z Bible NIV odstraněno)

Matouš 6:13

*KJV Mt 6,13 A neuveď nás v pokušení, ale zbav nás od zlého: **Neboť tvé je království, moc i sláva na věky. Amen.***

*NIV Mt 6,13 A neuveď nás v pokušení, ale zbav nás od pokušení. **zlý.***

(**Zlo,** ne zlý. **Neboť tvé je království, moc a sláva na věky. Amen**: odstraněno z NIV)

Matouš 6:33

*KJV Mt 6,33 Hledejte však nejprve **Boží království** a jeho spravedlnost, a to všechno vám bude přidáno.*

*NIV Mt 6,33 Hledejte však nejprve jeho království a **jeho** spravedlnost, a to všechno vám bude dáno.*

(**Boží království** je nahrazeno "jeho" královstvím... NIV nahradil Boha jeho královstvím. Kdo je "jeho"?)

Matouš 8:29

*KJV Mt 8,29 A hle, oni vykřikli: "Co je nám po tobě, **Ježíši**, Synu Boží?" "Přišel jsi sem, abys nás mučil před časem?" ptali se.*
(Přesněji řečeno)

*NIV Mt 8,29 "Co od nás chceš, **Synu Boží**?" křičeli.*
Přišli jste nás mučit před stanoveným časem?"

(**Ježíš** je mimo Bibli NIV a ponechali si pouze Božího Syna... *Ježíš* je Boží Syn. Syn Boží znamená Všemohoucí Bůh chodící v těle.)

Matouš 9:13b

*KJV Mt 9,13b Nepřišel jsem totiž volat spravedlivé, ale hříšníky **k pokání**.*

NIV Mt 9,13b Nepřišel jsem totiž volat spravedlivé, ale hříšníky.

(**K pokání** je mimo. Pokání je první krok; odvracíte se od hříchu a hříšného způsobu života tím, že si uvědomíte a přiznáte, že jste se mýlili.)

Matouš 9:18

*KJV: Mt 9:18 Zatímco jim to říkal, hle, přišel jeden vladař **a klaněl se mu**: "Moje dcera je už mrtvá, ale pojď, polož na ni ruku, a bude žít.*

(Uctíval Ježíše)

*NIV Mt 9,18 Když to říkal, přišel k **němu** jeden vladař, **poklekl před ním** a řekl: "Právě mi zemřela dcera. Ale pojď a vlož na ni ruku, a bude žít."*

(Uctívání **se mění na pokleknutí**. Uctívání činí z Ježíše Boha.)

Matouš 13:51

*KJV Mt 13:51 Ježíš jim řekl: "Pochopili jste to všechno? Oni mu řekli: "**Ano, Pane**.*

NIV Mt 13,51 "Pochopili jste to všechno?" Ježíš se zeptal.

(JEŽÍŠ JE PÁN. NIV vynechal **Yea Lord**; vynechal Ježíšovo panství).

Matouš 16:20

*KJV Mt 16,20 Tehdy přikázal svým učedníkům, aby nikomu neříkali, že je **Ježíš** Kristus.*

(Jméno "JEŽÍŠ" je z několika veršů Bible NIV odstraněno.)

NIV Mt 16,20 Tehdy varoval své učedníky, aby nikomu neříkali, že on je Kristus.

(Kdo je "on"? Proč ne Ježíš, Kristus? "Kristus" znamená Mesiáš, Spasitel tohoto světa: Jan 4,42.)

Matouš 17:21

KJV: Mt 17:21: Ačkoli tento druh nevychází jinak než modlitbou a postem.

(Modlitba a půst zboří ďáblovu pevnost. Půst zabíjí naše tělo.)

NIV tento text zcela vyškrtl. Je vyškrtnuta i z Bible svědků Jehovových. Současný půst je změněn na Danielovu dietu. To je další lež. (Půst je bez jídla a bez vody. Jídlo není půst a půst není jídlo ani pití).

Několik příkladů biblického půstu v Bibli KJV

Ester 4:16:

*Jděte, shromážděte všechny Židy, kteří jsou v Šúšanu, a **postěte se** kvůli mně **a tři** dny **nejezte ani nepijte**, ve dne ani v noci: I já a mé děvečky **se** budeme **postit** stejně, a tak vejdu ke králi, což není podle zákona, a pokud zahynou, zahynou.*

*Jonáš 3:5, 7 KJV Lid Ninive uvěřil Bohu, **vyhlásil půst** a oblékl se do žíní, od největšího z nich až po nejmenšího. A dal to vyhlásit a zveřejnit po Ninive nařízením krále a jeho velmožů: ,Ať člověk ani zvíře, stádo ani dobytek nic neokusí**, ať' se nenají a nepijí vodu**:*

Matouš 18:11

*KJV Mt 18,11: **Syn člověka přece přišel zachránit, co zahynulo**.*

(Tento verš je z NIV a mnoha dalších verzí Bible vypuštěn. Ježíš nemá být jediným Spasitelem. Mason učí, že se můžeme zachránit sami a Ježíše nepotřebujete).

Matouš 19:9

*KJV: Mt 19,9: Kdo by propustil svou ženu, ledaže by to bylo pro smilstvo, a oženil se s jinou, cizoloží**; a kdo by si takto vzal propuštěnou, cizoloží.***

NIV: Mt 19,9 Říkám vám, že každý, kdo se rozvede se svou ženou, kromě manželské nevěry, a vezme si jinou ženu, cizoloží."

("kdo si tak vezme propuštěnou, dopouští se cizoložství").

Matouš 19:16,17

*KJV Mt 19,16 A hle, přišel jeden a řekl mu: "**Mistře dobrý,** co dobrého mám udělat, abych měl věčný život?*

17 I řekl jemu: Proč mne nazýváš dobrým? Nikdo není dobrý než jeden, totiž Bůh, ale chceš-li vejít do života, zachovávej přikázání.

NIV Mt 19,16 K Ježíšovi přistoupil člověk a zeptal se ho: "Mistře, co dobrého mám udělat, abych dostal věčný život?

17 Proč se mě ptáš na to, co je dobré?" Ježíš odpověděl. "Dobrý je jen jeden. Chceš-li vejít do života, zachovávej přikázání.

(Ježíš řekl: "Proč mě nazýváte dobrým?" Jen Bůh je dobrý, a pokud je Ježíš dobrý, pak musí být Bůh. V NIV je dobrý Mistr změněn na "Učitel" a význam se ztrácí. Také některá náboženství podporují víru v samospasitelnost).

Matouš 20:16

KJV Mt 20,16: Tak budou poslední první a první poslední; **neboť mnoho je povolaných, ale málo vyvolených**.

(Je důležité, co si vybereme. Pokud si nevybereš správně, můžeš se ztratit.)

NIV A RSV

NIV Mt 20,16: "Tak budou poslední první a první poslední."

(nezáleží na výběru)

Matouš 20:20

KJV Mt 20,20: Tehdy k němu přišla matka Zebedeových dětí se svými syny, **klaněla se mu** *a něco od něho žádala.*

NIV Mt 20,20: Tehdy přišla k Ježíšovi matka Zebedeových synů se svými syny, **poklekla** *a požádala ho o laskavost.*

(**Uctívání nebo pokleknutí**...?: Židé uctívají pouze jednoho Boha).

Matouš 20:22, 23

*KJV Mt 20,22.23: Ježíš však odpověděl: "Nevíte, o co žádáte. Jste schopni pít z kalicha, z něhož já budu pít, a být **pokřtěni křtem, jímž já jsem pokřtěn**? Oni mu řekli: "Cože? jsme schopni.*

*A on jim řekl: "Budete sice pít z mého kalicha **a budete pokřtěni křtem, jímž jsem já pokřtěn**, ale sedět po mé pravici a levici není moje věc, kterou bych mohl dát, ale bude dána těm, kterým ji připravil můj Otec.*

(Mohl bys projít utrpením, kterým jsem prošel já?)

NIV Mt 20,22.23: "Nevíte, co žádáte," řekl jim Ježíš. "Můžete pít kalich, který budu pít já?" "Můžeme," odpověděli. Ježíš jim řekl: "Vy sice budete pít z mého kalicha, ale sedět po mé pravici nebo levici vám nemohu udělit. Tato místa patří těm, pro které je připravil můj Otec."

(Všechny zvýrazněné a podtržené věty v KJV byly z NIV odstraněny)

Matouš 21:44

*KJV Mt 21,44: Kdokoli padne na tento kámen, rozbije se, ale na koho padne, toho **rozemele na prach**.*

*NIV Mt 21,44: Kdo padne na tento kámen, bude **rozbit**, ale na koho padne, bude rozdrcen."*

(Rozdrcení na prášek bylo odstraněno)

Matouš 23:10

*KJV Mt 23,10: Ani se nenazývejte **mistry**, neboť jeden je váš **Mistr, Kristus**.*

NIV Mt 23,10: Ani vy si nenechte říkat 'učitel', protože máte jednoho učitele, Krista.

(Musíte Boha snížit na úroveň mystiků, aby se Ježíš stal dalším mystikem. Pravdou je, že Kristus uspokojuje všechny.)

Matouš 23:14

KJV: Mt 23:14: Běda vám, zákoníci a farizeové, pokrytci! Vy totiž požíráte domy vdov a pro záminku se dlouze modlíte, proto vás čeká větší zatracení.

(NIV, New L T, English Standard Version New American Standard Bible a New world translations mají tento verš vypuštěn. Zkontrolujte si to sami ve své Bibli.)

Matouš 24:36

KJV: O tom dni a hodině však neví nikdo, ani andělé v nebi, jen můj Otec.

*NIV: O tom dni a hodině nikdo neví, ani andělé v nebi, **ani Syn,** ale jen Otec.*

("ani syn" je doplněno v Bibli NIV. Jan 10: 30 **Já a můj Otec jsme jedno**. Ježíš tedy zná svůj příchod. Z toho vyplývá, že Ježíš není v Božství. V oněch dnech, po onom soužení, se však zatmí slunce a měsíc nevydá své světlo, Marek 13:24. V oněch dnech, po onom soužení, se zatmí slunce a měsíc nevydá své světlo. Bude těžké určit čas).

Matouš 25:13

*KJV: Mt 25:13 Bděte tedy, neboť neznáte dne ani hodiny, kdy **přijde Syn člověka**.*

NIV: Mt 25,13 "Proto bděte, protože nevíte dne ani hodiny."

("**V němž přichází Syn člověka**". Vynecháváme, kdo se vrací? Jaké hodinky?)

Matouš 25:31

*KJV: Mt 25:31Když přijde Syn člověka ve své slávě a s ním všichni **svatí andělé**, usedne na trůn své slávy.*

*NIV: Až přijde Syn člověka ve své slávě a s ním všichni **andělé**, usedne na svůj trůn v nebeské slávě."*

(KJV říká, že všichni "svatí" andělé. NIV říká jen "andělé". Z toho vyplývá, že s Ježíšem přicházejí padlí nebo nesvatí andělé. Nebo ne? Koluje hereze, že nezáleží na tom, co děláte dobrého nebo špatného, stejně půjdete do nebe. Duchové našich zemřelých blízkých, kteří nikdy neuvěřili v Ježíše, se mají vrátit, aby svým milovaným řekli, že jsou v nebi v pořádku a že nemusíte nic dělat, abyste se do nebe dostali. To je ďáblovo učení.)

Matouš 27:35

*KJV MT 27,35: Ukřižovali ho a rozdělili jeho roucho, **aby se naplnilo, co bylo řečeno skrze proroka: Rozdělili mezi sebou mé roucho a o můj oděv házeli losy.***

NIV MT 27,35: Když ho ukřižovali, rozdělili jeho šaty losem.

("aby se naplnilo, co bylo řečeno skrze proroka, rozdělili mezi sebe má roucha a o můj oděv házeli los.") Zcela převzato z Bible NIV).

Marek 1,14

*KJV MAREK 1:14: Když byl Jan uvězněn, přišel Ježíš do Galileje a **kázal evangelium o Božím království.***

NIV MAREK 1,14: Když byl Jan uvězněn, Ježíš odešel do Galileje __a__ __hlásal dobrou zprávu o Bohu.__

(Evangelium o Božím království je v NIV vynecháno)

Marek 2,17

KJV Marek 2,17: Když to Ježíš uslyšel, řekl jim: "Zdraví nepotřebují lékaře, ale nemocní. Nepřišel jsem volat spravedlivé, ale hříšníky __k__ __pokání.__

NIV Marek 2,17: Když to Ježíš uslyšel, řekl jim: "Lékaře nepotřebují zdraví, ale nemocní. Nepřišel jsem povolat spravedlivé, ale hříšníky."

(Dokud věříte, že je to v pořádku, můžete dělat cokoli a je to v pořádku. Mírnou změnou písma Hřích je vítán.)

Marek 5:6

KJV Marek 5,6: Když Ježíše zdálky uviděl, rozběhl se a __poklonil se__ __mu__,

(Uznává, že Ježíš je Pán Bůh.)

NIV Marek 5,6: Když z dálky uviděl Ježíše, rozběhl se a __padl před__ __ním na kolena.__

(Projevuje mu úctu jako člověku, ale neuznává ho jako Pána Boha.)

Marek 6,11

KJV: A kdokoli vás nepřijme a nevyslyší, až odtud odejdete, setřeste si prach pod nohy na svědectví proti nim. __Amen, pravím vám, že__ __Sodomě a Gomoře bude v den soudu lépe než tomu městu__.

NIV Marek 6,11 "A kdyby vás někde nechtěli přijmout nebo vyslechnout, setřeste si prach z nohou, až budete odcházet, na svědectví proti nim."

(NIV odstranil" :Amen, říkám vám, že Sodomě a Gomoře bude v den soudu lépe než tomu městu.") Soud je odstraněn, protože v něj nevěří a nezáleží na tom, jakou volbu učiníte. Všechny špatné výroky a skutky budou napraveny v očistci nebo reinkarnaci).

Marek 7,16

KJV Marek 7:16: Má-li kdo uši k slyšení, ať slyší.

(NIV, Bible svědků Jehovových a moderní překlady tento verš odstranily. WOW!)

Marek 9,24

*KJV Marek 9:24: Otec dítěte hned vykřikl a se slzami řekl: "**Pane,** věřím, pomoz mé nevěře.*

NIV Marek 9,24: Chlapcův otec hned vykřikl: "Věřím, pomoz mi překonat mou nevíru!"

(Pán v NIV chybí. Pánství Ježíše Krista je vynecháno)

Marek 9,29

*KJV Marek 9,29: Řekl jim: "Takový člověk nemůže vzejít jinak než modlitbou a **postem**.*

NIV Marek 9: 29: Odpověděl: "Takový člověk může vyjít jen modlitbou."

(**Půst** je odstraněn. Půstem strháváme silné satanovy nástrahy. Hledání Boží tváře prostřednictvím biblického půstu a modlitby přináší zvláštní pomazání a moc.)

Marek 9 :44

KJV Marek 9:44: Kde jejich červ neumírá a oheň nehasne.

(Písmo je odstraněno z NIV, moderního přechodu a Bible svědků Jehovových. Nevěří v trest v pekle.)

Marek 9,46

KJV: Marek 9:46: Kde jejich červ neumírá a oheň nehasne.

(Písmo je vyňato z NIV, moderního překladu a Bible svědků Jehovových. Ti opět nevěří v soud.)

Marek 10,21

*KJV Marek 10,21: Když ho Ježíš uviděl, zamiloval si ho a řekl mu: "Jedno ti chybí: jdi, prodej, co máš, a rozdej chudým, a budeš mít poklad v nebi; a pojď, **vezmi kříž** a následuj mě.*

(Křesťan musí nést kříž. Ve tvém životě nastala změna.)

NIV Marek 10,21: Ježíš na něj pohlédl a zamiloval si ho. "Jedno ti chybí," řekl. "Jdi, prodej všechno, co máš, a rozdej chudým, a budeš mít poklad v nebi. Pak přijď a následuj mě."

(NIV odstranil "vzít na sebe kříž" není třeba trpět pro pravdu. Žijte tak, jak chcete žít. Kříž je pro křesťanskou cestu velmi důležitý.)

Marek 10 :24

KJV Marek 10:24: Učedníci se jeho slovům podivili. Ale

*Ježíš jim znovu odpovídá: "Děti, jak těžké je těm, **kdo doufají v bohatství**, vejít do Božího království!*

NIV Marek 10,24: Učedníci žasli nad jeho slovy. Ježíš však znovu řekl: "Děti, jak těžké je vejít do Božího království!

("**kteří doufají v bohatství**" je odstraněno; v Bibli NIV není těchto slov třeba, protože chtějí almužnu. To také vyvolává pocit, že je těžké vstoupit do Božího království, a odrazuje vás to).

Marek 11,10

*KJV Marek 11,10: Požehnané království našeho otce Davida**, které přichází ve jménu Páně**: Hosana na výsostech.*

*NIV Marek 11,10: "Požehnané je **přicházející království** našeho otce Davida!" "Hosana na výsostech!"*

(NIV" :který přichází ve jménu Páně" je odstraněno)

Marek 11,26

KJV: Mk 11:26 Ale jestliže vy neodpustíte, ani váš Otec, který je v nebesích, vám neodpustí vaše přestupky.

(Tento verš je z Bible NIV, Bible svědků Jehovových (tzv. Nový světový překlad) a mnoha dalších moderních překladů zcela vypuštěn. Odpuštění je velmi důležité, pokud chcete, aby vám bylo odpuštěno.)

Marek 13 :14

*KJV Marek 13,14: Až uvidíte ohavnost zpustošení, **o níž mluvil prorok Daniel, že** stojí tam, kde nemá, (kdo čte, ať pochopí), ať se ti, kdo jsou v Judsku, dají na útěk do hor:*

NIV Marek 13,14: "Až uvidíte 'ohavnost, která působí zpustošení', jak stojí tam, kam nepatří - ať čtenář pochopí -, ať ti, kdo jsou v Judsku, utečou na hory.

(Informace o knize Daniel jsou z NIV odstraněny. V knize Daniel a Zjevení studujeme konec světa. BLAHOSLAVENÍ JSOU TI, KDO ČTOU SLOVA TÉTO KNIHY. Blaze tomu, kdo čte, a těm, kdo slyší slova tohoto **proroctví** a zachovávají to, co je v něm napsáno, neboť čas se přiblížil. (Zjevení 1,3) Odstraněním Danielova jména vás to zanechává zmatené).

Marek 15,28

KJV: A naplnilo se Písmo, které říká, že byl přičten ke zločincům.

(Odstraněno z NIV, Bible svědků Jehovových a moderních překladů)

Lukáš 2:14

*KJV: Lukáš 2:14 Sláva na výsostech Bohu a na zemi pokoj, **dobrá vůle k lidem.***

NIV Lukáš 2,14: Sláva na výsostech Bohu a na zemi pokoj lidem, na nichž spočívá jeho přízeň."

(Jemná změna. místo "dobrá vůle k lidem" ;NIV Bible říká, že pokoj je jen pro některé lidi, kterým Bůh dává přednost. To je také proti Boží zásadě.)

Lukáš 2:33

*KJV Lukáš 2:33: A **Josef** a jeho matka*

NIV Lukáš 2:33: Otec a matka dítěte.

(**Josef** je odstraněn)

Lukáš 4:4

*KJV Lukáš 4:4 Ježíš mu odpověděl: "Je psáno, že člověk nebude živ jen chlebem, **ale každým Božím slovem**.*

NIV Lukáš 4:4 Ježíš odpověděl" :Je psáno: Je psáno: 'Nejen chlebem živ bude člověk.'

Satan útočí na **BOŽÍ SLOVO** V Genesis 3: Satan útočí na BOŽÍ SLOVO. Má rafinovaný útok "**Ale každým Božím slovem**" je odstraněno z NIV

NIV a moderní překlady Bible foramtor se nestará o Boží slovo. Mění znění tak, aby odpovídalo jejich učení, na základě jejich zaujatosti, co si myslí, že by mělo říkat. Boží slovo je živé a přináší člověku přesvědčení. Když vás Bůh usvědčuje z hříchu, přináší to pokání. Pokud bylo Boží slovo pozměněno, nemůže přinést opravdové usvědčení, a proto se nebude snažit o pokání. Tím NIV naznačuje, že všechna náboženství jsou v pořádku, což, jak víme, není pravda.

Lukáš 4:8

*KJV Lukáš 4:8 Ježíš mu odpověděl: "**Jdi za mnou, satane**, neboť je psáno: 'Pánu, svému Bohu, se budeš klanět a jen jemu budeš sloužit.'*

(Ježíš pokáral satana. Ty i já můžeme pokárat satana ve jménu Ježíše.)

NIV Lukáš 4:8 Ježíš odpověděl" :Je psáno: Je psáno: 'Klanějte se Hospodinu, svému Bohu, a služte jen jemu.

("**Jdi za mnou, satane**" je převzato z NIV.)

Lukáš 4:18

*KJV Lukáš 4,18: Duch Páně je nade mnou, protože mě pomazal, abych hlásal evangelium chudým, poslal mě **uzdravovat zlomené***

srdce, zvěstovat zajatým vysvobození a slepým navrácení zraku, propustit na svobodu potlučené,

NIV Lukáš 4,18 "Duch Páně je nade mnou, protože mě pomazal, abych hlásal dobrou zprávu chudým. Poslal mě, abych vyhlásil vězňům svobodu a slepým navrácení zraku, abych propustil utlačované."

(**"uzdravovat lidi se zlomeným srdcem"** je z NIV odstraněno: Lidé, kteří používají tuto zkaženou verzi, jsou obecně úzkostní, emočně nestabilní a depresivní. Změnou Božího slova se zbavujeme jeho moci. Pravda vás osvobodí, a proto ji z moderní Bible odstranili).

Lukáš 4:41

KJV Lukáš 4:41: Z mnohých vyšli i ďáblové, kteří křičeli: "__Ty jsi Kristus, Syn Boží__! A on je káral a nedovolil jim mluvit, neboť věděli, že je to Kristus.

(Vyznávají lidé" :Ty jsi Kristus, Syn Boží?" Ne, pokud to nezjeví jeho Duch.)

NIV Lukáš 4:41: Z mnoha lidí pak vycházeli démoni a křičeli: "__Ty jsi Boží Syn__!" On je však káral a nedovolil jim mluvit, protože věděli, že on je Kristus.

(Tím, že démon odstranil " slovo**Kristus"**, nevyznal Krista jako Božího Syna. Satan nechce, aby lidé přijali Ježíše jako Jehovu Spasitele, a proto s hlubším záměrem mění Boží slovo. Démon věděl, že Ježíš je Bůh v těle).

Lukáš 8:48

KJV Lukáš 8:48: Řekl jí: "Dcero, __potěš se,__ tvá víra tě uzdravila, jdi v pokoji.

NIV Lukáš 8:48: Řekl jí: "Dcero, tvá víra tě uzdravila. Jdi v pokoji."

("Buďte dobré útěchy" je v NIV vynecháno. Takže útěcha je pryč, nemůžete být utěšeni čtením Bible NIV).

Lukáš 9:55

> *KJV Lukáš 9:55: On se však obrátil, pokáral je a řekl: "**Nevíte, jakého jste ducha**.*

> *NIV Lukáš 9:55: Ježíš se obrátil a pokáral je.*

(NIV odstranil tato slova: "**Nevíte, jakého jste ducha**.")

Lukáš 9:56

> *KJV: Lukáš 9:56: **Syn člověka** totiž **nepřišel, aby** lidem **zničil život, ale aby je zachránil**. A šli do jiné vesnice.*

> *NIV Lukáš 9:56 a odešli do jiné vesnice.*

(NIV ZRUŠENO: **Syn člověka nepřišel, aby** lidem **zničil život, ale aby je zachránil**. Důvod Ježíšova příchodu je odstraněním této části Písma zničen.)

Lukáš 11:2-4

*KJV Lukáš 11,2-4: A on jim řekl: "**Když se modlíte, říkejte: Otče náš, který jsi na nebesích**, posvěť se jméno tvé. Přijď království tvé. **Buď vůle tvá jako v nebi, tak i na zemi**. Chléb náš vezdejší dej nám den co den. A odpusť nám naše hříchy, neboť i my odpouštíme každému, kdo je nám zavázán. A neuveď nás v pokušení, **ale zbav nás od zlého**.*

NIV Lukáš 11:2-4: Řekl jim: "Když se modlíte, říkejte: "Otče, posvěť se jméno tvé, přijď království tvé. Chléb náš vezdejší dej nám každý den. Odpusť nám naše hříchy, neboť i my odpouštíme každému, kdo se proti nám prohřešuje. A neuveď nás v pokušení."

(NIV není specifický.Všechno zvýrazněné z KJV je v NIV a dalších moderních verzích Bible vynecháno.)

Lukáš 17:36

KJV Lukáš 17:36 Dva muži budou na poli, jeden bude zajat a druhý ponechán.

(NIV, Moderní verze a Bible svědků Jehovových odstranily celý text)

Lukáš 23:17

Lukáš 23:17: (Neboť z nutnosti jim musel jednoho propustit na hostinu.)

(NIV, Bible svědků Jehovových a mnoho moderních verzí Bible tento verš zcela odstranilo.)

Lukáš 23:38

*KJV Lukáš 23,38: Nad ním byl také napsán nápis **řeckými, latinskými a hebrejskými písmeny**: Toto je král židů.*

NIV Lukáš 23,38: Nad ním byl nápis: TOTO JE ŽIDOVSKÝ KRÁL.

(NIV a další moderní překlady odstranily: "Odstraňuje důkaz o jazycích, kterými se v té době mluvilo.)

Lukáš 23:42

*KJV Lukáš 23:42: Řekl Ježíšovi: "**Pane,** pamatuj na mě, až přijdeš do svého království.*

(Zloděj si uvědomil, že Ježíš je Pán)

NIV Lukáš 23:42: Řekl: "Ježíši, pamatuj na mě, až přijdeš do svého království."

(Nechtějí uznat Ježíšovo panství)

Lukáš 24:42

*KJV Lukáš 24:42: Dali mu kousek vařené ryby a **medového plástve**.*

NIV Lukáš 24:42: Dali mu kousek pečené ryby.

(Moderní bible uvádějí polovinu informací. V NIV a dalších verzích Bible chybí "plástve medu").

Jan 5:3

*KJV Jan 5:3: V nich leželo velké množství bezmocného lidu, slepých, ustrnulých, uschlých, kteří **čekali na pohyb vody.***

NIV Jan 5,3: Zde leželo velké množství postižených - slepí, chromí, ochrnutí.

(Odstranili informaci, že se na tom místě děje zázrak "čekání na pohyb vody".)

Jan 5:4

KJV: Jan 5:4: Kdokoliv tedy vstoupil první po zčeření vody, byl uzdraven ze všech nemocí, které měl.

(NIV a moderní překlady spolu s Biblí svědků Jehovových tento verš zcela odstranily.)

Jan 6:47

*KJV: Jan 6:47: Amen, amen, pravím vám: Kdo **věří ve mne**, má život věčný.*

NIV: Jan 6:47: Říkám vám pravdu: Kdo věří, má život věčný.

(**Věří mi** bylo změněno na **Věří.** Věřit komu? Slovo Believeth má na konci "eth", což znamená, že jde o slovo trvalé. Jakékoli slovo, které má na konci "eth", znamená, že je nepřetržité, nikoli pouze jednorázové.)

Jan 8:9a

*KJV Jan 8,9a: Ti, kdo to slyšeli, **byli usvědčeni svým svědomím a** odešli.*

NIV Jan 8:9a: ti, kdo to slyšeli, začali odcházet.

(NIV odstranil "**usvědčeni vlastním svědomím** ,"protože nevěří, že mají svědomí.)

Jan 9:4a

*KJV Jan 9,4a: **Já** musím konat skutky toho, který mě poslal.*

NIV Jan 9,4a: Musíme konat dílo toho, který mě poslal.

(Ježíš řekl "**JÁ**" NIV a několik dalších verzí, změnil "**JÁ**" na "**MY**")

Jan 10:30

*KJV: Jan 10:30: Já a **můj** Otec jsme jedno.*

NIV: Jan 10,30: Já a Otec jsme jedno."

(Já a můj otec jsme **jeden,** ne dva. "Můj otec" dělá z Ježíše Božího Syna. To znamená Bůh v těle. NIV odstranil "můj" a změnil celý smysl Písma).

Jan 16:16

*KJV: Jan 16:16: Ještě chvíli, a neuvidíte mě, a ještě chvíli, a uvidíte mě, **protože odcházím k Otci**.*

NIV: Jan 16:16: "Za malou chvíli mě už neuvidíte a po malé chvíli mě uvidíte."

(NIV odstraněno "protože já jdu k Otci. Mnoho náboženství věří, že Ježíš odešel do Himálaje nebo na jiné místo a nezemřel.)

Skutky 2:30

*KJV: Bůh mu přísahou slíbil, že z plodu jeho beder podle těla **vzbudí Krista, aby usedl na jeho trůn**.*

NIV: Bůh mu přísahou slíbil, že na jeho trůn dosadí jednoho z jeho potomků.

(**NIV odstranil "vzbudí Krista, aby usedl na jeho trůn**", proroctví o Ježíšově příchodu v těle je vymazáno.)

Skutky 3:11

*KJV: Skutky3:11: Když **se uzdravený chromý** držel Petra a Jana, seběhl se k nim všechen lid do síně, která se nazývá Šalamounova, a velmi se divil.*

NIV: Zatímco se žebrák držel Petra a Jana, všechen lid žasl a přiběhl k nim na místo zvané Šalamounova kolonáda.

("**chromý, který byl uzdraven**" je klíčová část tohoto verše, NIV ji odstranil).

Skutky 4:24

*KJV: Skutky 4:24: Když to uslyšeli, jednomyslně pozvedli svůj hlas k Bohu a řekli: "Pane, **ty jsi Bůh**, který jsi učinil nebe, zemi i moře a všechno, co je na nich.*

NIV: Skutky 4:24: Když to uslyšeli, společně se modlili k Bohu. "Svrchovaný Pane," říkali" ,ty jsi stvořil nebe, zemi i moře a všechno, co je v nich.

(NIV a moderní překlady odstranily "ty jsi Bůh". Nevyznává jediného pravého Boha, který učinil zázrak.)

Skutky 8:37

KJV: Filip řekl: "Pokud věříš celým svým srdcem, můžeš. A on odpověděl: "Věřím, že Ježíš Kristus je Boží Syn.

(NIV a moderní verze Bible tento verš z Písma zcela vyškrtly).

Slovo "Mistr" bylo v moderních verzích Bible odstraněno a změněno na "učitel", což Ježíše řadí do stejné třídy jako všechny ostatní učitele různých náboženství. Důvodem této změny je především ekumenické hnutí, které tvrdí, že Ježíše nelze uvádět jako jedinou cestu ke spáse, protože tím snižuje všechna ostatní náboženství, která nevěří, že Ježíš je náš jediný a pravý Spasitel. Jako například hinduisté a většina ostatních východních náboženství.

Skutky 9:5

*Skutky apoštolů 9,5: A on řekl: "Kdo jsi, Pane? Pán odpověděl: "Já jsem Ježíš, kterého ty pronásleduješ; **je ti těžko kopat proti bodákům**.*

NIV: Skutky 9:5: Kdo jsi, Pane?" Saul se zeptal. "Já jsem Ježíš, kterého pronásleduješ," odpověděl.

(NIV a moderní překlady odstranily "**je pro tebe těžké kopat proti bodákům**". To znamená, že odstraněním celého tohoto verše Písmo nezvítězí).

Skutky 15:34

KJV: Přesto se Silasovi zalíbilo tam zůstat.

(Bible NIV a další moderní překlady Bible tento verš odstranily.)

Skutky 18:7

*Skutky apoštolů 18,7: A odtud odešel a vešel do domu jednoho [člověka] jménem Justus, který uctíval Boha a **jehož dům byl pevně spojen se synagogou**.*

NIV: Skutky 18:7: Pavel opustil synagogu a šel vedle do domu Titiuse Justa, ctitele Boha.

("**jehož dům se pevně spojil se synagogou**" je odstraněno)

Skutky 23:9b

*KJV...**Nebojujme proti Bohu***

(NIV, moderní Bible a Bible svědků Jehovových odstranily "**Nebojujme proti Bohu**" Důvod je zřejmý, existují lidé, kteří se odvažují bojovat proti Bohu.)

Skutky 24 :7

KJV: Skutky 24:7: Vtom na nás přišel velitel Lysias a s velkým násilím nám ho vyrval z rukou,

(NIV a moderní verze Bible tento verš zcela odstranily.)

Skutky 28:29

KJV: Když to řekl, Židé odešli a začali se mezi sebou dohadovat.

(NIV a další verze Bible tento verš zcela odstranily. Vidíte, že tam byl rozpor. Úvaha se týkala toho, kdo byl Ježíš? Takže je nutné tento verš odstranit.)

Římanům 1:16

*KJV: Římanům1:16: Nestydím se za **Kristovo** evangelium, neboť je to Boží moc ke spasení každého, kdo věří, především Žida, ale i Řeka.*

NIV: Římanům1:16: Nestydím se za evangelium, protože je to Boží moc ke spáse každého, kdo věří: nejprve Židů, potom pohanů.

(NIV odstranil slovo "Kristovo" a ponechal pouze "evangelium". Většina útoků se týká Ježíše jako Krista. Evangelium je smrt, pohřeb a vzkříšení Ježíše Krista. Tento text není potřeba.)

Římanům 8:1

*KJV: Římanům 8:1: Nyní tedy není odsouzení pro ty, kdo jsou v Kristu Ježíši, **kteří nechodí podle těla, ale podle Ducha**.*

NIV: Římanům 8:1: Proto nyní není žádné odsouzení pro ty, kdo jsou v Kristu Ježíši.

("**kteří nechodí podle těla, ale podle Ducha**" je z NIV odstraněno, takže můžete žít tak, jak chcete.)

Římanům 11:6

KJV: Jinak už milost není milostí. **Je-li však ze skutků, pak už to není milost, jinak už není skutek.**

NIV: Kdyby tomu tak bylo, milost by už nebyla milostí.

("Je-li však ze skutků, pak už to není milost, jinak už není skutek.") Část textu je z NIV a dalších verzí odstraněna.)

Římanům 13:9b

KJV: Římanům 13:9b: **Nebudeš vydávat křivé svědectví**

(NIV tato slova z Písma odstranil. Bible říká: nepřidávejte, neubírejte).

Římanům 16:24

KJV: Římanům 16:24: Milost našeho Pána Ježíše Krista budiž s vámi všemi. Amen.

NIV: Římanům 16:24: (NIV a další moderní Bible tento verš zcela odstranily.)

1 Korintským 6:20

KJV: 1Korintským 6:20: Vždyť jste koupeni za drahou cenu, proto oslavujte Boha na svém těle **i na svém duchu,** který **je Boží**.

NIV: 1Korintským 6:20: Byli jste vykoupeni za drahou cenu. Proto ctěte Boha svými těly.

(Moderní Bible a NIV odstranily "a ve vašem duchu, který je Boží." Naše tělo a duch patří Pánu.)

1 Korintským 7:5

*1 Korintským 7:5: Nepodvádějte se navzájem, ledaže byste to udělali se souhlasem na nějaký čas, abyste se mohli oddat **postu a modlitbě**, a pak se zase sejděte, aby vás satan nepokoušel pro vaši nestřídmost.*

*NIV:1 Korintským 7:5: Neodpírejte se navzájem, leda po vzájemné dohodě a na určitý čas, abyste se mohli věnovat **modlitbě**. Pak se opět sejděte, aby vás satan nepokoušel kvůli nedostatku sebekontroly.*

(V NIV a moderních verzích Bible je " slovopůst" odstraněno, protože slouží ke stržení satanových pevností. Půst také zabíjí tělo.)

2 Korintským 6:5

*KJV:2 Korintským 6:5: V ranách, ve vězeních, v bouřích, v pracích, v bdění, v **postech**;*

*NIV:2 Korintským 6:5: v bití, věznění a výtržnostech, v těžké práci, bezesných nocích a **hladu**;*

(**Půst není hlad, ale** změna Slova pravdy. Ďábel nechce, abyste měli bližší, silnější a hlubší vztah s Bohem. Vzpomeňte si, jak se královna Ester a Židé postili a Bůh vrátil satanův plán zpět nepříteli).

2. Korintským 11:27

*KJV: 2Korintským 11:27: V únavě a bolesti, v častých bděních, v hladu a žízni, **v častých postech**, v zimě a nahotě.*

NIV:2Korintským 11:27: Pracoval jsem a namáhal se a často jsem byl bez spánku; poznal jsem hlad a žízeň a často jsem byl bez jídla; byla mi zima a byl jsem nahý.

(Půst opět není v NIV a moderních verzích Bible.)

Efezským 3:9

*Efezským 3:9: aby všichni viděli, jaká je účast na tajemství, které bylo od počátku světa skryto v Bohu, který **všechno** stvořil **skrze Ježíše Krista**:*

NIV Efezským 3:9:a aby všem objasnil správu tohoto tajemství, které bylo od věků skryto v Bohu, jenž stvořil všechny věci.

(NIV a další verze Bible odstranily "**všechno skrze Ježíše Krista**". Ježíš je Bůh a je Stvořitelem všeho).

Efezským 3:14

*KJV: Proto se klaním na kolenou Otci **našeho Pána Ježíše Krista**,*

NIV:Efezským 3,14: Proto klečím před Otcem,

("**našeho Pána Ježíše Krista**" je z NIV a dalších verzí odstraněno. To je důkaz, že Ježíš je Boží Syn. "Boží Syn" je mocný Bůh v těle, který přišel prolít krev za vás i za mě. Nezapomeňte, že satan věří, že je jen jeden Bůh, a třese se. Jakub 2,19)

Efezským 5:30

*KJV:Efezským 5:30:Jsme totiž údy jeho těla, z jeho těla a **z jeho kostí**.*

NIV:Efezským 5:30:jsme přece údy jeho těla.

("**Z masa a z jeho kostí**". Část textu je z NIV a mnoha dalších verzí Bible odstraněna.)

Koloským 1:14

*Koloským 1:14: V něm máme vykoupení **skrze jeho krev,** totiž odpuštění hříchů:*

NIV:Koloským 1:14: v němž máme vykoupení, odpuštění hříchů.

("**skrze jeho krev**", Ježíš je nazýván Beránkem Božím, který přišel, aby sňal hříchy tohoto světa. Vykoupení je možné **pouze** skrze krev. Bez prolití krve není odpuštění hříchů Žid 9,22. Proto křtíme ve jménu Ježíše, abychom jeho krví přelili své hříchy).

1 Timoteovi 3:16b

*KJV:1 Timoteovi 3:16b: **Bůh** se zjevil v těle.*

NIV:1 Timoteovi 3:16b: Zjevil se v těle.

(Neobjevujeme se všichni v těle? NIV a většina moderních verzí říká, že "on" se objevil v těle. Já se také zjevuji v těle. "On" kdo? Ve výše uvedeném verši opět mění formulaci, aby amplifikovali" že ‚On" je jiný bůh. V KJV však jasně vidíme" :A bez rozporu je velké tajemství zbožnosti: "**Bůh** se zjevil v těle". Bůh je pouze jeden. Proto Ježíš řekl, že pokud jste viděli mě, viděli jste Otce. Otec je duch, ducha vidět nemůžete. Ale ducha oděného do těla jste vidět mohli).

*Skutky 20:28b říkají: aby živil **Boží církev**, kterou získal svou **vlastní krví**.*

Bůh je duch, a aby mohl prolévat krev, potřebuje tělo z masa a kostí. **Jeden Bůh**, který se oblékl do těla.

Jednoduchý příklad: led, voda a pára, totéž, ale jiný projev.

KJV 1 Jan 5, 7: "Neboť tři jsou ti, kdo svědčí v nebi: Otec, Slovo a Duch svatý__, a ti tři jsou jedno__."

Bůh, Ježíš (Slovo, které se stalo tělem) a Duch svatý jsou jedno, ne tři. (1 Jan 5,7 je z NIV a dalších současných překladů zcela odstraněn.)

2 Timoteovi 3:16

KJV: 2 Timoteovi 3,16: **Všechno** *Písmo je dáno z Boží inspirace a je užitečné k učení, k usvědčování, k nápravě a k výchově ve spravedlnosti:*

ASV: 2 Timoteovi 3,16: **Každé** *Písmo inspirované Bohem je užitečné i k vyučování.*

(Zde se rozhodne, který z nich je a který není. Kacířství bude potrestáno smrtí.)

1 Tesalonickým 1:1

KJV: 1 Tesalonickým 1:1: Pavel, Silván a Timoteus církvi Tesalonických, která je v Bohu Otci a v Pánu Ježíši Kristu: Milost vám a pokoj **od Boha, našeho Otce, a Pána Ježíše Krista.**

NIV:1 Tesalonickým 1:1: Pavel, Silas a Timoteus, církvi Tesalonických v Bohu Otci a Pánu Ježíši Kristu: Milost vám a pokoj.

("od Boha, našeho Otce, a Pána Ježíše Krista" je z moderních překladů a NIV odstraněno.)

Židům 7:21

KJV: **(Neboť ti kněží byli ustanoveni bez přísahy,** *ale tento s přísahou skrze toho, který mu řekl: "Hospodin přísahal a nebude litovat: Ty jsi kněz navěky* **podle řádu Melchisedechova.***")*

NIV: Bůh mu řekl: "Hospodin přísahal a nerozmyslí se. ' Jsi knězem navždy."

(NIV odstranil větu "Neboť ti kněží byli ustanoveni bez přísahy" a "podle řádu Melchisedechova".)

Jakub 5:16

*KJV: Jakub 5:16: Vyznávejte své **viny** jeden druhému a modlete se jeden za druhého, abyste byli uzdraveni. Účinná vroucí modlitba spravedlivého člověka přináší mnoho užitku.*

*NIV: Jakub 5:16: Proto si navzájem vyznávejte své **hříchy** a modlete se jeden za druhého, abyste byli uzdraveni. Modlitba spravedlivého člověka je mocná a účinná.*

(**Vady vs. hříchy**: Hříchy vyznáváte Bohu, protože on jediný může odpustit. Změna slova "viny na hříchy" pomáhá podpořit katolický pohled na vyznání "hříchů" knězi).

1 Petrova 1:22

*KJV: 1 Petr 1:22: Když jste očistili své duše v poslušnosti pravdy **skrze Ducha k** nezištné lásce k bratřím, hleďte, abyste se navzájem **vroucně** milovali **čistým srdcem**:*

NIV: 1 Petr 1:22: Když jste se očistili poslušností pravdě, abyste měli upřímnou lásku ke svým bratřím, milujte se navzájem hluboce, ze srdce.

("**skrze Ducha k**" a "**čistého srdce vroucně**" je z NIV a dalších moderních verzí odstraněno).

1 Petrův 4,14

*KJV:1 Petr 4,14: I kdyby vás pro Kristovo jméno haněli, jste šťastní, neboť na vás spočívá duch slávy a Boží; **z jejich strany se o něm mluví zle, ale z vaší strany je oslavován**.*

NIV:1 Petr 4,14: Jste-li uráženi pro Kristovo jméno, jste blahoslavení, neboť na vás spočívá duch slávy a Boha.

("z jejich strany se o něm mluví špatně, ale z vaší strany je oslavován" je z NIV a dalších moderních verzí odstraněno).

1 Jan 4:3a

KJV:1 Jan 4,3a: A každý duch, který nevyznává, že Ježíš __Kristus přišel v těle__, není z Boha.

NIV:1 Jan 4,3a: Ale každý duch, který neuznává Ježíše, není od Boha.

(**"Kristus přišel v těle"** Odstraněním těchto slov NIV a další verze dokazují, že jsou antikristovské.)

1 Jan 5:7-8

KJV: 1 Jan 5:7: __Otec, Slovo a Duch svatý jsou tři, kteří svědčí v nebi, a ti tři jsou jedno.__

(Odstraněno z NIV)

KJV: 1 Jan 5:8: A jsou tři, kteří vydávají svědectví na zemi: Duch, voda a krev, a ti tři se shodují v jednom.

NIV: 1 Jan 5:7, 8: __Jsou totiž tři, kteří svědčí__: 8 Duch, voda a krev, a ti tři jsou ve shodě.

(Toto je jeden z NEJVĚTŠÍCH veršů svědčících o Božství. Jeden Bůh, ne tři bohové. **Trojice** není biblická. Slovo **Trojice** se v Bibli nevyskytuje. Proto ho NIV, moderní verze Bible a svědkové Jehovovi z tohoto verše vynechali. Nevěří v božství a nevěří, že v Ježíši přebývá celá plnost božství tělesně. V Bibli není žádný kořen nebo důkaz pro přijetí **Trojice**. Proč ji NIV vynechává...? O rukopisných důkazech, které podporují zařazení tohoto verše do Bible, byly napsány celé knihy. Věříte v božství? Pokud ano, pak by vás toto odstranění mělo urazit. Ježíš o Trojici nikdy neučil a nikdy se o ní nezmínil. Satan rozdělil jednoho Boha, aby mohl rozdělovat lidi a vládnout).

1 Jan 5:13

*KJV:1Jan 5:13: Toto jsem napsal vám, kteří věříte ve jméno Božího Syna, abyste věděli, že máte věčný život, <u>**a abyste věřili ve jméno Božího Syna**</u>.*

NIV:1Jan 5:13: Toto píši vám, kteří věříte ve jméno Božího Syna, abyste věděli, že máte věčný život.

("**a abyste věřili ve jméno Božího Syna**"). Je odstraněno z NIV a dalších moderních překladů).

Zjevení 1:8

*KJV: Zjevení 1:8: Já jsem Alfa i Omega, **počátek i konec**, praví Pán, který je, který byl a který přijde, Všemohoucí.*

NIV: Zjevení 1:8: "Já jsem Alfa a Omega," praví Pán Bůh" ,který je, který byl a který přijde, Všemohoucí."

(NIV odstranil **začátek a konec**)

Zjevení 1:11

*KJV:Zjevení 1:11:<u>**Řekl: "Já jsem Alfa i Omega, první i poslední." A "Co vidíš, napiš do knihy a pošli sedmi církvím, které jsou v Asii**</u>, do Efezu, do Smyrny a do Bílého domu. Pergamu, Tyatiru, Sardám, Filadelfii a Laodiceji.*

NIV: Zjevení 1:11: který říká: "Napiš na svitek, co vidíš, a pošli to sedmi církvím: Efezu, Smyrně, Pergamu, Tyatiru, Sardám, Filadelfii a Laodiceji."

(Alfa a Omega, počátek a konec, první a poslední; tyto tituly jsou dány Bohu Jehovovi ve Starém zákoně a ve Zjevení jsou dány také Ježíši. NIV a další moderní verze to však ze Zjevení odstranily, aby dokázaly, že Ježíš není Bůh Jehova).

Zjevení 5:14

> KJV:Zjevení 5:14: **Čtyři zvířata** řekla: "Amen. A **čtyřiadvacet** starců padlo a klanělo se tomu, **který je živ na věky věků**.

> NIV: Zjevení 5:14: Čtyři živé bytosti řekly: "Amen." A starší padli a klaněli se.

(NIV a další verze poskytují pouze polovinu informací. "**čtyři zvířata**", změněno na čtyři stvoření, "**čtyřiadvacet**", "který žije na věky věků" je odstraněno.)

Zjevení 20:9b

> KJV: Zjevení 20:9b: Oheň sestoupil **od Boha** z nebe.

> NIV: Zjevení 20:9b: Oheň sestoupil z nebe

(NIV a další verze odstranily " slovo**od Boha"**.)

Zjevení 21:24a

> KJV: Zjevení 21:24a: A národy **těch, kteří jsou spaseni**, budou chodit v jeho světle.

> NIV: Zjevení 21:24a: Národy budou chodit v jeho světle.

("**z těch, kteří jsou spaseni**" je z NIV a moderních verzí Bible odstraněno. Do nebe nepřijdou všichni, ale jen ti, kteří jsou spaseni.)

2 Samuelova 21:19

*KJV: 2 Samuelova 21:19: V Góbu se opět strhla bitva s Góby. Filištínů, kde Elchanan, syn Jaareoregima, Betlémce, zabil **bratra Goliáše** Gittejského, jehož kopí bylo jako trám tkalcovský.*

*NIV:2 Samuelova 21,19: V jiné bitvě s Filištíny u Góbu **zabil** Betlémský Elchanan, syn Jare-Oregimův, **Goliáše** Gittejského, který měl oštěp s násadou jako tkalcovský stav.*

(Zde byl zabit Goliášův bratr, ne Goliáš. "David zabil Goliáše." NIV tuto informaci zkresluje.)

Ozeáš 11:12

*KJV: Ozeáš 11:12: Efraim mě obkličuje lží a dům Izraele lstí, **ale Juda ještě vládne s Bohem a je věrný se svatými.***

*NIV: Ozeáš 11:12: Efrajim mě obklopil lží, dům Izraele lstí. A Juda **se vzpouzí proti** Bohu, **proti** věrnému Svatému.*

(NIV tento verš překrucuje, protože překrucuje význam tohoto slova.) Slovo "Jehova" je v Bibli KJV zmíněno čtyřikrát. NIV je všechna odstranil. Díky jemným ZMĚNÁM, které byly v Bibli NIV provedeny, je Satanovo poslání jasné. Z výše uvedených míst v Písmu je patrné, že se jedná o útok na Ježíše. Tituly Bůh, Mesiáš, Boží Syn a Stvořitel dělají z Ježíše Boha. Odstraněním těchto titulů dochází ke zmatení, které způsobuje, že ztrácíte zájem a nevěříte Božímu slovu. (1. Korintským 14,33 Bůh totiž není původcem zmatku, ale pokoje.) Vždyť Bůh není původcem zmatku, ale pokoje.

Bible svědků Jehovových (Překlad nového světa) obsahuje stejné škrty jako NIV. Jediný rozdíl mezi škrtáním v NIV a v Překladu nového světa je ten, že Bible svědků Jehovových neobsahuje žádné poznámky pod čarou! Tyto metody vás znecitlivují vůči jemným změnám, které jsou v Boží mslově postupně a neustále prováděny.

Dnešní zaneprázdněná a líná generace ovlivnila mnoho vyznavačů křesťanství, kteří se vydali cestou lenivého ducha. Věnovat čas studiu a ujistit se, že informace, které nám byly sděleny, jsou pravdivé, je náročná práce. Jsme příliš zaneprázdněni každodenním životem, který je plný nedůležitých událostí a věcí. Naše priority toho, co je skutečně důležité pro věčný život, se rozmělnily a zmátly. Přijímáme většinu informací, které nám jsou podávány, bez jakýchkoli pochybností; ať už jde o informace vládní, lékařské, vědecké, o obsah našich potravin a jejich seznam by mohl pokračovat.

Mnohé z našich moderních verzí Bible napsali lidé, kteří vám říkají svůj výklad a své učení místo toho, co rukopisy skutečně říkají. Například "genderová inkluze" v původních rukopisech nebyla. Je to moderní feministický koncept, který se zrodil z REBELIONISMU. Doporučuji vám, abyste si pořídili Bibli krále Jakuba. Pokud čtete moderní Bibli, věnujte čas porovnávání textů v písmech; toužte se správně rozhodnout. Za svá rozhodnutí se budeme zodpovídat. Rozdíl jít do nebe nebo do pekla je dostatečným důvodem k tomu, abyste se ujistili, že volíte Jeho slovo! Nezapomeňte, že v Nové mezinárodní verzi je vypuštěno mnoho slov, jako např: Jehova, Kalvárie, slitovnice, Duch svatý, Utěšitel, Mesiáš, oživený, všemohoucí, neomylný a tak dále. Většina moderních Biblí se úzce shoduje s NIV; spolu s Biblí Nového světového překladu (Bible svědků Jehovových).

To je dílo Antikrista....(Následující verše jsou převzaty z Písma svatého.
KJV)

*Dítka, je poslední čas, a jak jste slyšeli, že přijde **antikrist**, i nyní je mnoho **antikristů**, z čehož víme, že je poslední čas.*
(1 Jan 2,18)

*Kdo jiný je lhář než ten, kdo popírá, že Ježíš je Kristus? **Antikrist** je ten, kdo popírá Otce i Syna. (1 Jan 2,22)*

A každý duch, který nevyznává, že Ježíš Kristus přišel v těle, není z Boha; a to je ten duch __antikrista__, o němž jste slyšeli, že má přijít, a už je na světě. (1. Janova 4:3)

Na svět totiž vstoupilo mnoho bludařů, kteří nevyznávají, že Ježíš Kristus přišel v těle. To je bludař a __antikrist__. (2. Janova 1:7)

To nám připomíná "podobenství o semeni" ,které je...
"Boží slovo" v Bibli

Jiné podobenství jim předložil: "Nebeské království se podobá člověku, který na svém poli zasel dobré semeno. Ale zatímco lidé spali, přišel jeho nepřítel, zasel mezi pšenici koukol a odešel. Když pak vzešlo stéblo a přineslo úrodu, tehdy se ukázal i koukol. Přišli tedy služebníci toho hospodáře a řekli mu: "Pane, copak jsi na svém poli nezasel dobré semeno?" Odkud se tedy vzaly slzy? Odpověděl jim: "Učinil to nepřítel. Služebníci mu řekli: Chceš, abychom je šli posbírat? On však řekl: "Nikoliv, abyste při sběru koukolu nevyvrátili s ním i pšenici." A tak se stalo. Nechte obojí růst spolu až do žně a v čas žně řeknu žencům: "Nejdříve seberte koukol a svažte ho do snopů, abyste ho spálili, pšenici však shromážděte do mé stodoly." A když se to stane, řeknu žencům: "Pšenice, která je v mé stodole, je v mé stodole. Amen! (Matouš 13:24-30)

AMEN!